Les aides économiques locales : de quel droit ?

Logiques Juridiques

Fondée par Gérard Marcou

Dirigée par Jean-Claude Némery et Thomas Perroud

Le droit n'est pas seulement un savoir, il est d'abord un ensemble de rapports et pratiques que l'on rencontre dans presque toutes les formes de sociétés. C'est pourquoi il a toujours donné lieu à la fois à une littérature de juristes professionnels, produisant le savoir juridique, et à une littérature sur le droit, produite par des philosophes, des sociologues ou des économistes notamment.

Parce que le domaine du droit s'étend sans cesse et rend de plus en plus souvent nécessaire le recours au savoir juridique spécialisé, même dans des matières où il n'avait jadis qu'une importance secondaire, les ouvrages juridiques à caractère professionnel ou pédagogique dominent l'édition, et ils tendent à réduire la recherche en droit à sa seule dimension positive. À l'inverse de cette tendance, la collection « Logiques juridiques » des éditions L'Harmattan est ouverte à toutes les approches du droit. Tout en publiant aussi des ouvrages à vocation professionnelle ou pédagogique, elle se fixe avant tout pour but de contribuer à la publication et à la diffusion des recherches en droit, ainsi qu'au dialogue scientifique sur le droit. Comme son nom l'indique, elle se veut plurielle.

Dernières parutions

Yue Zhao, *Coopérer en droit international des cours d'eau transfrontaliers, État du droit et étude du cas chinois*, 2020

Jean-Paul VALETTE, *La dynamique du pouvoir exécutif sous la Ve République (1958-1993)*, 2020.

Rachid NACER, *Les normes internationales du travail entre global et local, Étude internationale et comparée de l'interprétation des instruments de l'OIT*, 2020.

Cyprien DAGNICOURT, *La protection de l'environnement en période de conflit armé*, 2020.

Nawel BELHAJ, *La notion de droit réel*, 2020.

Gilles TOULEMONDE, *Le droit constitutionnel de la Ve République*, quatorzième édition, 2020.

Daniel BORRILLO & Félicien LEMAIRE, *Les discriminations fondées sur le sexe, l'orientation sexuelle et l'identité de genre,* 2020.

Charles Christian K. CAKPO, *Les institutions démocratiques au Bénin, Analyse comparée avec des évolutions en France et aux États-Unis,* 2020.

Gaëtan MARAIN, *Méthode du commentaire des arrêts de la Cour de cassation,* 2020.

Sous la direction de
Olivier Renaudie

Les aides économiques locales : de quel droit ?

L'Harmattan

5-7, rue de l'École-Polytechnique, 75005 Paris

http://www.editions-harmattan.fr

ISBN : 978-2-343-20958-6
EAN : 9782343209586

Sommaire

« **Introduction** » : Olivier Renaudie, *Professeur à l'Ecole de droit de la Sorbonne et codirecteur du Groupement de recherche sur l'administration locale en Europe (GRALE)* *7*

Prolégomènes : « Qu'est-ce qu'une aide économique locale ? » : Jean-Marie Pontier, *Professeur émérite de l'Université d'Aix-Marseille* *19*

PREMIERE PARTIE : LES ACTEURS 47

« Le conseil régional est-il titulaire d'une compétence de principe en matière d'aides économiques locales ? » : Julien Martin, *Professeur à l'Université de Bordeaux* *49*

« Que reste-t-il de la compétence communale en matière d'aides économiques locales ? » : Florian Poulet, *Professeur à l'Université d'Evry-Val d'Essonne* *65*

« Aides économiques locales et métropoles » : Arthur Braun, *Docteur en droit public de l'Université de Lorraine* *77*

DEUXIEME PARTIE : LES OUTILS 93

« Aides économiques locales et contrat » : Pierre Bourdon, *Professeur à l'Université de Cergy-Pontoise* *95*

« Aides économiques locales et fiscalité » : Alexandre Maitrot de Lamotte, *Professeur à l'Université Paris-Est Créteil, Directeur du Master 2 « Droit fiscal », spécialité « fiscalité appliquée »* *109*

TROISIEME PARTIE : LE CONTROLE JURIDICTIONNEL 127

« Le contrôle par la Cour de justice de l'Union européenne » : Laure Clément-Wilz, *Professeur à l'Université Paris-Est Créteil* *129*

« Le contrôle par le juge administratif » : Laetitia Janicot, *Professeur à l'Université de Cergy-Pontoise* *143*

« Le contrôle par les juridictions financières » : Matthieu Conan, *Professeur à l'Ecole de droit de la Sorbonne, Directeur du Master 2 « Droit des finances publiques » et « Droit et gestion financière des collectivités publiques »* *157*

QUATRIEME PARTIE : LES REGIMES SPECIFIQUES **179**

« Les aides locales aux entreprises en difficulté » : Sébastien Ferrari, *Professeur à l'Université de Grenoble-Alpes* *181*

« Les aides à l'immobilier d'entreprise » : Denis Jouve, *Professeur à l'Université Paris 8* *199*

« Les aides locales au cinéma » : Marie-Odile Diemer, *Maître de conférences à l'Université de Nice Côte d'Azur* *215*

« **Rapport de synthèse** » : Anémone Cartier-Bresson, *Professeur à l'Université de Paris* *231*

« Introduction »

Olivier Renaudie,
Professeur à l'Ecole de droit de la Sorbonne (ISJPS)
Codirecteur du Groupement de recherche sur l'administration locale en Europe (GRALE)

Le présent ouvrage est issu d'une journée d'étude sur « Les aides économiques locales : de quel droit ? », qui s'est tenue à l'Université Panthéon-Sorbonne le 29 novembre 2019. Organisée conjointement par l'Institut des sciences juridique et philosophique de la Sorbonne (ISJPS) et le Groupement de recherche sur l'administration locale en Europe (GRALE), cette manifestation scientifique avait un objet en apparence modeste : identifier et analyser le droit applicable aux aides économiques locales, à savoir celles octroyées par les collectivités territoriales et leurs groupements aux entreprises. En réalité, la saisie de ce droit est loin de relever de l'évidence. D'un côté, celui-ci se situe à l'interface : du droit des collectivités territoriales et du droit public économique ; du droit textuel et du droit jurisprudentiel ; du droit interne et du droit de l'Union européenne. De l'autre, le droit des aides économiques locales n'a guère retenu l'attention des observateurs[1]. Dans cette perspective, il faut rappeler que l'interventionnisme économique est loin de relever d'un monopole étatique. Les collectivités et leurs groupements peuvent agir de deux manières[2]. D'une part, elles peuvent prendre en charge certaines activités à caractère économique par le biais de la création de services

[1] Voir cependant : Cartier-Bresson (Anémone) et Fromont (Michel), « Aides économiques – Aides des collectivités territoriales », *Jurisclasseur adm.*, fasc. 258 ; Deves (Claude), « Attributions des collectivités locales : interventions économiques », *Encyclopédie des collectivités locales*, Dalloz, fasc. 4190 ; Markus (Jean-Paul), « Aides locales aux entreprises », Jurisclasseur collectivités territoriales, fasc. 725 ; Rombauts-Chabrol (Tiphaine), « Les régions et le droit des aides économiques » *in* GRALE, *Les grandes régions*, Le Moniteur, 2018, p. 161.
[2] Sur ce point, voir notamment Kouevi (Amavi Gustave), *Le droit des interventions économiques des collectivités territoriales*, LGDJ, 2003 et Nemery (Jean-Claude), « L'interventionnisme économique des collectivités locales », *Pouvoirs Locaux*, 1985, p. 139.

publics locaux. D'autre part, elles peuvent octroyer des aides aux entreprises. Plus discrète, cette seconde manière d'agir n'en fait pas moins régulièrement la une de l'actualité, notamment lorsqu'il s'agit pour une collectivité d'aider une entreprise en difficulté située sur son territoire. Et que dire de la période actuelle, marquée par la volonté des collectivités d'aider les entreprises confrontées à la crise économique résultant de l'épidémie de Covid-19[3] ?

La possibilité laissée aux collectivités d'octroyer de telles aides appelle plusieurs précisions liminaires. La première précision est d'ordre terminologique. Dans le langage commun, l'aide est une action d'assistance momentanée. Il en est ainsi également en droit : l'aide est une mesure ponctuelle permettant de soulager une personne, physique ou morale, sans qu'aucune contrepartie ne soit attendue[4]. Ainsi définies, les aides accordées aux entreprises par les collectivités peuvent prendre des formes multiples : subventions, avantages fiscaux, remises de dettes, bonifications d'intérêts, prêts et avances remboursables à taux nul ou dans des conditions plus favorables que celles du marché, etc.[5]. La deuxième précision porte sur les modalités d'octroi de ces aides : en théorie, les collectivités peuvent octroyer ces aides aussi bien par un acte administratif unilatéral, que par un contrat ; en pratique, le recours au contrat est aujourd'hui le plus fréquent, notamment parce que le législateur le prescrit dans certaines hypothèses. La troisième précision est relative au droit applicable à ces aides : pour l'essentiel, celui-ci est regroupé aux articles L 1511-1 et suivants du Code général des collectivités territoriales. Pour autant, il est important d'avoir à l'esprit que ces dispositions sont très imprégnées par le droit de l'Union européenne, comme a pu le souligner le Premier ministre dans sa circulaire du 5 février 2019[6]. Ces trois observations étant faites, il convient de rappeler quelques éléments contextuels sur la gouvernance et la forme des aides économiques locales.

---

[3] V. *Proposition de loi permettant aux conseils départementaux de bénéficier d'une compétence économique dérogatoire en cas de catastrophe sanitaire*, Ass. nat., n° 2844, 28 avril 2020.

[4] V. la contribution de Jean-Marie Pontier qui figure dans le présent ouvrage.

[5] Art. L 1511-2 du CGCT.

[6] Circulaire n° 6060/SG relative à l'application des règles européennes de concurrence relatives aux aides publiques aux activités économiques.

Pour ce qui concerne la gouvernance, à première vue, les choses sont simples. Depuis l'entrée en vigueur de la loi NOTRe du 7 août 2015[7], le conseil régional est l'échelon compétent en matière d'aides locales aux entreprises. Le fondement juridique de cette compétence se trouve à l'article L 1511-2 du Code général des collectivités territoriales, dont la rédaction est issue de la loi NOTRe : « le conseil régional est seul compétent pour définir le régime et pour décider de l'octroi des aides aux entreprises de la région ». Trois motifs sont susceptibles de justifier la dévolution d'une telle compétence de principe. Le premier motif tient à la spécialisation des régions dans le domaine économique. Dès leur création par la loi du 2 mars 1982[8], les régions ont été conçues comme des collectivités tournées vers le développement économique et l'aménagement du territoire[9]. Les textes postérieurs n'ont fait qu'accentuer cette spécialisation. Au point qu'aujourd'hui, le développement économique représente les deux tiers des dépenses d'investissement des conseils régionaux. Il est donc logique que les aides locales, en rapport direct avec celui-ci, relèvent de la compétence de la région. Le deuxième motif concerne les critiques dont les aides locales ont pu faire l'objet ces dernières années. Comme ont pu le dénoncer un certain nombre de rapports[10], la multiplicité des niveaux d'intervention a entraîné une dispersion des aides. D'une part, cette dispersion a été source d'inefficacité : la Cour des comptes a pu relever une « faible corrélation entre les aides versées et le développement économique des territoires »[11]. D'autre part, cette dispersion a entraîné un effet d'aubaine : certaines entreprises ont pu organiser une « chasse aux aides », sans que cela corresponde pour elles à une véritable nécessité économique. Pour répondre à ces critiques, les pouvoirs publics ont estimé que l'échelon

---

[7] Loi n° 82-213 du 2 mars 1982 relative aux droits et libertés des communes, des départements et des régions.

[8] Loi n° 2015-991 du 7 août 2015 portant nouvelle organisation territoriale de la République. Sur ce texte envisagé sous l'angle du développement économique, voir Le Chatelier (Gilles), « Loi NOTRe – Le développement économique : un peu d'ordre dans les compétences ? », *AJCT* 2015, p. 556-561.

[9] V. Pontier (Jean-Marie), « Région – Interventions de la région », *Encyclopédie des collectivités locales*, Dalloz, 2018.

[10] Voir notamment Cour des comptes, *Les aides des collectivités territoriales au développement économique*, Rapport public particulier, La Documentation française, 2007 et Inspection générale des finances, *Pour des aides simples et efficaces au service de la compétitivité*, juin 2013, n° 2013-M-016-02.

[11] Cour des comptes, *rapport préc.*, p. 45.

régional était le plus pertinent pour assurer la coordination et la cohérence de la distribution des aides locales aux entreprises. Le troisième motif est relatif au droit de l'Union européenne. Il est cohérent que les régions soient compétentes en matière d'aides locales dans la mesure où elles sont par ailleurs en charge de la gestion des fonds structurels européens[12]. On le sait, ces fonds sont les instruments financiers de la politique de l'Union européenne en vue de promouvoir les territoires qui connaissent des difficultés économiques. Comme le prévoit l'article L 1511-1-2 du CGCT, dont la rédaction découle de la loi MAPTAM du 27 janvier 2014[13], « l'Etat confie aux régions tout ou partie de la gestion des programmes européens ». Les régions apparaissent ainsi comme des organismes relais pour la gestion et le paiement des aides issues de ces programmes. Et c'est tout sauf un hasard si cette disposition précède l'article L 1511-2 sur les aides locales. En effet, il est logique que l'organe en charge de la gestion et du paiement des fonds structurels soit également celui qui définisse et octroie les aides publiques, elles-mêmes soumises à la réglementation européenne.

S'agissant de la nature de la compétence du conseil régional, elle peut être considérée comme de droit commun. Cette affirmation conduit à formuler les trois observations suivantes. D'abord, la dévolution de cette compétence de droit commun à la région par la loi NOTRe a modifié sa place dans le dispositif de gouvernance des aides économiques locales : alors qu'auparavant, la région pouvait être considérée comme un « chef de file », chargé de coordonner l'action des autres collectivités, elle est désormais titulaire d'une véritable compétence en la matière[14]. Ensuite, cette compétence s'exerce a priori à titre exclusif. C'est ce que suggère l'emploi de l'expression « seule compétente » utilisé par l'article L 1511-2 du Code général des collectivités territoriales. C'est ce dont témoigne par ailleurs la volonté du législateur, lequel a entendu « faire de la région la

[12] V. Challéat (Marc) et Thouin (Muriel), *Les fonds structurels européens*, La Documentation française, 2006.
[13] Loi n° 2014-58 du 27 janvier 2014 de modernisation de l'action publique territoriale et d'affirmation des métropoles.
[14] Comme le souligne Tiphaine Rombauts-Chabrol, « la compétence remonte à la région en ce que les autres collectivités territoriales ne peuvent plus créer et mettre en œuvre leur propre régime d'aide avec l'accord de la région comme cela était possible avec l'accord de la région, comme c'était possible sous l'empire de la loi ancienne » (« Les régions et le droit des aides économiques », *art. préc.*, p. 161).

catégorie de collectivité territoriale qui détient de plein droit la responsabilité de la compétence »[15] dans ce domaine. Enfin, aussi principielle soit-elle, cette compétence s'efface en cas de dispositions législatives contraires. Comme l'indique le début de l'article L 1511-2 qui affirme que cette compétence s'exerce « sous réserve » d'une série de dispositions, le législateur peut prévoir des dérogations au principe et confier la gestion de telle ou telle aide à une autre catégorie de collectivité.

S'agissant du champ d'application de cette compétence, deux éléments sont à relever. Le premier élément concerne l'étendue de la compétence : le conseil régional peut, d'une part, « définir le régime »[16] des aides, c'est-à-dire en préciser les modalités, les critères et les procédures de contrôle et, d'autre part, « décider de l'octroi »[17] des aides, à savoir les accorder aux entreprises qui y sont éligibles. Le second élément est relatif aux aides concernées. Comme le précise l'article L 1511-2, entrent dans le champ de la compétence régionale celles ayant pour objet « la création ou l'extension d'activités économiques ». Cette affirmation a deux conséquences. D'un côté, ces aides « ne peuvent être délivrées qu'à des entreprises, c'est-à-dire à des opérateurs économiques »[18] : une aide à une personne physique ou à une association, prise sur le fondement de l'article L 1511-2, serait illégale[19]. De l'autre, la compétence de principe de la région ne vaut que pour les aides économiques : les autres collectivités sont donc libres d'octroyer des aides ayant un autre objet.

L'affirmation selon laquelle le conseil régional est « seul compétent » pourrait laisser penser que les autres collectivités n'ont plus aucun rôle à jouer en matière d'aides aux entreprises. Il s'agit là d'une vision en trompe-l'œil, comme en témoignent aussi bien les hypothèses de délégation, que celles de partage.

Loin d'exercer seul sa compétence de principe, le conseil régional peut procéder à des délégations[20], c'est-à-dire confier à une autre

---

[15] Projet de loi portant nouvelle organisation territoriale de la République, Sénat, n° 636, 18 juin 2014, p. 7.
[16] Article L 1511-2 du CGCT.
[17] *Ibid.*
[18] Nicinski (Sophie), *Droit public des affaires, Montchrestien*, 6e éd., 2018, p. 268.
[19] V. en ce sens CE, 26 juin 1996, *Département de l'Yonne*, *JCP* 1997, II, 22777, note Peyrical et CE Sect., 6 avril 2007, *Commune d'Aix-en-Provence*, *AJDA* 2007, p. 1020, chron. Lenica et Boucher
[20] V. Foubaustier (Laurent), « Délégation » *in* Alland (Denis) et Rials (Stéphane), dir., *Dictionnaire de la culture juridique*, Lamy-PUF, 2003, p. 354-355.

collectivité ou à un groupement, le soin d'exercer sa compétence. En effet, l'article L 1511-2 du CGCT prévoit que celui-ci peut « déléguer l'octroi de tout ou partie des aides à la métropole de Lyon, aux communes et à leurs groupements, dans les conditions prévues à l'article L 1111-8 ». Cette disposition doit être précisée de deux manières. En premier lieu, il convient de se reporter à l'article L 1111-8 relatif aux délégations entre collectivités. D'un côté, celui-ci dispose que « les compétences déléguées le sont au nom et pour le compte de la collectivité délégante » : la compétence déléguée en matière d'octroi de telle ou telle aide est donc exercée au nom de la région. De l'autre, il prévoit que la délégation « est régie par une convention qui fixe la durée, les objectifs à atteindre et les modalités de contrôle » : les différents aspects de la délégation doivent être prévus par un contrat entre le délégant et le délégataire. En matière d'aides locales aux entreprises, ces conventions de délégation sont très fréquentes. Par exemple, le 26 juin 2017, la région Ile-de-France a signé avec la Ville de Paris une convention relative à l'octroi d'aides économiques, afin de promouvoir l'innovation (aides dites « Innov'Up »)[21]. En second lieu, on ne manquer de remarquer qu'aux termes de l'article L 1511-2, il y a un grand absent parmi les délégants envisageables : le département[22]. En effet, seuls les communes, leurs EPCI et la métropole de Lyon peuvent se voir déléguer une compétence en matière d'octroi d'aides aux entreprises. Sachant que l'article L 1111-8 pose un principe général de délégation, applicable à toutes les collectivités, y compris le département, la question de l'articulation entre cette disposition et l'article L 1511-2 a pu se poser. Cette question a été tranchée par deux décisions du Conseil d'Etat de 2017[23], dans lesquelles il a écarté la possibilité de superposer les délégations de compétence et précisé que le législateur avait pu légalement restreindre les possibilités de délégations en matière d'aides locales sans méconnaître, ni l'article L 1111-8, ni le principe de libre administration des collectivités territoriales. En conséquence, le législateur est en droit d'affirmer qu'en matière d'aides locales aux entreprises, la région ne peut consentir de délégation au département.

---

[21] https ://www.iledefrance.fr/aides-services/innov-up

[22] Sur le rôle résiduel du département en matière d'aides locales aux entreprises, voir Deves (Claude), *fasc. préc.*, n° 91-92.

[23] CE, 12 mai 2017, *Assemblée des départements de France*, n° 397364 et 11 octobre 2017, *Département des Yvelines et autres*, n° 407347.

En 2015, le législateur s'était fixé pour objectif de simplifier la répartition des compétences en matières d'aides locales aux entreprises. Dans cette perspective, celui-ci a conforté le « leadership régional »[24]. Pour autant, il n'est pas revenu sur toutes les hypothèses de partage, des financements, mais également des compétences. D'un côté, les financements partagés sont au cœur d'un paradoxe : alors qu'ils sont généralement bannis par souci de clarification et de responsabilisation, l'article L 1511-2 prévoit que « les communes, leurs groupements et la métropole de Lyon peuvent participer au financement des aides ». On peut donc constater que la loi NOTRe n'a pas mis fin à ce que l'on appelle les « financements croisés »[25]. De l'autre côté, les compétences partagées demeurent encore relativement nombreuses. On peut en donner trois illustrations. D'abord, les métropoles peuvent verser des subventions aux organismes qui œuvrent dans le domaine de la création et de la reprise d'entreprises[26]. Ensuite, les collectivités territoriales et leurs groupements peuvent attribuer des aides destinées à favoriser l'installation ou le maintien de professionnels de santé dans certaines zones[27]. Enfin, les communes, départements et régions peuvent attribuer des subventions à des entreprises de cinéma[28]. Il apparaît difficile de comprendre pourquoi dans ces trois domaines, le législateur a laissé subsister la possibilité pour différents échelons territoriaux d'intervenir. Il l'est encore davantage s'agissant des aides à l'immobilier d'entreprises, dont la définition et l'octroi relèvent de la compétence exclusive des communes et des EPCI[29].

Pour ce qui concerne la forme des aides économiques locales, il s'agit généralement d'actes administratifs classiques, unilatéraux ou

---

[24] Le Chatelier (G.), *art. préc.*, p. 556.

[25] Comme le rappellent Matthieu Conan et Raymond Muzellec, les financements croisés sont « irremplaçables car fondamentalement nécessaires à la réalisation matérielle de l'investissement, mais sources de contentieux du fait de rapports de force s'exerçant entre collectivités » (*Finances locales*, Dalloz, 7e éd., 2018, p. 15).

[26] Article L 1511-7 du CGCT. Tel est le cas d'un certain nombre d'organismes, parmi lesquels la BPI, l'ADEME, France Active ou encore des fonds d'investissement créés au niveau régional.

[27] Article L 1511-8 du CGCT. Les zones concernées sont celles dans lesquelles il y a un déficit d'offres de soins au sens de l'article L 1434-1 du Code de la santé publique.

[28] Articles L 2251-4, L 3232-4 et L 4211-1 du CGCT.

[29] Articles L 1511-3 du CGCT.

contractuels, lesquels font régulièrement l'objet de recours juridictionnels, fondés notamment sur le principe de liberté du commerce et de l'industrie. Il peut également d'agir d'actes relevant du droit souple[30]. On peut en évoquer deux en particulier.

Le premier, tourné vers le droit de l'Union européenne, est le rapport relatif aux aides locales, prévu par l'article L 1511-1 du Code général des collectivités territoriales. Cet article a été largement réécrit par la loi NOTRe du 7 août 2015, notamment pour tenir compte du règlement européen portant modalités d'application de l'article 108 du TFUE[31]. Aux termes de ce règlement, les Etats membres « sont tenus de coopérer avec la Commission et de lui fournir toutes les informations nécessaires pour lui permettre de remplir sa mission de contrôle des aides d'Etat »[32]. C'est ainsi qu'ils lui adressent, pour le 30 juin de chaque année un rapport recensant la totalité des aides publiques allouées aux entreprises au cours de l'année précédente[33]. Dans cette perspective, l'article L 1511-1 confie aux régions le soin d'établir un rapport annuel recensant les aides et les régimes d'aides mis en œuvre sur leur territoire au cours de l'année précédente par les collectivités et leurs groupements[34]. Ce recensement des aides économiques locales est effectué selon une procédure en trois temps. Dans un premier temps, les collectivités et leurs établissements transmettent à la région, avant le 30 mars de chaque année, toutes les informations relatives aux régimes d'aides créés et aides octroyées sur leur territoire au titre de l'année civile précédente. Dans un deuxième temps, le rapport recensant ces aides économiques locales est présenté devant l'organe délibérant du conseil régional, qui en discute. Dans un troisième temps, le rapport est adressé au préfet de région, ce dernier transmettant ces informations à la Direction générale des collectivités locales, laquelle est désormais rattachée au ministère de la Cohésion des territoires. D'un strict point de vue formel, ce rapport se présente comme un tableau Excel avec des onglets correspondant aux

---

[30] Sur le sujet, voir Conseil d'Etat, *Le droit souple*, Etude annuelle, La Documentation française, 2013.

[31] Règlement (UE) 2015/1589 du Conseil du 13 juillet 2015 portant modalités d'application de l'article 108 du traité sur le fonctionnement de l'Union européenne.

[32] Point 6 de l'introduction du règlement *préc.*

[33] Comme le précise l'article L 1511-1, « les informations contenues dans ce rapport permettent à l'Etat de remplir ses obligations au regard du droit communautaire ».

[34] Sur la mise en œuvre de cet article, voir la circulaire ministérielle NOR/INTTB1803943N du 22 février 2018 sur la mise en œuvre de l'article L 1511-1.

différentes catégories d'aides[35]. A défaut d'être considéré comme un acte faisant grief, susceptible de recours juridictionnel, un tel tableau constitue un document administratif communicable au regard de l'article L 300-2 du Code des relations entre le public et l'administration[36].

Le second, tourné vers le droit interne, est le schéma régional de développement économique, d'innovation et d'internationalisation (SRDEII)[37]. Il a été créé par la loi NOTRe de 2015 dans le prolongement du schéma régional de développement économique, institué par la loi du 13 août 2004 relative aux libertés locales. S'inspirant de ce dernier en ce qu'il constitue un document de planification stratégique en matière de développement économique, le SRDEII s'en démarque en ce qu'il est obligatoire et centré sur les aides économiques. Son contenu est fixé avec minutie par l'article L 4251-13 du Code général des collectivités territoriales. Au-delà de ce qui concerne l'économique solidaire, le SRDEII doit préciser deux séries d'éléments relatifs aux aides économiques. D'un côté, ce schéma définit « les orientations en matière d'aides et de soutien à l'internationalisation et d'aides à l'investissement immobilier et à l'innovation des entreprises, ainsi que les orientations relatives à l'attractivité du territoire régional ». De l'autre, il organise « sur le territoire régional, la complémentarité des actions menées par la région en matière d'aides aux entreprises avec les actions menées par les collectivités territoriales et leurs groupements ». Si la référence à l'« organisation de la complémentarité » ne brille pas par son intelligibilité, de telles dispositions apparaissent assurément justifiées par la compétence principielle de la région. Reste que le SRDEII pose plusieurs questions d'ordre juridique.

En premier lieu, on peut s'interroger sur sa normativité. Comme a pu le souligner Jean-Marie Pontier, « la normativité des schémas n'est

---

[35] C'est le format préconisé par la circulaire ministérielle du 22 février 2018 *préc.*

[36] « Sont considérés comme documents administratifs, au sens des titres Ier, III et IV du présent livre, quels que soient leur date, leur lieu de conservation, leur forme et leur support, les documents produits ou reçus, dans le cadre de leur mission de service public, par l'Etat, les collectivités territoriales ainsi que par les autres personnes de droit public ou les personnes de droit privé chargées d'une telle mission. Constituent de tels documents notamment les dossiers, rapports, études, comptes rendus, procès-verbaux, statistiques, instructions, circulaires, notes et réponses ministérielles, correspondances, avis, prévisions, codes sources et décisions ».

[37] Sur le SRDEII, voir Devès (Claude), *fasc. préc.*, n° 102-105.

pas facile à saisir. Ils se situent entre l'indicatif et le prescriptif »[38]. C'est un fait que ces dernières années, les schémas se sont multipliés dans l'ordonnancement juridique et ce, particulièrement au niveau régional : parmi ceux-ci, on peut citer les schémas de cohérence territoriale, les schémas régionaux d'organisation des soins, les schémas régionaux d'aménagement et de développement du territoire ou encore les schémas régionaux de transports. Mais tous ces schémas sont loin d'avoir la même portée juridique. S'agissant du SRDEII, la réponse n'est pas évidente, tant on peut avoir l'impression que les dispositions du Code général des collectivités territoriales sur le sujet se contredisent. D'un côté, il est affirmé par l'article L 4251-13 que ce schéma « définit les orientations en matière d'aides aux entreprises (…) », ce qui semble plutôt relever du droit souple. De l'autre côté, il est affirmé par l'article L 4251-17, que « les actes des collectivités territoriales et de leurs groupements en matière d'aides aux entreprises doivent être compatibles avec ce schéma » : cela laisse à penser que le contenu du schéma est bien prescriptif puisque les actes des collectivités territoriales entretiennent avec le schéma un rapport juridique de subordination, sous la forme de la compatibilité. Le doute que l'on peut avoir n'est cependant qu'apparent. A mieux y regarder, il apparaît que ce schéma est bien normatif[39] et, à ce titre, opposable aux collectivités territoriales car telle était bien l'intention du législateur au moment où il a rédigé la loi NOTRe : « l'élaboration d'un schéma régional opposable en matière de développement économique représente une des principales innovations du projet de loi »[40]. Pour lui permettre d'exercer sa compétence en matière économique, le législateur a doté le conseil régional d'un outil prescriptif lui permettant de s'assurer que les aides octroyées par les collectivités infrarégionales le sont dans le cadre fixé à l'échelon régional. Pour autant, comme le précise l'art. L 4251-17, le rapport juridique entre ce schéma et les aides octroyées par les collectivités infra-régionales est d'un genre un particulier, celui de la compatibilité[41]. Comme a pu le préciser le Conseil d'Etat dans sa

---

[38] « Les schémas dans l'ordonnancement juridique », *AJDA* 2018, p. 962.

[39] Voir en ce sens Devès (Claude), *fasc. préc.*, n° 105.

[40] les rapporteurs du texte à l'Assemblée nationale

[41] Sur le rapport de compatibilité (appliqué à l'urbanisme), voir Bonichot (Jean-Claude), « Compatibilité, cohérence, prise en compte : jeux de mots ou jeu de rôle ? », *Mélanges en l'honneur d'Henri Jacquot*, Presses universitaires d'Orléans, 2006, p. 49-67 et Kalflèche (Grégory), *Droit de l'urbanisme*, 2e éd, 2018, p. 51-60.

décision de Section *Adam* de 1974[42], il y a compatibilité entre deux normes lorsqu'il n'y a pas de contrariété entre normes supérieure et inférieure, et que cette dernière n'empêche pas la mise en œuvre de la première. Pour le dire autrement, l'auteur de la norme inférieure dispose d'une marge de manœuvre par rapport au contenu de la norme supérieure, laquelle se traduit sur le plan contentieux par l'usage par le juge administratif du contrôle de l'erreur manifeste d'appréciation.

En second lieu, le SRDEII interroge le principe de libre administration des collectivités territoriales, aux termes duquel, dans les conditions prévues par la loi, celles-ci « s'administrent librement par des conseils élus et disposent d'un pouvoir réglementaire pour l'exercice de leurs compétences »[43]. Au regard de ce principe ainsi interprété, l'article L 4251-17, affirmant que les actes des collectivités relatives aux aides aux entreprises doivent être « compatibles » avec le SRDEII, peut poser problème. En effet, il est permis de se demander si les pouvoirs publics n'ont pas mis en place une tutelle de la région sur les collectivités infra-régionales en matière d'aides économiques locales. Il est possible de répondre à cette question de la manière suivante : si le législateur avait fait le choix d'un rapport de conformité, la tutelle aurait été manifeste. Or il a opté pour le rapport de compatibilité, précisément pour éviter le risque d'une violation du principe de libre administration des collectivités territoriales[44]. Reste qu'il n'est pas interdit de considérer cette ligne de crête comme une tutelle régionale qui ne dit pas son nom…

Au-delà de ces éléments contextuels, les aides économiques locales posent de multiples interrogations. Certaines concernent les acteurs et la répartition des compétences entre les collectivités et leurs groupements, laquelle n'est jamais simple. D'autres sont relatives aux outils, en particulier le procédé contractuel et la fiscalité, dont les usages sont multiples dans le domaine économique. D'autres, encore, portent sur le contrôle juridictionnel, lequel est loin de se limiter à celui du juge administratif. Enfin, des questions se posent à propos des dérogations envisageables au droit commun des aides économiques : dans quelle mesure ou sous quelle(s) forme(s) est-il possible de déroger aux dispositions figurant aux articles L 1511-2 du Code

---

[42] CE Ass., 22 février 1974, *Adam*, *RDP* 1974, p. 1780, note Waline.

[43] Art. 72 de la Constitution. Sur ce principe, voir Faure (Bertrand), *Droit des collectivités territoriales*, Dalloz, 4e éd., 2016, p. 31-38.

[44] Voir CE, 2016, *Ass. des départements de France*.

général des collectivités territoriales ? C'est à ces questions – et bien d'autres encore ! – que répondent les contributions réunies ici. Que leurs auteurs soient chaleureusement remerciés pour leurs éclairages. De manière plus personnelle, qu'il me soit permis de remercier mes collègues Rozen Noguellou et Sophie Nicinski, directrices du Master 2 Droit public des affaires de l'Université Paris I Panthéon-Sorbonne, pour m'avoir confié au sein de celui-ci le soin de dispenser le cours d'aides publiques locales, à l'origine du présent ouvrage.

PROLEGOMENES :

« Qu'est-ce qu'une aide économique locale ? »

Jean-Marie Pontier
Professeur émérite de l'Université d'Aix-Marseille

En ce temps-là on ne réfléchissait pas sur ce que pouvaient et devaient être les aides, encore moins faisait-on de colloques pour s'interroger sur ces questions. En ce temps-là, cependant, les autorités locales n'hésitaient pas à intervenir pour venir en aide aux habitants, tout au moins lorsqu'elles en avaient les moyens financiers et matériels, ce qui n'était pas fréquent. Ce temps-là était celui du XIIe et de la première moitié du XIIIe siècle, qui mérite que l'on s'y attarde quelques instants car il est source de réflexion pour notre temps.

L'Occident va connaître une première renaissance avec une sécurité plus grande qu'auparavant sur les routes, ce qui entraîne le renouveau du commerce un peu partout en Europe. Les communautés locales – qui ne portaient pas le nom de communes – prennent de l'importance, elles s'organisent. Elles sont d'autant plus essentielles en cas de difficultés que le pouvoir royal est loin, la France n'est pas encore centralisée, le mouvement de centralisation commencera un peu plus tard.

C'est aussi le temps d'une première révolution industrielle, comme l'a bien montré Jean Gimpel[1], avec la construction de moulins à eau qui servent au développement de l'agriculture comme de l'industrie. Les communautés locales ont intérêt à intervenir, à aider au développement, c'est un intérêt économique autant que social et politique. Il n'y a aucune interrogation sur la légalité – le mot n'existe pas – des interventions, parce qu'elles sont considérées comme légitimes, c'est au fond l'origine lointaine de ce que l'on appellera beaucoup plus tard la clause de compétence générale. Il n'y a pas non plus de distinction, pour nous si importante désormais, entre ce qui est économique et ce qui est social.

---

[1] Gimpel (Jean), *La révolution industrielle du Moyen Âge*, Seuil Points Histoire 1975.

Entre ce passé qui nous paraît aujourd'hui bien lointain et le présent, de nombreuses évolutions sont intervenues. En premier lieu, on est passé de la diversité, ou de la différenciation, à l'unité et à une certaine uniformité des règles. L'un des points qui va apparaître et qui à la fois simplifie l'affirmation des données et complique l'appréhension d'une notion, est la disparition de ces communautés au profit des communes qui présentent ou ont présenté, jusqu'à présent, une certaine unité en ce qui concerne les règles qui leur sont applicables. Lorsque le législateur va parler des aides économiques attribuées par les collectivités territoriales, il va penser d'abord à un régime uniforme dont on peut se demander s'il n'oblitère pas la notion.

En deuxième lieu, et sur le plan politique plus encore que juridique, même s'il a fallu que le premier passe par le second, la création d'une nouvelle catégorie de collectivités territoriales, les régions, ne pouvait pas ne pas affecter les conditions d'intervention des autres catégories de collectivités territoriales, et c'est bien ainsi que l'a entendu le législateur.

Mais le plus important, peut-être, dans cette évolution, et qui conditionne tout le reste, n'est pas d'ordre juridique. C'est peut-être la transformation des collectivités territoriales d'acteurs secondaires en acteurs de premier plan. Au cours du XIXe siècle et au début du XXe siècle on a pu tenir de grands discours sur l'intervention des collectivités que l'on appelait alors locales (et dont, évidemment, ne faisait pas partie la région), un contentieux est né, dont on a beaucoup parlé, dont il sera question ici même, mais qui n'était pas représentatif d'une intervention particulièrement forte des communes, principalement intéressées (les départements étant peu concernés, parce qu'ils étaient d'abord des échelons de redistribution d'aides de l'Etat). Il n'en est plus du tout ainsi aujourd'hui, il suffit pour s'en convaincre de relever que le budget de ces collectivités territoriales a crû beaucoup plus, en proportion, que celui de l'Etat, et que dans bien des domaines l'Etat ne peut agir sans l'aide de ces collectivités territoriales.

Ces collectivités interviennent de différentes manières, soit directement, soit indirectement. Les aides sont l'une des modalités de cette intervention. La réponse à la question « qu'est-ce qu'une aide économique locale ? » ne peut être qu'hésitante. En effet le législateur a multiplié les régimes juridiques, mais sans jamais se prononcer sur ce qu'étaient les aides pouvant être apportées. La notion ne peut même pas être déduite du régime juridique, ce qui aurait pu justifier – si une telle démarche avait été possible – un plan inductif permettant de passer du régime juridique à la notion juridique. Faute de pouvoir le faire, je vais appréhender la question en disant que l'aide économique locale est une forme d'intervention locale légitimée (I), mais la notion d'aide économique locale que l'on peut essayer de dégager est une notion fragmentée (II).

I. Une forme d'intervention locale légitimée

En France, comme en certains autres pays, les interventions que les collectivités locales ou territoriales[2] peuvent avoir dans le domaine économique ont soulevé des interrogations, suscité des réticences, voire des oppositions. C'est pourquoi, si la légalité de ces interventions est évidemment la question déterminante, elle est subordonnée à celle de la légitimité des interventions, c'est pourquoi aussi ce terme est retenu ici, la légitimation entraînant la légalisation. On peut résumer ce processus à travers l'établissement d'un constat, celui de l'importance croissante de l'économie dans les interventions locales, la validation de ces interventions n'ayant pas été accompagnée d'une définition de ce que sont ces aides.

A) L'importance croissante de l'économie dans les interventions publiques locales

L'importance croissante de l'économie se vérifie en observant que l'on est passé, en simplifiant naturellement une évolution plus complexe, par deux dynamiques qui sont deux mutations. La première dynamique est celle du service public, qui a eu une importance

---

[2] En France, on a longtemps parlé des collectivités locales, l'expression figure toujours dans un certain nombre de textes, circulaires mais aussi lois. Cependant, pour éviter des interrogations juridiques complexes, le Conseil constitutionnel n'a jamais considéré que ces deux expressions de « collectivité locale » et de « collectivité territoriale » produisaient des effets différents. En 2003 lors de la réforme constitutionnelle le constituant a unifié la terminologie au profit de l'expression « collectivité territoriale ». Cette expression continue cependant de soulever des interrogations.

capitale dans le développement du droit administratif français[3], la seconde dynamique, qui s'est imposée de plus en plus fortement, est celle de l'économie.

1. Le temps du service public

Le passage du service public à l'économie ne signifie évidemment pas que le service public aurait été exempt de préoccupations économiques, ni que le temps de l'économie aurait fait disparaître le service public, mais que cette préoccupation est devenue prégnante, ce qui n'était pas le cas auparavant.

Le temps du service public c'est, du point de vue qui nous occupe, l'avènement et le développement des services publics locaux. L'épanouissement, puis la suprématie de la notion de service public – au point qu'à un moment donné le service public va même être considéré comme le critère du droit administratif – est inséparable de sa composante locale.

Il faut d'abord remarquer que le Conseil d'Etat va dégager un certain nombre de principes ou de règles qui caractérisent fondamentalement le service public à propos de services publics locaux. Comment oublier « l'affaire des vipères » ou encore celle de l'enlèvement des bêtes mortes dans une ville ? Ces affaires furent l'occasion pour le Conseil d'Etat de dégager les critères et plus largement les caractéristiques du service public. La notion de service public a été construite à partir d'interventions locales ou de l'absence d'une intervention qui aurait été requise.

Comment expliquer que les collectivités locales aient joué – à leur corps défendant si l'on peut dire – un si grand rôle dans la définition du service public ? D'une certaine manière c'est une reconnaissance indirecte, même si c'est en creux, du rôle des collectivités territoriales dans le développement économique et social. Mais il y a quelque chose de plus important dans cette jurisprudence. Le Conseil d'Etat s'est érigé en contrôleur des collectivités locales, au nom d'un intérêt général qu'il définissait. Cela avait une double signification. D'une part, cela signifiait que le rôle principal était assuré par l'Etat, la

---

[3] Au point que, d'une part, le service public a été considéré, pendant un temps, comme pouvant être le critère du service public et, d'autre part, le droit administratif a bien été, pendant un temps, effectivement, le droit des services publics.

jurisprudence est une expression de la centralisation. Mais d'autre part cela signifiait également que le juge se faisait le décideur suprême de ce qui était d'intérêt général et ce qui ne l'était pas.

La conception qui commande le service public, au départ, est celle d'une dichotomie entre le public et le privé : d'un côté il y a la puissance publique, représentée principalement voire exclusivement par l'Etat, de l'autre les personnes privées. L'Etat représente l'intérêt général, il poursuit l'intérêt public, les personnes privées poursuivent des buts privés, qui sont intéressés. Cette conception est un héritage de l'histoire, une histoire marquée par la Révolution française et l'exaltation de l'Etat et de la nation. Dans cette vision idéologique, présentée ici de manière très simpliste et simplificatrice, qui fut défendue, il y a deux mondes séparés, le monde du public et le monde du privé, et il ne faudra pas faire beaucoup de pas pour que certains assimilent le premier au bien et le second au mal.

Cette conception est projetée sur les collectivités locales qui ne sont, suivant la formule qui fut utilisée, qu'un démembrement de l'Etat. Ce manichéisme va se traduire par une séparation tranchée entre ce qui est public, commandé par des règles exorbitantes, soumis au droit public, et ce qui relève de la sphère privée, commandé par le profit, et qui est soumis aux règles du droit privé. En conséquence, dans ce premier temps, ou bien l'activité est considérée comme une activité d'intérêt général, et elle doit être prise en charge par la collectivité, ou bien elle ne présente pas cette caractéristique, et elle doit être laissée au secteur privé.

Le célèbre principe de la liberté du commerce et de l'industrie, tel qu'il a été forgé et interprété par le juge administratif et les autorités publiques, illustre cette conception hiératique de l'intérêt public qui ne saurait être affecté, terni, par une compromission avec les personnes privées. L'interdiction faite aux collectivités locales d'intervenir dans le domaine économique est l'expression d'une volonté de séparer ces deux mondes, et l'on pourrait s'interroger sur les raisons profondes qui ont conduit le Conseil d'Etat à développer une jurisprudence dont il n'apparaît pas, en lisant les textes, qu'elle s'imposait de manière aussi évidente.

Et comme la réalité est plus compliquée que les idées que l'on s'en fait, et que l'évolution se charge de la transformer en permanence, il a bien fallu composer avec les exigences du temps, qui étaient des nécessités. Le juge a bien dû, bon gré mal gré, de manière très restrictive dans un premier temps, de manière de plus en plus souple dans un deuxième ou un troisième temps, composer avec ces réalités, autoriser les collectivités locales, c'est-à-dire, encore une fois, les communes, à intervenir dans le domaine économique. Le monde du service public ne pouvait plus être séparé du monde de l'économie.

2. Le temps de l'économie

L'idée selon laquelle les intérêts des personnes privés ne sont pas toujours opposés à ceux des personnes publiques locales, qu'une collaboration est envisageable, possible, que des aides économiques peuvent et parfois doivent être accordées à des personnes privées, ne soulève plus de difficultés, les difficultés seront de savoir dans quelles conditions ces aides peuvent être accordées.

On peut d'abord s'interroger sur les origines ou les sources de cette évolution des esprits, des conceptions et des législations. Des sources idéologiques, au sens large, peuvent être repérées. Si des aides économiques peuvent aujourd'hui être attribuées à des personnes privées par les collectivités territoriales c'est en raison d'idées politiques qui se sont propagées et ont lentement imprégné les esprits.

En France, on ne saurait sous-estimer les sources intellectuelles, notamment vers le milieu du XIXe siècle. Elles sont représentées par les idées socialistes qui se développent à partir des années 1848, qui connaissent un bouillonnement intellectuel. Les années qui ont suivi la Révolution ont été marquées par les conceptions du XVIIe siècle et du XVIIIe siècle, avec l'accent mis sur le rôle de l'Etat, la centralisation ayant été l'une des conséquences de ces idées en même temps qu'un facteur de limitation des interventions locales. Les idées socialistes – car elles sont plurielles – vont aller dans le sens d'un interventionnisme croissant, mais pas seulement de l'Etat. Un auteur tel que Proudhon, avec son mutuellisme, va influencer, même s'il est rejeté, les idées sur les collectivités locales, la commune devant jouer un rôle important dans les conceptions proudhoniennes.

Il faut également citer, car les idées qu'il portait ont eu une influence, même indirecte, en France, le fabianisme anglais. Les Fabiens sont des réformistes, au départ ils ne sont guère connus en France, mais par la suite, sans s'en réclamer, certains en France, vont s'inspirer de ces idées pour soutenir l'idée de la légitimité de l'intervention locale dans l'économie. Le pragmatisme va progressivement l'emporter sur l'idéalisme. L'acceptation, puis la promotion des aides publiques locales est une forme de ce pragmatisme qui ne trouve sa véritable consécration que sous la Cinquième République.

L'Etat va opérer un changement complet, un revirement dans les positions qu'il avait défendues jusque-là. Il incite désormais les collectivités locales à intervenir parce qu'il a besoin d'elles. Après la guerre, dans les années 1950, l'Etat s'engage dans une politique de développement économique et social du pays. La planification dite « à la française » est l'expression de cette ambition. Le plan va s'appeler pendant de nombreuses années Plan de développement économique et social, ce qui est, comme l'on dirait en langage familier mais très parlant ici, « tout un programme ». Car c'est bien un programme qu'il s'agit de mettre en œuvre, et ce programme ne peut aboutir que s'il associe les collectivités locales. Celles-ci sont conviées à participer à cet effort de développement, à y contribuer.

Et comme le principe demeure, parce que nous sommes dans une économie libérale, ainsi que l'indique le terme de planification indicative, l'intervention de ces collectivités locales va se faire, en partie par des interventions directes, mais en partie également par des aides économiques. On va même assister, dans les années 60 où l'on parle, même si l'expression est inadéquate, de « décentralisation industrielle », à une véritable concurrence entre les communes pour attirer sur leur territoire les entreprises. Ces communes vont multiplier les aides sous les formes les plus diverses pour séduire ces entreprises, et il faudra que l'Etat intervienne pour réguler ces aides. L'aide publique locale devient un instrument du développement économique local.

Les articles 1511-1 et s. du CGCT sont la formalisation juridique de cette reconnaissance de l'aptitude des collectivités territoriales à attribuer des aides économiques. Ils forment un chapitre unique dans ce titre Ier (Développement économique) du livre cinq (Dispositions économiques) de la première partie du CGCT. Les articles sont techniques, ils ne laissent transparaître aucune conception particulière, aucune idéologie, si ce n'est celle qui commande les dispositions européennes auxquelles doivent se conformer les interventions des collectivités françaises. Ces articles décrivent les conditions et les modalités de l'intervention. Ils illustrent également une autre évolution, celle d'une différenciation graduelle des interventions.

B) La validation sans définition de l'aide économique locale

L'examen des dispositions applicables montre qu'il y a bien eu une validation de l'intervention sous la forme d'aide économique, mais cette validation ne s'est pas accompagnée d'une tentative de définition de ce qu'est l'aide économique locale.

1. Une validation

Nous ne sommes pas, ici, dans le cadre devenu traditionnel de l'éventualité de la prise en charge directe d'une activité économique par une collectivité locale, c'est-à-dire de la transformation d'une activité privée en service public, avec la jurisprudence bien établie que nous connaissons. Il s'agit d'une aide que l'on peut qualifier d'économique apportée par une collectivité locale à une autre personne.

Au fil du temps, des régimes divers se succèdent, dont il apparaît difficile de tirer une notion unitaire d'aide économique locale, en raison notamment de l'instabilité des règles instituées. L'instabilité n'est certes pas propre à ce domaine des aides économiques locales, mais elle y est particulièrement marquée.

Les dispositions de droit interne relatives aux aides publiques que les collectivités territoriales peuvent octroyer sont nombreuses et surtout fluctuantes. Un point demeure essentiel dans notre système, quelle que soit et que puisse être l'extension de la décentralisation : l'aide publique locale est d'abord ce que l'Etat permet qu'elle soit. Le CGCT rappelle que « L'Etat a la responsabilité de la politique économique et sociale ainsi que de la défense et de l'emploi » (art. L 2251-1 et L 3231-1)[4]. Néanmoins les collectivités territoriales peuvent intervenir en matière économique, sociale et culturelle (pour reprendre la trilogie classique que l'on retrouve dans les textes) mais dans les conditions fixées par les lois.

Les aides économiques apportées par les collectivités territoriales se sont heurtées, au départ, au même principe qui interdisait ou limitait la prise en charge d'une activité économique sous forme de service public, à savoir le principe de la liberté du commerce et de

---

[4] On peut s'étonner de la présence de cette formule aux articles cités et non à l'article L 1511 où il devrait plus logiquement figurer. Cela est dû en partie à l'effet de stratification des dispositions du code par suite de la succession des lois.

l'industrie. Sans doute, les aides manifestaient un interventionnisme moindre que la création d'un service public, elles ne pouvaient que satisfaire les entreprises qui en étaient bénéficiaires, mais elles constituaient néanmoins une atteinte à ce principe puisque toutes les entreprises ne pouvaient pas en bénéficier.

Les aides économiques locales ont connu une extension considérable pour deux raisons. D'une part, l'intervention locale sous la forme de la transformation d'une activité économique en service public a toujours été limitée. Même si elle a donné lieu à des arrêts qui ont eu un grand retentissement, même si la doctrine s'y est beaucoup intéressée, cette intervention n'a jamais concerné qu'une petite minorité de communes[5]. D'autre part, la fin des « Trente glorieuses », dans le milieu des années 70, a signifié aussi le début des difficultés pour un certain nombre d'entreprises, et c'est le début d'un chômage important dans notre pays. Les collectivités locales vont alors chercher à développer de nouvelles formes d'intervention, sous forme d'aides. Si les pouvoirs publics ont été quelque peu réticents, à partir de 1982 en revanche ces interventions sont reconnues, consacrées, encouragées même[6].

Mais si, depuis notamment la loi du 2 mars 1982, les collectivités territoriales se sont vu reconnaître une plus grande liberté dans leurs interventions, notamment sur le plan économique, néanmoins un fort encadrement de ces aides a été établi, avec comme trait caractéristique une certaine instabilité au cours du temps des dispositifs adoptés.

Dans le système de 1982 les aides régionales étaient principalement représentées par la prime régionale d'aménagement (PAT), regroupement de plusieurs primes qui existaient alors. Mais ces aides se sont amenuisées à partir de 1985 pour diverses causes, et en 1987 la procédure d'attribution régionale de la prime a été supprimée. Parallèlement les régions se voyaient autorisées à participer au capital des sociétés de développement régional (SDR) et des sociétés

---

[5] La jurisprudence du Conseil d'Etat a, quoi qu'en disent certains auteurs, donné un coup d'arrêt au développement du « socialisme municipal », contrairement à la situation que l'on a pu observer dans d'autres pays, comme par exemple l'Italie.

[6] Les auteurs d'un manuel sur les collectivités territoriales écrivent que : « Le principe des aides aux entreprises n'a jamais été remis en question par la suite, même s'il a fait l'objet de nombreux ajustements, à défaut de connaître une réforme d'ensemble » (Ferstenbert (Jacques), Priet (François), Quilichini (Paule), *Droit des collectivités territoriales*, Dalloz, 2ème éd. 2016, n° 976).

d'économie mixte (SEM), ce qui était une extension notable de compétence par rapport à l'état du droit antérieur.

Une distinction est alors faite entre deux catégories d'aides, les aides directes et les aides indirectes[7]. Sur un plan théorique on pouvait penser que la distinction était fondée. Les régions étaient compétentes pour attribuer les primes régionales à la création d'entreprises (PRCE) et les primes régionales à l'emploi (PRE). C'étaient là les aides directes. A côté de cela les régions pouvaient attribuer des aides aux « entreprises en difficulté », qui n'étaient soumises, au départ, à aucune condition particulière[8]. Face à quelques errements, des conditions ont été posées, les aides, d'une part, ont été subordonnées à l'exigence de « la protection des intérêts économiques et sociaux de la population », d'autre part, devaient servir au « redressement » de l'entreprise[9]. Très rapidement des doutes se sont manifestés sur la pertinence de ces deux aides.

La loi n° 88-13 du 5 janvier 1988 relative à l'amélioration de la décentralisation a donné un coup de frein aux interventions des communes et des départements, la région étant épargnée et recevant un rôle d'initiative : les aides ne pouvaient plus être accordées par des collectivités territoriales autres que la région que de manière complémentaire aux régions. Parallèlement étaient instituées des règles appelées « prudentielles » compte tenu des déboires rencontrés par certaines collectivités territoriales (particulièrement certaines communes qui s'étaient imprudemment engagées dans un soutien à des entreprises se trouvant vraiment en difficulté, au point de « mettre la clé sous la porte »).

Malgré toutes les réformes intervenues, en 2004 il est apparu que les dispositions applicables ne garantissaient pas aux collectivités territoriales une véritable sécurité juridique dans les aides économiques qu'elles attribuaient, notamment en ce qui concerne les aides indirectes aux entreprises[10]. La Commission européenne avait

---

[7] La distinction est établie par la loi n° 82-6 du 7 janvier 1982 approuvant le plan intérimaire.

[8] Exception faite du cas où l'intervention prenait la forme d'une garantie d'emprunt et de la prise de participation dans une société commerciale, qui était strictement interdite.

[9] Mais la question s'est vite posée de savoir ce qu'était un « redressement », notion qui a soulevé de nombreuses questions.

[10] En particulier pour les interventions revêtant la forme de vente de bâtiments et de terrains aux entreprises.

par ailleurs fait savoir, dans une décision n° 2000/14/CE du 12 juillet 2000, que la formulation de l'article L 1511-3 du CGCT était incompatible avec les articles (à l'époque) 87 et 88 du TCE. C'est pourquoi, dans le projet de loi de réforme relatif aux responsabilités locales[11] il avait été prévu une réforme d'ensemble du dispositif des aides des collectivités territoriales en faveur du développement économique.

La réforme n'a pas eu l'ampleur prévue, et la tonalité très régionale du texte a été atténuée au fil des débats parlementaires, les représentants des départements ayant réussi à faire « rééquilibrer » le texte en faveur de ces derniers.

2. Une absence de définition

La modalité traditionnelle et privilégiée d'intervention des collectivités territoriales, lorsqu'elles veulent aider et non prendre en charge, est la subvention, notion qui soulève déjà des interrogations. Mais, en outre, s'ajoutent différentes autres modalités, dont la définition n'est pas plus assurée que celle de la subvention.

Le droit administratif distingue classiquement le service public de la police. Il est dit que le service public est une prise en charge d'une activité tandis que la police est un contrôle, la personne publique demeurant extérieure à l'activité. Cette distinction est quelque peu caricaturale, dans la mesure où le service public peut, comme chacun le sait, être pris en charge par une personne privée et qu'il existe de nombreux procédés intermédiaires entre la prise en charge directe et l'exercice d'un simple pouvoir de police.

La nécessité de procéder autrement que par la voie de l'exercice de pouvoirs de police est apparue assez tôt, parce que, d'une part, le procédé de la police n'épuise pas les modalités d'intervention de la collectivité locale et que, d'autre part, des personnes privées ont besoin de l'aide des personnes publiques, en particulier à l'échelon local. Les aides versées par les communes ont été d'abord et principalement des aides de nature sociale, ce terme étant pris dans son sens le plus large. C'est le cas en particulier des aides versées à des associations, qui sont par définition sans but lucratif.

---

[11] Ce n'est que dans un second temps, au Parlement, qu'a été rajouté le terme « libertés » à l'intitulé du texte.

Mais, d'une part, les associations n'interviennent pas seulement dans le domaine social et le domaine culturel. Elles interviennent, toujours naturellement sans but lucratif, dans des domaines qui comportent une dimension économique, même si celle-ci est indirecte. D'autre part, les communes n'ont pas seulement subventionné des associations, mais également des personnes privées organisées sous d'autres formes juridiques, et qui par leur action contribuaient à assurer un intérêt public local. Le juge administratif a été amené à développer toute une jurisprudence sur cet intérêt public local parce que précisément les communes intervenaient de plus en plus en multipliant les aides à des entreprises.

Un autre point mérite d'être soulevé, le fait que les communes, les départements dans une mesure bien moindre, ont attribué des subventions sans s'interroger sur ce qu'étaient ces subventions. Ils décidaient d'attribuer une aide, parce qu'ils l'estimaient justifiée, mais sans se demander quelle était la nature de l'aide. Les pouvoirs publics nationaux ne se sont pas plus interrogés sur cette nature. Pendant de très nombreuses années des subventions ont été attribuées sans qu'existe une définition légale de la subvention. C'est seulement à l'occasion de contentieux que le juge administratif était amené à s'interroger, non sur la nature de la subvention, mais sur la légalité d'une aide versée. Tout cela a désormais changé.

La complexité de la matière, et la difficulté consécutive pour appréhender la notion d'aide publique locale, vient encore de la terminologie, que l'on peut qualifier de foisonnante et en même temps peu claire, les deux étant peut-être liées. Nous avons vu que, de manière étonnante compte tenu de l'ampleur des sommes attribuées, il n'avait pas existé jusqu'à notre époque de définition de la subvention. Qu'est-ce qu'une subvention ? C'est, comme l'ont dit des circulaires et le juge administratif, un « avantage financier », mais c'est là une formule assez vague. Il a fallu attendre la loi n° 2000-321 du 12 avril 2000 relative aux droits des citoyens dans leurs relations avec les administrations, qui a rajouté un article 9-1, pour avoir une définition, fort longue, de la subvention.

Encore faut-il ajouter que cette définition ne règle pas tout, d'une part, parce que des contestations peuvent être soulevées sur l'existence même de la subvention – l'affaire du festival d'Aix-en-Provence demeure emblématique à ce point de vue – et, d'autre part, parce que cela ne règle rien quant à la qualification éventuelle d'aide d'Etat de ces subventions, une même aide pouvant recevoir différentes qualifications, avec les conséquences que cela entraîne ou est susceptible d'entraîner quant à l'application d'un régime juridique.

Il existe bien d'autres appellations et l'on peut se demander, chaque fois, si ces avantages financiers, pour reprendre cette formulation générale, peuvent entrer ou non dans la catégorie des aides économiques locales. Il en est ainsi, par exemple, des fonds de concours[12]. Que sont les fonds de concours ? Ce sont bien des aides qui sont proposées en vue de la réalisation d'un équipement et, normalement, ce sont des propositions qui sont faites par des personnes privées à des personnes publiques. On connaît ainsi, parce que les textes l'ont expressément prévue, la possibilité pour les fidèles d'un culte de proposer à la collectivité d'effectuer des travaux sur l'édifice. Ces fonds de concours pourraient apparaître comme des aides inversées, puisque proposées à une collectivité locale.

Les choses ne sont cependant pas aussi simples dans la mesure où des collectivités territoriales ou des groupements de collectivités peuvent, eux aussi, proposer des fonds de concours. La loi autorise ainsi les métropoles (art. L 5217-8 du CGCT), les communautés urbaines (art. L 5216-26 du CGCT), les communautés d'agglomération (VI de l'art. L 5216-5) et les communautés de communes (art. L 5214-16) à verser des subventions à leurs communes membres. Ces subventions sont qualifiées de fonds de concours et doivent être destinées à financer la réalisation ou le fonctionnement d'un équipement. Sommes-nous hors de la notion d'aide économique locale ? Pas nécessairement dans la mesure où ces équipements peuvent être de nature très diverse et contribuer au développement économique.

Une autre expression est utilisée, celle de concours financier. Le terme de concours a plusieurs significations, dont certaines ne présentent aucun intérêt pour notre sujet et, même si l'on s'en tient au plan juridique, le concours n'a pas la même définition selon que l'on se trouve en droit civil ou ne droit public. Dans ce dernier, c'est plus

---

[12] Les fonds de concours sont à distinguer des offres de concours, dont ils ne sont qu'un aspect. Le *Guide de bonnes pratiques en matière de marchés publics* définit ainsi l'offre de concours (2.2) : « L'offre de concours est un contrat par lequel une personne intéressée à la réalisation de travaux publics s'engage à fournir, gratuitement, une participation à l'exécution de ces travaux. Cette participation peut être financière ou en nature (fourniture d'un terrain ou de main-d'œuvre ou réalisation de prestations) »

spécialement en droit financier que l'on trouve la notion de concours. Un concours financier est, comme son nom l'indique, un concours, en latin médiéval c'est une aide, ce qui justifie que l'on parle des concours financiers.

La terminologie n'est pas du tout fixée car l'on parle de concours financiers entre les personnes publiques comme pour des aides des personnes publiques aux personnes privées. Comme illustration de la première série d'hypothèses on peut citer les concours financiers attribués par l'Etat aux bibliothèques des collectivités territoriales. Mais les collectivités territoriales attribuent également des concours financiers à des personnes privées, par exemple aux sociétés d'économie mixte locales (SEML) qui sont, juridiquement, des personnes privées.

Un arrêt du Conseil d'Etat montre l'incertitude de la terminologie en la matière. Se référant à plusieurs articles du CGCT (L 1521-1 et s. L 1522-1 et s.) le Conseil d'Etat déclare qu'il résulte de la combinaison de ces dispositions que les collectivités territoriales et leurs groupements peuvent, dans le but et selon les modalités fixées par la loi, créer des sociétés d'économie mixte locales (SEML) et décider de modifier leur participation au capital de ces sociétés en souscrivant à d'éventuelles augmentations de capital, dans la limite du plancher et du plafond prévus par la loi ; « elles peuvent par ailleurs, accorder à ces sociétés d'économie mixte locale des concours financiers dans les conditions prévues par les articles L 1522-4 à L 1523-7 du CGCT ainsi que les aides que le même code autorise les collectivités territoriales et leurs groupements d'accorder à ces entreprises »[13]. La difficulté dans la qualification est double.

D'une part, une multiplicité de termes est utilisée : on peut parler d'allègements, d'avances, de bourses, de concours, de contribution, de participation, de prestations, de compensation. Cette très grande diversité terminologique induit un flottement dans la caractérisation : se trouve-t-on dans le cadre d'une aide économique, d'un dispositif fiscal, d'une disposition purement financière ? Le doute est d'autant plus permis, parfois, que les intéressés, c'est-à-dire aussi bien les élus que les éventuels bénéficiaires, n'utilisent pas nécessairement le mot juste, et le juge peut être amené à requalifier l'intervention d'une

[13] CE 10 nov. 2010 n° 313590.

collectivité territoriale (cela peut valoir d'ailleurs également pour l'Etat).

D'autre part, la distinction entre l'économique, d'un côté, le social et le culturel, de l'autre, ne présente pas la netteté que l'on pourrait espérer ou souhaiter. Ces domaines peuvent être liés, voire enchevêtrés, on peut hésiter, dans bien des situations, sur la qualification : s'agit-il d'économie, de social ou de culture ? Comment qualifier la dépense par laquelle une commune, par exemple, décide d'affréter un car pour transporter des personnes âgées en vue d'un circuit touristique ou d'une manifestation culturelle ?[14] Il paraît difficile d'opposer les subventions, qui iraient à des activités sans but lucratif (les associations, principales bénéficiaires des subventions) aux aides qui iraient à l'économie. Preuve en est, là encore, l'attribution par une commune de subventions requalifiées par le juge[15].

Lorsqu'il s'agit d'aides à des entreprises, d'autres termes plus techniques sont utilisés, tels les termes de prime ou encore de bonification d'intérêt. Sommes-nous toujours dans le cadre d'aides ? Une réponse affirmative s'impose, mais alors ce sont de nouvelles règles qui sont applicables, démontrant le caractère fragmenté de la notion d'aide publique locale.

II. Une notion fragmentée

La notion d'aide publique locale est aujourd'hui une notion fragmentée, éclatée, voire kaléidoscopique, en raison des éléments divers, hétéroclites, voire contradictoire, qui la constituent, c'est-à-dire des dispositions qui régissent ces aides publiques locales. D'une part, en effet, c'est une notion brouillée dans les dispositifs nationaux,

---

[14] Cela est de nature à relativiser, voire à invalider, les tentatives du législateur pour mieux répartir les compétences entre les collectivités territoriales. Cette difficulté, fréquente, condamne la théorie des « blocs de compétences » à laquelle de nombreux parlementaires comme les pouvoirs publics ont souvent fait référence.

[15] Un exemple typique est celui du festival de Six Fours-les Plages, avec une qualification différente retenue par la CAA (V. Pontier (J.-M.), « De la distinction parfois difficile entre subvention et délégation de service public », note sous CAA Marseille 4 juill. 2005, *M. et Mme Jean-Louis Armand*, *AJDA* 2006, p. 369) et par le Conseil d'Etat (V. Boulouis (Nicolas), « A quelles conditions un festival de musique relève-t-il d'un service public délégué ? », concl. sur CE 23 Mai 2011, *Commune de Six Fours-les-Plages*, *Bull. juridique des contrats publics*, juill-août 2011, p. 258).

d'autre part, c'est une notion occultée par les dispositions du droit de l'Union européenne.

A) Une notion brouillée dans les dispositifs nationaux

La notion d'aide économique locale peut être qualifiée de « brouillée » dans les dispositifs nationaux parce que ces derniers, tentant de concilier des exigences multiples, se révèlent en partie contradictoires.

1. La prise en compte d'exigences diverses

Il est devenu tout à fait banal de dire que notre temps est le temps de la complexité. Celle-ci est elle-même à définitions multiples qui appelleraient d'amples explications et précisions. Retenons simplement que l'on parle de complexité dans le sens courant – et dérivé – dans lequel il est habituellement utilisé, c'est-à-dire dans le sens de complications. En ce qui concerne notre domaine trois éléments de réflexion peuvent être présentés.

Premier élément, la pluralité a succédé à l'unicité s'agissant des collectivités qui interviennent en matière économique. Si l'on considère d'abord les collectivités traditionnelles, le département, autrefois très à l'écart, sauf exception, des interventions économiques, s'est intéressé lui aussi à ce domaine. Il a pu le faire parce qu'il était devenu une collectivité que l'on pourrait qualifier de plein exercice, mais l'essentiel de l'explication n'est probablement pas là.

En premier lieu, les départements, comme les communes, et même si c'est dans une moindre mesure que ces dernières sont devenues plus « riches », ont acquis des capacités d'intervention qu'ils n'avaient pas auparavant. Un second facteur à prendre en considération est la transformation du territoire national avec un fort exode rural qui se produit surtout sous la Cinquième République (en plusieurs phases) avec l'affaiblissement consécutif de nombreuses petites communes rurales. L'aide à ces communes est devenue tout naturellement un champ que les départements ont trouvé naturel d'investir. Le législateur a d'ailleurs conforté les départements dans ce rôle en leur reconnaissant la qualité de collectivité chef de file pour tout ce qui a rapport à « la solidarité des territoires » (art. L 1111-9 du CGCT).

Certes, dira-t-on, ceci implique des actions de nature sociale, la solidarité se traduit par des interventions de nature sociale. Mais, d'une part, la distinction entre les actions sociales et les actions économiques n'est pas toujours très nette, on parle du « socio-économique » comme l'on parle du « socio-culturel », le social étant à la jonction de plusieurs domaines. D'autre part, les textes autorisent expressément les départements à agir dans le domaine économique pour aider au financement de projets : l'article L 1111-10, par exemple, dispose que les départements peuvent contribuer au financement de projets dont la maîtrise d'ouvrage est assurée par les communes ou leurs groupements, à leur demande.

Deuxième élément, d'autres acteurs se sont ajoutés, complexifiant inévitablement le système des aides locales. Le premier de ces acteurs est évidemment la région. Lorsque les régions sont créées, après une gestation longue et des étapes manquées comme celle de 1969, c'est de manière quasiment obligée que les régions se voient reconnaître un rôle économique. En effet, il a fallu déterminer les compétences des régions. Cela n'est pas allé sans difficulté, car du fait de la tardiveté historique de cette création, la plupart des champs d'intervention étaient pris par la commune et par le département. Or, et cela est très clair en 1982, la création des régions ne devait pas se faire au détriment des départements, c'était même la condition de l'absence d'opposition des conseils, alors appelés généraux, à cette réforme.

Les régions se sont vu confier d'abord une fonction de coordination économique, ce qui à vrai dire ne voulait pas dire grand-chose. Les contrats de plan Etat régions (CPER) ont été une occasion inespérée (il en a été de même avec les lycées) de donner une visibilité aux régions. Par la suite, et du fait d'une évolution qu'il n'est pas nécessaire de retracer ici, l'abaissement, le recul des départements, s'est traduit par une montée en puissance des régions, avec la reconnaissance de prérogatives de plus en plus étendues dans le domaine économique, consacrées dans la loi NOTRe de 2015. Mais étant donné que les départements n'ont pas disparu, cela se traduit par des dispositions assez complexes que les articles L 1511-1 et s. du CGCT illustrent bien.

Un facteur supplémentaire de complication tient au développement des établissements publics de coopération intercommunale (EPCI). Personne, à la fin du XIXe siècle, lorsque sont créés, dans une assez grande indifférence des juristes, les syndicats de communes, n'aurait imaginé le développement étonnant de cette catégorie (on serait tenté de parler de « saga » ou d'épopée si l'on osait). Point n'est besoin de retracer cette diversification, bien connue, tout au moins dans les catégories. Car en ce qui concerne les compétences, les choses sont beaucoup plus compliquées, du fait de la diversité des transferts de compétences des communes, le législateur ayant fait preuve d'une imagination qui force l'admiration …

Le législateur a prévu des transferts de compétences de plus en plus étendus parce que, a-t-il estimé, les communes n'étaient plus en mesure de le faire. Parmi ces compétences figurent des compétences économiques car c'est en ce domaine qu'il convient d'éviter les doublons, les concurrences stériles et ruineuses pour les communes. Les EPCI interviennent donc par des aides économiques, ces aides s'ajoutant à celles versées par les communes et, éventuellement, les départements. Et la multiplicité des aides versées par des contributeurs divers est précisément à l'origine de ce que l'on a appelé les financements croisés, qui ont fini par susciter l'ire du pouvoir central, avec des dispositions prises depuis 2010 pour limiter ces financements croisés, dispositions qui se révèlent, elles aussi, assez compliquées.

Troisième élément. Les nouveaux acteurs qui se sont ajoutés aux communes pour l'attribution d'aides économiques locales soulèvent une interrogation, dont il faut dire immédiatement qu'elle ne comporte pas de réponse, ou pas de réponse incontestable. Cette interrogation porte sur la qualification de «local »[16], puisqu'il s'agit de s'interroger sur les aides économiques « locales ». Les institutions dont il vient d'être question répondent-elles à cette qualification de « local », sont-elles des institutions locales ?

La réponse ne fait pas de doute pour les EPCI, dont on peut considérer qu'ils sont bien des établissements publics « locaux ». Le département est considéré depuis ses origines comme une collectivité « locale », ce qui est infra-départemental présente, *a fortiori*, une dimension locale. Mais la question se pose en revanche pour la région : peut-on considérer que l'on se trouve toujours dans le « local » ? Si tout ce qui n'est pas national est local, alors, incontestablement, les régions relèvent du local.

---

[16] Sur cette notion V. Pontier (Jean-Marie), « Qu'est-ce que le 'local' ? », *AJDA* 2017 p. 1093.

Mais on peut douter qu'une telle caractérisation soit satisfaisante. Définir le local d'une manière uniquement négative, c'est abaisser le local, le diminuer, ne pas le mettre au même niveau de dignité, de respectabilité, que le national. Il semble nécessaire d'avoir ou de rechercher une approche positive du local. Mais alors la région pose problème, encore plus avec les grandes régions que nous avons aujourd'hui, et dont le découpage est hautement critiquable. Il a existé une identité communale, qui a pu être parfois très forte. Si aujourd'hui cette identité est affaiblie, questionnée, elle demeure pour partie, elle est même recherchée. Pour les départements, s'il ne s'agit pas d'identité on trouve dans la plupart des cas des éléments d'unité, qu'elle soit géographique, économique, et le temps écoulé a forgé, dans un certain nombre de cas tout au moins, un sentiment d'appartenance. Les EPCI sont encore du local parce qu'ils regroupent des communes, que l'échelle est encore une échelle locale.

Mais les régions ? Quoi qu'on en ait dit, les régions n'ont pas, sauf exception, d'identité, elles sont une construction parfaitement artificielle et ce n'est pas le réassemblage de 2014 qui va atténuer cette artificialité, c'est l'inverse. Dans la plupart des régions il existe plusieurs pôles, et dans certaines parties de régions les habitants aspirent à former une nouvelle région ou une nouvelle entité. La dimension de la région ne répond pas d'ailleurs à ce que l'on entend habituellement par « local », qui implique une dimension géographique limitée, même avec le développement des communications qui raccourcit les distances. La dimension régionale est du local à l'échelon international, il est difficile d'admettre qu'il s'agit de local si l'on en reste à l'échelon national, qui est l'échelon auquel doit être appréciée la notion de local au regard des aides économiques.

Les conditionnements se télescopent, ils sont un élément de complexité supplémentaire parce qu'ils ne vont pas nécessairement dans le même sens. Un conditionnement n'est pas vu habituellement comme tel, c'est le principe de libre administration.

Les collectivités territoriales bénéficient du principe de libre administration, consacré constitutionnellement. Il est accompagné de l'interdiction, tout autant constitutionnelle, de l'exercice d'une tutelle d'une collectivité territoriale sur une autre. On peut penser que l'inscription de cette interdiction dans la Constitution comporte plus d'inconvénients que d'avantages[17]. En particulier, lorsqu'une collectivité territoriale décide d'aider une autre collectivité territoriale, la question peut se poser de savoir si cette aide n'est pas une forme détournée de tutelle. Le Conseil constitutionnel a été amené à se prononcer mais, dans un domaine différent de celui des aides[18].

Le juge administratif a été amené, dans quelques rares affaires, à se prononcer sur la nature d'aides décidées par une collectivité territoriale au profit d'autres collectivités territoriales et assorties de conditions[19]. Dans un jugement de 1983, souvent cité parce que illustrant un cas rare, le tribunal administratif de Montpellier[20] a jugé illégal un règlement établi par un conseil régional fixant les conditions d'attribution de subventions, ce règlement imposant aux communes qui sollicitaient la subvention de faire transiter leur demande par le président du conseil général (aujourd'hui conseil départemental), seules les demandes ayant reçu l'avis de l'autorité départementale étant susceptibles d'être acceptées.

Une autre affaire, plus complexe, a donné lieu à plusieurs décisions de justice. Elle concerne la modulation par un département de subventions attribuées par lui aux communes, le critère de la modulation étant le mode de gestion de leurs services publics. Dans une décision d'assemblée le Conseil d'Etat a considéré que ce critère ne constituait pas une forme de tutelle prohibée[21]. Ceci n'a pas mis fin au contentieux et le juge a été amené une nouvelle fois à se prononcer. Dans un arrêt de 2017 la Cour administrative d'appel de Bordeaux a

---

[17] Elle est l'expression de la crainte de certaines collectivités territoriales, après la suppression de la tutelle de l'Etat, de la naissance d'une nouvelle tutelle d'une collectivité territoriale sur une autre. Mais elle entrave l'action des collectivités territoriales, elle a été un temps considérée comme un obstacle à l'instauration de la notion de collectivité chef de file.

[18] CC décision n° 2010-618 DC 9 déc. 2010 relativement à la création du conseiller territorial par la loi du 16 déc. 2010. Le Conseil a considéré que pour qu'il y ait exercice prohibé d'une tutelle, il fallait qu'une collectivité territoriale dispose du pouvoir de substituer ses décisions à celles d'une autre collectivité, ou de s'opposer à ces dernières, ou encore de contrôler l'exercice de ses compétences.

[19] Il ne peut en être autrement : on imagine mal qu'une aide puisse être attribuée par une personne publique sans qu'aucune condition ne soit posée, ce serait la porte ouverte à l'arbitraire et probablement illégal.

[20] TA Montpellier 20 juin 1983, *Commune de Narbonne*, Rec. p. 561 (la publication au Lebon étant un signe de l'intérêt du jugement), *AJDA* 1983, p. 678, note Dugrip.

[21] CE Ass. 12 déc. 2003, *Département des Landes*, Rec. p. 502 ; *AJDA* 2004 p. 195, chron. Donnat et Casas ; *RJEP/CJEG* 2004 p. 86, concl. Séners ; *RFDA* 2004 p. 518, note Douence.

considéré que les délibérations litigieuses, qui avaient pour but d'inciter les communes rurales et leurs groupements à exploiter leurs services d'eau et d'assainissement en régie en vue de faire bénéficier les usagers de ces services de tarifs moins élevés que ceux pratiqués par les mêmes services exploités par voie d'affermage, répondaient à l'intérêt général et ne portaient pas atteinte au principe de libre administration des communes tels que définis par les articles L 1111-4 et L 3232-1 du CGCT, pas plus qu'elles n'étaient de nature à entraver la liberté de choix du mode de gestion de leur réseau par les collectivités bénéficiaires[22].

Ainsi, la notion d'aide publique économique locale est devenue une notion fragmentée qui non seulement a perdu son unité et sa simplicité mais se révèle en partie contradictoire.

2. Des dispositifs en partie contradictoires

En 1982, une collectivité a été privilégiée pour l'octroi d'aides en matière économique, la région. Cela s'expliquait, à la fois par la dimension de la région, qui seule permettait d'avoir une politique d'aménagement du territoire, et par le fait qu'il fallait bien trouver des compétences aux régions, dernières arrivées parmi les structures décentralisées. Il n'était pas facile de leur trouver des compétences propres, communes et départements ayant largement occupé le terrain depuis de nombreuses années.

Cette prééminence de la région a été maintenue et accentuée par les lois intervenues depuis 1982. La loi NOTRe est, non pas un aboutissement – on peut penser que d'autres dispositions interviendront et modifieront l'état du droit – mais une suite logique et une accentuation de la préférence donnée à la région en la matière. Les dispositions actuellement applicables figurent à l'article L 1511 du CGCT (qui comprend en fait huit articles), le titre Ier du Livre V de la première partie de ce code, intitulé « Développement économique » ne comportant qu'un chapitre unique entièrement refondu par la loi NOTRe n° 2015-991 du 7 août 2015. Elles vont dans le sens de la prééminence régionale, mais avec des atténuations qui contredisent en partie cette affirmation.

---

[22] CAA Bordeaux 3 mars 2014, n° 12BX02263.

Selon l'article 1511-1 le conseil régional établit un rapport relatif aux aides et régimes d'aides mis en œuvre sur son territoire au cours de l'année civile. Plus encore, selon l'article L 1511-2, « le conseil régional est seul compétent pour définir les régimes d'aides et pour décider de l'octroi des aides aux entreprises dans la région ». Les choses sont donc en apparence parfaitement claires. Les communes et leurs groupements (ainsi que la métropole de Lyon) – mais non les départements, qui sont exclus de ce système – « peuvent participer au financement des aides et des régimes d'aides mis en place par la région ». Ces aides peuvent revêtir la forme de prestations de services, de subventions, de bonifications d'intérêts, de prêts et d'avances remboursables, à taux nul ou à des conditions plus favorables que celles du marché.

Mais outre le fait que la région peut déléguer l'octroi de tout ou partie des aides aux communes ou à leurs groupements[23], dans les conditions prévues à l'article L 1111-8 du CGCT, cette prééminence donnée à la région est contrecarrée, ou contrée, ou contrariée (on peut qualifier cela de différentes manières) par la reconnaissance de possibilités d'intervention propres aux autres catégories de collectivités territoriales, ce qui ne peut qu'obscurcir ou troubler, en tout état de cause, le dispositif des aides économiques.

En premier lieu, dans le respect de l'article L 4251-17, les communes et les EPCI à fiscalité propre (ainsi que la métropole de Lyon) sont seuls compétents pour définir les aides ou les régimes d'aides et décider de l'octroi de ces aides sur leur territoire en matière d'investissement immobilier des entreprises et de location de terrains ou d'immeubles. Ces aides revêtent la forme de subventions, de rabais sur les prix de vente, de location ou de location-vente de terrains nus ou aménagés ou de bâtiments neufs ou rénovés, de prêts, d'avances remboursables ou de crédit-bail à des conditions plus favorables que celles du marché. La région peut participer au financement de ces aides et les communes peuvent déléguer au département, par voie de convention, la compétence d'octroi de tout ou partie des aides.

En deuxième lieu, les régions, les métropoles (y compris la métropole de Lyon) peuvent verser des subventions à un certain nombre d'organismes mentionnés à l'article 238 bis du CGI[24] ainsi

---

[23] Le texte cite également la métropole de Lyon qui, contrairement aux autres métropoles, est une collectivité territoriale.

[24] Cet article 238 bis énumère une longue liste d'entreprises pouvant bénéficier d'une réduction d'impôt. On y trouve notamment les œuvres ou organismes d'intérêt

qu'à des entreprises et organismes visés au 1 de l'article L 511-6 du code monétaire et financier qui participent à la création d'entreprises[25].

En troisième lieu, les collectivités territoriales et leurs groupements – cela recouvre donc également, dans ce titre d'intervention, les départements – peuvent attribuer des aides destinées à favoriser l'installation ou le maintien de professionnels de santé dans un certain nombre de zones définies en application de l'article L 1434-4 du code de la santé publique. Cette disposition, modifiée à plusieurs reprises, ne peut que donner naissance à des contentieux, dont on a déjà quelques exemples.

B) Une notion occultée par les dispositions du droit de l'Union

Le plus important encadrement de l'intervention des collectivités territoriales en faveur des personnes privées pour soutenir des activités économiques est aujourd'hui sans doute celui qui provient de l'Union européenne, les règles de l'Union apparaissant comme une véritable occultation de la notion d'aide publique locale. La notion d'aide publique locale est occultée par le droit de l'Union parce que les dispositions de ce dernier ne concernent pas les aides publiques locales, en fait le droit de l'Union ignore cette notion.

1. Une notion ignorée par les règles de l'Union

L'encadrement par les règles de l'Union est très connu, il a donné lieu à une abondante jurisprudence de la CJUE et à de multiples commentaires de la part de la doctrine. On peut se contenter d'en retracer les grandes lignes.

Les dispositions applicables sont les articles 107 à 109 du TFUE sur les « aides accordées par les Etats », l'article principal étant l'article 107 (ex. art. 87 TCE).

---

général ayant un caractère philanthropique, éducatif, scientifique, social, humanitaire, sportif, familial, culturel ou concourant à la mise en valeur du patrimoine artistique, à la défense de l'environnement naturel ou à la diffusion de la culture, de la langue et des connaissances scientifiques françaises (1a de l'article).

[25] Le 1 de cet article vise les organismes sans but lucratif qui, dans le cadre de leur mission et pour des motifs d'ordre social accordent sur leurs ressources propres des prêts à des conditions préférentielles à certains de leurs ressortissants.

Que trouve-t-on dans cet article ? Le paragraphe 1, relatif aux aides accordées par les Etats, dispose que « sauf dérogations prévues par les traités, sont incompatibles avec le marché intérieur, dans la mesure où elles affectent les échanges entre les Etats membres, les aides accordées par les Etats ou au moyen de ressources d'Etat sous quelque forme que ce soit qui faussent ou qui menacent de fausser la concurrence en favorisant certaines entreprises ou certaines productions ». L'article 107 TFUE définit ainsi l'aide d'Etat à travers quatre critères cumulatifs : l'aide est attribuée au moyen de ressources publiques ; l'aide est un avantage sélectif octroyé à une entreprise ; l'aide fausse ou menace de fausser la concurrence ; l'aide affecte les échanges entre les Etats membres. Chacun de ces critères a donné lieu à une jurisprudence qui en a délimité et défini les contenus.

Il ressort trois traits de cette disposition. En premier lieu, un principe est posé, et ce principe est celui de l'incompatibilité des aides versées qui risqueraient de fausser la concurrence, on retrouve là les préoccupations des auteurs du traité originel qui étaient et sont demeurées celles de former un « marché intérieur » avec le principe de libre circulation s'appliquant aux personnes comme aux biens. La deuxième observation est que les collectivités territoriales n'apparaissent en aucune manière dans cette disposition. Il faut donc s'interroger sur le point de savoir si elles sont concernées ou pas. Le « suspense » comme l'on dit n'existe pas, la réponse est immédiate, puisqu'elle est affirmative, les collectivités territoriales sont bien concernées. Il reste alors à se demander, c'est la troisième observation, dans quelle mesure elles sont concernées, et pourquoi elles ne sont pas visées. Une partie de la réponse se trouve peut-être dans les dérogations que prévoit l'article 107, dérogations qui sont inévitables à partir du moment où l'on pose un principe. Les aides publiques locales se fondent dans les aides d'Etat, l'Union ne connaît qu'une catégorie d'aide, celle des aides d'Etat. Si, dans d'autres domaines, notamment celui des fonds structurels, et sans oublier la représentation institutionnelle des collectivités territoriales au sein du Comité des régions, en matière d'aides l'Union ne connaît pas les aides publiques locales. La distinction entre aides publiques des collectivités territoriales et aides publiques de l'Etat est une affaire purement interne, l'Union ne la prend pas en compte.

L'effacement, sur ce plan, des collectivités territoriales au plan de l'Union est étonnant car les collectivités territoriales sont, elles, valorisées par l'Union européenne, à travers le comité des régions, mais également les aides de fonds européens qui peuvent être régionalisées. Sans doute est-il apparu compliqué de différencier les aides versées dans le cadre d'un Etat au regard des règles de l'Union, ce qui explique l'existence d'une seule catégorie, celle des aides d'Etat.

2. Les aides d'Etat et les atténuations aux interdictions

Après quelques condamnations de la France pour non-respect de ces dispositions, le gouvernement a insisté sur la nécessité, pour l'Etat comme pour les collectivités territoriales, d'accroître l'expertise nécessaire à la détection des risques de qualification des mesures en aides d'Etat. Dans une circulaire du 5 février 2019 adressée aux ministres et aux préfets, le secrétaire général aux affaires européennes écrivait : « J'attire tout particulièrement votre attention sur la nécessité de renforcer l'expertise en matière de réglementation des aides d'Etat des ministères, de l'ensemble des services de l'Etat et des collectivités territoriales en alliant efficacité de la dépense publique et sécurisation de l'octroi des financements publics aux projets ayant des impacts économiques ».

Les dispositions européennes, qui peuvent paraître strictes, comportent néanmoins une atténuation, avec les aides qualifiées d'aides *de minimis*. Le terme utilisé dit bien ce que cette notion recouvre : il s'agit d'aides de faible montant qui, de ce fait, sont considérées comme peu susceptibles d'affecter la concurrence et les échanges entre Etats membres. Ces aides ne sont pas considérées comme des aides d'Etat, tout en étant assujetties à une réglementation spécifique.

Quatre règlements encadrent l'octroi des aides *de minimis*. Le règlement (UE) n° 1407/2013 du 18 décembre 2013 de la Commission prévoit un plafond de 200 000 euros d'aide par entreprise unique, sur une période de trois exercices fiscaux glissants[26], tous financeurs confondus. Le règlement (UE) n° 1408/2013 de la Commission du 18 décembre 2013 est relatif au secteur de l'agriculture et prévoit un plafond de 15 000 euros d'aide par entreprise unique ainsi qu'un

---

[26] C'est-à-dire l'exercice fiscal en cours et les deux précédents.

plafond national de 722 240 000 euros sur une période de trois exercices fiscaux glissants, tous financeurs confondus.

Le règlement (UE) n° 717/2014 de la Commission du 27 juin 2014 est relatif au secteur de la pêche et de l'aquaculture et prévoit un plafond de 30 000 euros d'aide par entreprise unique ainsi qu'un plafond national de 112 550 000 euros sur une période de trois exercices fiscaux glissants, tous financeurs confondus. Enfin le règlement (UE) n° 360/2012 de la Commission du 25 avril 2012 est relatif aux aides à des entreprises fournissant des services d'intérêt économique général et prévoit un plafond de 500 000 euros d'aide par entreprise, toujours sur une période de trois exercices fiscaux glissants, tous financeurs confondus.

Ces aides *de minimis* peuvent concerner sans risque de requalification les aides versées par les communes à des associations qui interviennent dans le domaine culturel, social, voire économique. Mais lorsque l'on aborde l'aménagement du territoire, les aides qu'attribuent les communes d'une certaine importance et plus encore les régions – les départements étant moins concernés – ces montants sont vite atteints et dépassés, et l'on retombe alors dans l'encadrement du droit de l'Union sur les aides d'Etat.

En conclusion, on peut dire que la question « qu'est-ce qu'une aide économique locale ? » ne peut recevoir une réponse simple, univoque, car tout dépend de l'angle sous lequel on l'envisage, c'est-à-dire des dispositions applicables. Cela n'est au fond pas très étonnant car ces dispositions multiples et qui ne sont pas toujours cohérentes entre elles ne font que refléter les fluctuations au cours du temps, les hésitations et, pourrait-on dire, les états d'âme des dirigeants sur ce que peuvent et doivent faire les collectivités territoriales. Les règles relatives aux aides économiques locales reflètent la situation, à un moment donné, des relations entre l'Etat et les collectivités territoriales comme le rôle que l'Etat entend reconnaître à ces collectivités.

PREMIERE PARTIE :

LES ACTEURS

« Le conseil régional est-il titulaire d'une compétence de principe en matière d'aides économiques locales ? »

Julien Martin,
Professeur à l'Université de Bordeaux

La question posée par l'organisateur de ce colloque peut surprendre en première approche. Il semble en effet que la réponse est entendue, et que la Région est bien titulaire de la compétence de principe en matière économique d'une manière générale, et plus encore, en particulier, s'agissant de la délivrance des aides économiques. Il ne s'agit alors que d'une manifestation de la mise en œuvre de la décentralisation par transfert de « blocs de compétence », selon la présentation, un peu schématique à des fins pédagogiques, la plus répandue. Au-delà de l'intuition et des simplifications, une telle conception semble en accord avec les principes juridiques ayant guidé le transfert de compétences au profit des collectivités territoriales dans le cadre du processus de décentralisation : la spécialité, et la subsidiarité.

Dès la loi du 7 janvier 1983 relative à la répartition des compétences entres les communes, les départements et les régions de l'Etat, son article 3, aujourd'hui repris à l'article L 1111-4 du code général des collectivités territoriales, devait poser un principe de répartition par spécialisation : « La répartition des compétences entre les collectivités territoriales et l'Etat s'effectue, dans la mesure du possible, en distinguant celles qui sont mises à la charge de l'Etat et celles qui sont dévolues aux communes, aux départements ou aux régions de telle sorte que chaque domaine de compétences ainsi que les ressources correspondantes soient affectés en totalité soit à l'Etat, soit aux communes, soit aux départements, soit aux régions." Dès le départ, le législateur lui-même ressent les limites de l'exercice, puisqu'il ne fait qu'appeler de ses vœux, sans véritablement imposer.

Cette velléité de spécialisation se heurtera ensuite à des obstacles politiques. Lors des discussions sur le texte allant devenir la loi du 16 décembre 2010, de réforme des collectivités territoriales, il avait été envisagé d'ajouter deux alinéas l'article L 1111-4 du CGCT, aux termes desquels : « Les compétences attribuées par la loi aux collectivités territoriales le sont à titre exclusif. Toutefois, la loi peut, à titre exceptionnel, prévoir qu'une compétence est partagée entre plusieurs catégories de collectivités territoriales. [...]. » et « Lorsque la loi a attribué à une catégorie de collectivités territoriales une compétence exclusive, les collectivités territoriales relevant d'une autre catégorie ne peuvent intervenir dans aucun des domaines relevant de cette compétence. ». L'article issu de la loi du 16 décembre 2010 restera en deçà de cette ambition, en ajoutant un alinéa prévoyant que : « Les communes, les départements et les régions financent par priorité les projets relevant des domaines de compétences qui leur ont été dévolus par la loi. »

Depuis la réforme constitutionnelle opérée par la loi du 28 mars 2003, la règle de précédente doit être lue en combinaison avec celle inscrite à l'article 72 al. 2, selon laquelle : « Les collectivités territoriales ont vocation à prendre les décisions pour l'ensemble des compétences qui peuvent le mieux être mises en œuvre à leur échelon. ». On parle à ce propos de principe de « subsidiarité ». Pour le Conseil constitutionnel, « il ne résulte pas de la généralité des termes retenus par le constituant que le choix du législateur d'attribuer une compétence à l'Etat plutôt qu'à une collectivité territoriale ne pourrait être remis en cause, sur le fondement de cette disposition, que s'il était manifeste qu'en égard à ses caractéristiques et aux intérêts concernés, cette compétence pouvait être mieux exercée par une collectivité territoriale »[1].

Immédiatement, les deux aspirations précédentes n'apparaissent pas compatibles en tous points. L'efficience que postule la subsidiarité n'est pas nécessairement soluble dans le transfert de compétences « en bloc ». Ce dernier présuppose également l'identification, difficile, de critères, de définition d'une compétence. En l'espèce et en d'autres termes, la délivrance des aides économiques locales constitue-t-elle une compétence confiée en totalité à la collectivité régionale, qui apparaîtrait ainsi comme la mieux à même de la mettre en œuvre ?

---

[1] CC, Décision n° 2005-516 DC du 07 juillet 2005, *Loi de programme fixant les orientations de la politique énergétique*, cons. 12, Dr. Adm. n° 8, Août 2005, comm. 114, Fraisse (Régis).

Beaucoup a déjà été écrit sur le sujet[2], y compris par l'organisateur de cette manifestation[3], autant que de nombreux aspects seront également traités dans cet ouvrage. En effet, s'interroger sur la compétence de principe de la Région oblige nécessairement à observer celle des autres niveaux de collectivités territoriales : départements, intercommunalités, ou communes. Or, une étude sera spécifiquement consacrée à ces dernières dans cet ouvrage. Il est donc inutile de revenir sur ces aspects.

Il reste donc à se concentrer sur cette compétence régionale en elle-même. La question posée invite à s'inscrire dans le temps. En émettant cette interrogation, on pressent qu'il existe des exceptions, et une évolution. Les exceptions étant partiellement traitées par ailleurs, il convient donc de s'interroger sur l'évolution. Il est d'ailleurs tentant de se demander si la Région a, enfin, la compétence de principe en matière d'aides économiques locales. Intuitivement il est possible de pressentir que le souhait de faire de la région la collectivité de référence en la matière a toujours été présent (I.). Mais s'il se poursuit par touches, il n'est toujours pas achevé à l'heure actuelle (II.).

I. La recherche de la primauté régionale initiale

Il serait un peu rapide de penser que les textes contemporains de la décentralisation ont érigé la Région en collectivité de référence en la matière. Le juge y a en effet été pour beaucoup. S'en est suivi une période de près de trente années où la situation n'a que peu évolué, démontrant que le consensus sur le renforcement du rôle de la région en la matière n'était pas aussi net que l'on pouvait le penser.

A) L'interprétation juridictionnelle initiale de textes ambigus

Si les auteurs reconnaissent que la compétence pour délivrer des aides publiques aux entreprises a été dès l'origine partagée entre

---

[2] Moreau (Jacques), « Les aides locales aux entreprises et le développement économique », JCP A 2006, comm. 1106 ; Dantonel-Cor (Nadine), « Les paradoxes de la compétence économique locale », *JCP A* 2010, comm. 2324 ; Idoux (Pascale), « Les régions et le développement économique », *RFDA* 2016, p. 467.

[3] Renaudie (Olivier), « Les aides locales aux entreprises : quelle répartition des rôles ? », *Pouvoirs Locaux*, n°114 III/2019, p. 46.

plusieurs strates de collectivités, ils conviennent également de la primauté accordée dès l'origine à la Région.

Celle-ci est à rechercher dans l'article 4 de la loi du 7 janvier 1982 approuvant le plan intérimaire 1982-1983, qui semble accorder une place particulière à la Région. Une telle faveur se déduirait d'abord de la formule retenue au premier alinéa de cet article qui reconnaît que « les collectivités territoriales et leurs groupements ainsi que les régions » peuvent, lorsque leur intervention a pour objet la création ou l'extension d'activité économique, accorder des aides directes ou indirectes à des entreprises. A ce stade, cette mention ne se justifie que par le fait que la région est encore un établissement public. Ensuite, et implicitement, il en va ainsi parce que les aides directes que ce texte institue – primes régionales à la création d'entreprises, primes régionales à l'emploi, bonifications d'intérêt ou prêts et avances à des conditions plus favorables que celles du taux moyen des obligations – sont attribuées par la Région. Il est ensuite précisé que ces différentes formes d'aides directes peuvent être complétées par le département, les communes ou leurs groupements, lorsque l'intervention de la région n'atteint pas le plafond fixé règlementairement. Il est enfin précisé que les aides indirectes peuvent être attribuées par les collectivités territoriales ou leurs groupements, ainsi que par les régions, seuls ou conjointement.

Cette disposition a été codifiée à l'article L 1511-2 du code général des collectivités territoriales créé par la loi du 21 février 1996. Cet article devait continuer de disposer que les aides directes sont attribuées par la région dans des conditions fixées par un décret en Conseil d'Etat, qui détermine notamment les règles de plafond et de zone indispensables à la mise en œuvre de la politique nationale d'aménagement du territoire et compatibles avec les engagements internationaux de la France, et que ces différentes formes d'aides directes peuvent être complétées par le département, les communes ou leurs groupements, lorsque l'intervention de la région n'atteint pas le plafond fixé par le décret mentionné précédemment.

Malgré cette apparente hésitation, le régime d'aides sera fondé sur quatre principes : accroître les moyens nécessaires à la réalisation des investissements créateurs d'emplois dans les régions défavorisées ; maintenir une solidarité nationale ; simplifier les procédures, pour les rendre plus aisément accessibles aux entreprises créatrices d'emplois ;

et, surtout, décentraliser au profit des régions, l'attribution de la majeure partie des aides financées par l'Etat, et leur ouvrir la possibilité d'accorder des aides propres[4]. La loi de 1982 donnait ainsi « une place éminente » à la région en matière de développement économique, et devait introduire une innovation importante[5]. Aux six aides spécifiques d'aménagement du territoire étaient substituées la prime régionale à l'emploi et la prime d'aménagement du territoire. La première était donc accordée sur son propre budget par chaque région, qui pourrait ainsi déterminer les conditions d'octroi et les secteurs d'activités susceptibles de bénéficier de la prime. La seconde devait, elle, remplacer les dispositifs précédents (primes de développement régional, de localisation d'activités tertiaires ou de recherche et aides du Fonds spécial d'adaptation industrielle). Dans la majorité des cas, cette prime serait accordée par la région qui bénéficiait ainsi d'un transfert de dotations de l'Etat. L'aide ne pourrait continuer à être attribuée au niveau national que pour la restructuration industrielle des bassins en déclin, l'implantation de grands investissements ou de grandes entreprises, les aides à des projets localisés dans des zones non classées atteintes par des difficultés temporaires et les projets tertiaires et de recherche d'intérêt national.

Depuis la loi du 5 juillet 1972 portant création et organisation des régions, la Région, alors établissement public, a des compétences économiques. Sur le plan des aides publiques, on peut relever qu'elle peut, depuis cette date, participer volontairement au financement d'équipements collectifs présentant un intérêt régional direct[6]. La loi du 2 mars 1982 va, quant à elle, étendre ces compétences en lui permettant d'attribuer, pour le compte de l'Etat, les aides financières que celui-ci accorde aux investissements des entreprises concourant au développement régional et à l'emploi, de participer à des dépenses de fonctionnement liées à des opérations d'intérêt régional direct, et d'intervenir dans le domaine économique, « dans les mêmes conditions et limites que celles prévues pour les communes ».

---

[4] J. Braconnier, Rapport n° 130 (1981-1982) Loi approuvant le plan intérimaire pour 1982 et 1983, fait au nom de la commission des affaires économiques, déposé le 16 décembre 1981, p. 87.

[5] Assemblée nationale, Compte rendu intégral, 2e Séance du Vendredi 11 Décembre 1981 p. 4682.

[6] Loi du 5 juillet 1972 *portant création et organisation des régions*, article 4, I, 3°.

Le propre de la loi du 2 mars 1982 est en effet d'avoir également prévu la compétence de la commune et du département. Ainsi, ses articles 5 et 48 devaient prévoir que la commune peut accorder des aides directes et indirectes dans les conditions prévues par la loi approuvant le Plan lorsque son intervention a pour objet de favoriser le développement économique, accorder des aides directes et indirectes à des entreprises en difficulté lorsque la protection des intérêts économiques et sociaux de la population communale ou départementale l'exige, ou lorsque l'intervention a pour but d'assurer le maintien des services nécessaires à la satisfaction des besoins de la population en milieu rural et que l'initiative privée est défaillante ou absente. Le Conseil d'Etat interprétera ainsi cette concurrence dans le sens d'une primauté régionale, en considérant que s'il ressort des dispositions combinées de l'article 48 de la loi du 2 mars 1982 et des articles 4 et 5 de la loi du 7 janvier 1982 que les régions disposent d'une « compétence générale » pour accorder des aides directes en matière de développement économique, alors que les autres collectivités territoriales ne peuvent intervenir qu'en « complément » des aides régionales et dans la limite de plafonds fixés par décret[7]. Puis il précisera que la faculté d'intervention ouverte aux collectivités locales en matière d'aides directes aux entreprises pour favoriser le développement économique concerne exclusivement les catégories d'aides visées par l'article 4, alinéa 2, de la loi du 7 janvier 1982 et s'exerce, pour les aides dont s'agit, en complément de celles de la région[8], alors même qu'elle aurait pour objet de compléter une aide accordée par l'Etat[9].

Au terme de cette première séquence d'une dizaine d'années, ouverte par le législateur et close par le juge, la compétence de la région est très clairement affirmée pour la délivrance des aides directes, même si elle n'est pas exclusive.

---

[7] CE, 11 juill. 1991, *Préfet Haute-Saône*, n° 70256 ; Lebon, p. 284, JCP G 1992, II, 21822, note F. Chouvel.

[8] CE, 1er oct. 1993, *Commune de Vitrolles*, n° 99120, LPA 19 octobre 1994, n° 125, p. 23, F. Chouvel.

[9] CE, 6 juin 1986, *Département de la Côte-d'Or*, n° 58463, AJDA 1986, p. 594, note J. Moreau.

B) L'évolution textuelle limitée des dispositions initiales

Presque 20 ans plus tard, la volonté de renforcer le rôle de la région en la matière achoppera par deux fois.

La loi relative à la démocratie de proximité du 10 février 2002 renforce le rôle de la région, même si la manière de procéder laisse un peu perplexe. C'est par voie d'amendement que le Gouvernement proposera de faire évoluer la rédaction précédente, en adoptant cette nouvelle rédaction : « Les aides directes revêtent la forme de subventions, de bonifications d'intérêt ou de prêts et avances remboursables, à taux nul ou à des conditions plus favorables que celles du taux moyen des obligations. Elles sont attribuées par la région dans le respect des dispositions législatives et réglementaires applicables en matière de concurrence et d'aménagement du territoire et des engagements internationaux de la France. ». Les départements, les communes ou leurs groupements peuvent participer au financement de ces aides directes, mais dans le cadre d'une convention passée avec la région.

Il s'agit alors d'éviter « un éparpillement, une concurrence effrénée entre les différentes collectivités locales »[10]. La démarche du Gouvernement avait alors été qualifiée d'« improvisée »[11]. Et de regretter « l'absence d'un volet concernant les ressources », ou de « péréquation entre régions »[12]. Devant le Sénat, les débats ont essentiellement porté sur l'utilité de la compétence départementale en matière économique, révélant ainsi que l'enjeu était en réalité là[13]. Un amendement proposant ainsi notamment d'aménager une subsidiarité en autorisant le département à attribuer ou maintenir les aides lorsque la région n'a pas décidé d'attribuer des aides ou lorsqu'elle a limité le domaine de ces aides, ne sera pas retenu[14].

Avec la loi du 27 février 2002 relative à la démocratie de proximité, l'article L 1511-2 du Code général des collectivités territoriales prévoit désormais que les aides directes ne sont plus régies par des décrets, mais par des délibérations du conseil régional, et que les départements et communes doivent avoir conclu une

[10] G. Carrez, Assemblée nationale – 2e séance du 25 juin 2001, p. 4784.
[11] *Ibid.*, p. 4783.
[12] *Ibid.*, p. 4784.
[13] Sénat, Séance du 17 janvier 2002.
[14] Amendement n° 274 rectifié bis, présenté par MM. Vial, Joyandet et Schosteck.

convention avec la région pour abonder une aide directe accordée par celle-ci. La loi du 13 août 2004 relative aux responsabilités locales devait, par la suite, fonder le rôle accru de la région en matière économique, mais le texte voté restera très en deçà des aspirations du projet de loi.

La région aurait dû devenir le véritable chef de file en la matière. Le nouvel article L 1511-1 aurait ainsi du disposer que « la région exerce, dans son ressort, la responsabilité du développement économique », et assure, à cet effet, « la coordination des actions économiques des collectivités territoriales », en adoptant un schéma régional de développement économique. Le même article, une fois voté, ne devait plus confier à la région que la charge de « coordonner » sur son territoire les actions de développement économique des collectivités territoriales et de leurs groupements, sous réserve des missions incombant à l'Etat.

L'ambition du projet de loi était de « clarifier » le rôle des collectivités territoriales et de « mieux organiser les interventions multiples ». Il était notamment prévu que l'intervention directe de l'État par conventionnement avec des collectivités territoriales ne soit plus possible qu'à titre subsidiaire, en cas de refus motivé d'intervenir de la région, notamment lors des accidents économiques que peuvent subir certaines entreprises et leurs salariés sur le territoire régional. L'article L 1511-5 du code général des collectivités territoriales finalement adopté restera lui aussi en deçà de ces aspirations, en autorisant la conclusion d'une convention entre l'Etat et une collectivité territoriale autre que la région ou un groupement pour compléter les aides ou régimes d'aides mentionnés aux articles L 1511-2 et L 1511-3. Les départements ont finalement « réussi » à faire « rééquilibrer » en leur faveur le texte[15]. Il faudra encore dix ans pour que ces dispositions fraichement adoptées soient abrogées par la loi relative à la nouvelle organisation territoriale de la République.

[15] J.-M. Pontier, « Chapitre 5 (folio n°1750) - Région : interventions de la région », Encyclopédie des collectivités locales, n° 323.

II. La consécration récente de la primauté régionale

La difficulté peut aujourd'hui sembler résolue. La région endosse le rôle de chef de file en la matière, et les départements n'ont, pour l'essentiel, plus de compétence en la matière. Les débats récents autour de la loi engagement et proximité révèlent toutefois un activisme toujours important de l'ensemble des catégories de collectivités pour disposer d'une partie de la compétence économique.

A) La consécration relative de la primauté régionale

La modification opérée par la loi du 7 août 2015 portant nouvelle organisation territoriale de la République peut apparaître à certains égards anodine. Pour l'essentiel, l'article L 1511-2 dispose désormais que le conseil régional « est seul compétent » pour définir les régimes d'aides et pour décider de l'octroi des aides aux entreprises dans la région, même si les communes et leurs groupements et la métropole de Lyon, peuvent participer au financement des aides et des régimes d'aides mis en place par la région dans le cadre d'une convention passée avec la région.

Avant cette loi, cet article disposait que le conseil régional « définit le régime et décide de l'octroi » des aides aux entreprises dans la région qui revêtent la forme de prestations de services, de subventions, de bonifications d'intérêt, de prêts et avances remboursables, à taux nul ou à des conditions plus favorables que celles du taux moyen des obligations. Et il ajoutait que les départements, les communes et leurs groupements « peuvent participer au financement de ces aides » dans le cadre d'une convention passée avec la région, et que, « en cas d'accord de la région », la collectivité territoriale ou le groupement de collectivités territoriales « auteur du projet d'aide ou de régime d'aides peut le mettre en œuvre ».

Pour les rédacteurs de l'instruction du 22 décembre 2015 relative à la nouvelle répartition des compétences en matière d'interventions économiques des collectivités territoriales et de leurs groupements issue de l'application de la loi du 7 août 2015, la nouvelle rédaction de l'article L 1511-2 du CGCT ne permet plus la définition d'un régime d'aide par le département, et sa mise en œuvre avec l'accord de la région[16]. Et elle précise également que la loi supprime la possibilité pour toutes les collectivités territoriales infrarégionales de mettre en œuvre une aide ou un régime d'aide en faveur de la création ou de l'extension d'activités économiques[17]. Toutefois, en précisant que l'article L 1511-2 du CGCT ne permet plus la définition d'un régime d'aide par le département, et sa mise en œuvre avec l'accord de la région, l'instruction peut relier ceci soit à la disparition de la formule selon laquelle la collectivité territoriale ou le groupement de collectivités territoriales « auteur du projet d'aide ou de régime d'aides peut le mettre en œuvre », mais on ne comprend pas pourquoi cela concernerait les seuls départements malgré la proximité des formules. Cela résulte donc plus sûrement de la disparition des départements de la liste des collectivités qui « peuvent participer au financement de ces aides » dans le cadre d'une convention passée avec la région. Partant, et si l'on suit l'instruction, il faut considérer que la « participation » au financement de l'aide est équivalent à la préparation du projet et à sa mise en œuvre, ce qui n'a rien d'évident.

Les départements ont également perdu la possibilité d'accorder des aides aux entreprises en difficulté qu'ils tenaient de la loi du 5 janvier 1988, conjointement avec les régions[18]. Avec la loi NOTRe, l'article L 1511-2 II confie au conseil régional la compétence pour accorder des aides à des entreprises en difficulté lorsque la protection des intérêts économiques et sociaux de la population l'exige. La métropole de Lyon, les communes et leurs groupements peuvent participer au financement des aides dans le cadre d'une convention passée avec la région.

L'essentiel reste la compétence conférée à la région en tant que chef de file ; L'article L 14251-12 dispose ainsi que la région est la collectivité territoriale responsable, sur son territoire, de la définition des orientations en matière de développement économique. Pour ce faire, la région élabore un schéma régional de développement économique, d'innovation et d'internationalisation (Article L4251-13). Ce schéma définit les orientations en matière d'aides aux entreprises,

---

[16] l'instruction du 22 décembre 2015 relative à la nouvelle répartition des compétences en matière d'interventions économiques des collectivités territoriales et de leurs groupements issue de l'application de la loi n°2015-991 du 7 août 2015 portant nouvelle organisation territoriale de la République (NOTRe), p. 20.

[17] *Ibid.*, p. 34

[18] Ex-art. L 3231-3 et L 4211-1, 6° du code général des collectivités territoriales.

de soutien à l'internationalisation et d'aides à l'investissement immobilier et à l'innovation des entreprises, ainsi que les orientations relatives à l'attractivité du territoire régional. Il définit les orientations en matière de développement de l'économie sociale et solidaire, en s'appuyant notamment sur les propositions formulées au cours des conférences régionales de l'économie sociale et solidaire. Il définit également les orientations en matière de développement de l'économie circulaire, notamment en matière d'écologie industrielle et territoriale.

L'intention des auteurs du projet de loi était de conforter le rôle de chef de file des régions en matière de développement économique. Elles se verraient ainsi transférer, par la loi de finances, l'ensemble des aides économiques individuelles aux entreprises, d'un montant global de 238 millions d'euros. Les entrepreneurs n'auraient donc plus face à eux une multitude de guichets. Les interventions économiques des autres collectivités locales devraient se faire en cohérence avec celles de la région, dans le cadre d'un schéma régional de développement économique[19]. Afin de renforcer la coordination des actions menées au niveau local en matière de développement économique, la compétence exclusive de la région pour l'octroi de toutes les aides en faveur de la création et de l'extension des activités économiques aurait pu être consacrée. Cette option n'a pas été retenue notamment pour les aides à l'investissement immobilier des entreprises (article L 1511-3). Les communes, les EPCI et les métropoles conservent un droit d'initiative dans ce domaine. Cette option apparaissant cohérente avec la compétence dont bénéficient ces collectivités et groupements en matière d'aménagement foncier en faveur des entreprises[20]. L'étude d'impact illustrait ainsi son propos en relevant qu'en 2011, ces interventions représentaient 6,3 milliards d'euros[21]. Les régions consacraient 2,1 milliards d'euros au développement économiques soit 33 % des interventions des collectivités locales, les intercommunalités et les départements respectivement 1,7 milliard d'euros et 1,6 milliard d'euros soit 27 et 25 % des interventions en faveur du développement, les communes consacrant quant à elles 971 millions d'euros au développement

[19] Projet de loi *portant nouvelle organisation territoriale de la République* articles 1er et 2.
[20] Etude d'impact de la loi NOTRe, p. 27.
[21] *Ibid.*, p. 28

économique[22]. Il est à cet égard un peu étrange de se fonder sur des chiffres de 2011 en 2014. La référence ne se comprend que si l'on porte son attention sur l'origine de ces chiffres, à savoir le Rapport sur les interventions économiques en faveur des entreprises (*Pour des aides simples et efficaces au service de la compétitivité*, rédigé par Jean-Jack Queyranne, Jean-Philippe Demaël et Philippe Jurgensen).

La motivation apparaît alors clairement[23]. L'étude d'impact renvoie ainsi au rapport de la mission précédent, qui mettait en avant les « montants de frais de gestion relativement élevés, avec près de 15 000 agents consacrés au développement économique, soit un équivalent budgétaire en coûts complets de près de 700 M€, c'est-à-dire 11 % du total des interventions. », et des « gains d'efficience de 100 M€ » avec le transfert de toutes les compétences de développement économique des collectivités aux régions, à l'exception de l'immobilier d'entreprises. L'étude d'impact relevait à cet égard que « les départements notamment, qui n'auront quasiment plus de pouvoir d'initiative en matière de développement économique (à de rares exceptions près) devraient en principe réduire leurs effectifs dans ce champ de compétence ». Enfin, la rationalisation des dispositifs d'aides, conformément aux orientations définies dans le SRDEII, devrait conduire à une diminution des coûts de gestion des dossiers. La feuille de route du rapport de la mission Demaël/Jurgensen/Queyranne était d'ailleurs très claire à cet égard et lui assignait deux objectifs : simplifier et économiser[24].

B) La poursuite de l'édiction de régimes particuliers

Les débats autour de la compétence du département à l'occasion de la discussion de la loi du 27 décembre 2019 relative à l'engagement dans la vie locale et à la proximité de l'action publique (dite « engagement et proximité ») montrent bien que les départements, qui sont les principaux concernés par la consécration de la région comme collectivités titulaire de la compétence de principe en la matière, restent attentifs. L'article L 3231-3 du code général des collectivités territoriales, conférant une compétence au département pour accorder

[22] *Ibid.*, p. 28

[23] *Ibid.*, p. 29

[24] Queyranne (Jean-Jacques), Demaël (Jean-Philippe) et Jurgensen (Philippe), *Pour des aides simples et efficaces au service de la compétitivité*, p. 1.

des aides à des entreprises en difficulté avait été abrogé par la loi NOTRe du 7 août 2015.

Dans le même temps, cette même loi avait également créé un article L 3232-1-2 prévoyant que le département peut, « par convention » avec la région et en complément de celle-ci, participer, par des subventions, au financement d'aides accordées par la région en faveur d'organisations de producteurs au sens des articles L 551-1 et suivants du code rural et de la pêche maritime et d'entreprises exerçant une activité de production, de commercialisation et de transformation de produits agricoles, de produits de la forêt ou de produits de la pêche. Ces aides du département ont pour objet de permettre à ces organisations et à ces entreprises d'acquérir, de moderniser ou d'améliorer l'équipement nécessaire à la production, à la transformation, au stockage ou à la commercialisation de leurs produits, ou de mettre en œuvre des mesures en faveur de l'environnement. La même loi avait également ménagé une compétence aux départements en matière économique sous forme de délégation, cette fois. L'article L 1511-3 dispose ainsi que les communes ou les établissements publics de coopération intercommunale à fiscalité propre peuvent, « par voie de convention » passée avec le département, lui « déléguer » la compétence d'octroi de tout ou partie des aides sur leur territoire en matière d'investissement immobilier des entreprises et de location de terrains ou d'immeubles.

L'article 16 du projet de loi « engagement et proximité » avait donc proposé de rétablir l'article L 3231-3 du code général des collectivités territoriales dans les termes suivants : « Par dérogation aux articles L 1511-2 et L 1511-3, le département peut, par convention avec la collectivité territoriale ou le groupement de collectivités territoriales compétent en vertu des articles précités, accorder des aides aux entreprises dont au moins un établissement se situe dans une commune du département visée par un arrêté portant reconnaissance de l'état de catastrophe naturelle et dont l'activité est significativement affectée en raison des dommages importants subis par son outil de production. Cette aide a pour objet de permettre aux entreprises de remettre en état leurs locaux et moyens de production, de reconstituer un stock, d'indemniser une perte de revenu et de redémarrer leur activité, en complément des autres dispositifs d'aides et d'indemnisation. »

L'équilibre de cette disposition semblait renvoyer à celui de l'article L 3232-1-2, qui prévoit le financement de certaines activités agricoles « par convention avec la région et en complément de celle-ci », sans que l'article parle de délégation, comme à l'article L 1511-3. L'étude d'impact était à cet égard très explicite. Elle avait successivement écarté un financement par le département « en complément » des aides accordées par la collectivité ou le groupement compétent, car elle ne paraissait « pas compatible avec l'exigence de réactivité lorsque survient une catastrophe naturelle », et « « pour cette même raison », l'instauration, par convention, d'une délégation de compétence spécifique n'a pas été retenue. En outre, celle-ci n'aurait pas permis l'intervention concomitante du délégant et du délégataire[25]. Malgré cela, une convention entre le département et la collectivité territoriale ou le groupement compétent restait « obligatoire pour lui permettre d'intervenir ». Et « l'objectif » de cette convention était « en outre d'assurer la bonne coordination entre les différents intervenants accordant les aides dans un souci d'efficacité et de garantie du respect du droit européen des aides d'Etat ».

Ces dispositions seront parmi les rares à donner lieu à une mention dans l'avis du Conseil d'Etat rendu sur le projet de loi. Pour lui, « Ces dispositions n'appellent aucune objection juridique. »[26]. Il sera malgré cela profondément remanié, en première lecture, au Sénat, sur la base d'un amendement gouvernemental[27]. Aux termes de celui-ci, ce sera désormais le représentant de l'État dans le département qui pourra autoriser par arrêté le département à accorder, par dérogation aux articles L 1511-2 et L 1511-3, des aides aux entreprises dont au moins un établissement se situe dans une commune du département visée par un arrêté portant reconnaissance de l'état de catastrophe naturelle et dont l'activité est affectée en raison des dommages importants subis par son outil de production. Et le département informera tout de même le président du conseil régional des aides attribuées sur le fondement du présent article[28]. Selon l'explication donnée en séance par le ministre chargé des collectivités territoriales, l'amendement déposé

---

[25] p. 118
[26] Conseil d'Etat, Séance du lundi 15 juillet 2019, N° 398013, *Avis sur un projet de loi relatif à l'engagement dans la vie locale et à la proximité de l'action publique*, NOR : TERX1917292L/Verte-1.
[27] Amendement n° 978, présenté par le Gouvernement.
[28] Séance du 17 octobre 2019.

par le Gouvernement visait à corriger une « rigidité » qui demeurait dans la rédaction initiale du projet de loi, la convention avec la région, alors qu'il y aurait plus urgent à faire en cas de catastrophe naturelle. La convention apparaissait donc parfaitement inutile. On en peut tout de même s'empêcher de s'interroger sur sa nature. La loi commentée l'a donc rétabli, mais dans une rédaction différente. Ledit article, dans sa rédaction issue de l'article 71 de la loi du 27 décembre 2019 dispose désormais que le représentant de l'Etat dans le département peut autoriser par arrêté le département à accorder, par dérogation aux articles L 1511-2 et L 1511-3, des aides aux entreprises dont au moins un établissement se situe dans une commune du département définie par un arrêté portant reconnaissance de l'état de catastrophe naturelle et dont l'activité est affectée en raison des dommages importants subis par son outil de production.

D'apparence anecdotique, cette compétence vient s'ajouter à celles déjà reconnues au département après que la loi NOTRé lui a retiré une bonne partie de celles dont il disposait pour attribuer des aides économiques, en même temps qu'il renforçait le rôle de la région en la matière. A la lumière du processus législatif rapidement rappelé dans cette contribution, montrant bien les hésitations et les compromis en la matière en près de quarante ans de décentralisation, il est possible d'en conclure que la compétence de la région en la matière n'est pas totale, mais surtout, que cet état du droit n'a rien de définitif.

« Que reste-t-il de la compétence communale en matière d'aides économiques locales ? »

Florian Poulet,
Professeur à l'université Paris-Saclay (Évry-Val-d'Essonne)

Par son intitulé même, la présente contribution suggère l'idée qu'il ne resterait aujourd'hui plus grand-chose de la compétence communale en matière d'aides économiques locales. Cette compétence aurait connu, autrefois, un âge d'or dont il ne resterait, dorénavant, que des miettes, créant ainsi un sentiment de nostalgie, en tout cas du côté de ceux qui défendent le rôle des communes en ce domaine. Ainsi, de la même façon que le chanteur s'interroge sur : « Que reste-t-il de nos amours ? »[1], évoquant les amours mortes et le feu qui s'éteint, le juriste est tenté de formuler la même interrogation à l'endroit de la compétence communale en matière d'aides économiques locales.

Si cette question se pose en ses termes, c'est parce que l'on assiste effectivement, depuis de nombreuses années maintenant, à un déclin structurel du rôle des communes en matière d'aides économiques locales[2]. Celles-ci ont été victimes d'une aspiration de leur compétence au profit des départements[3] et, surtout, au profit des régions qui se sont donc vues reconnaître le premier rôle en matière de développement économique[4]. L'adoption de la loi du 7 août 2015 portant nouvelle organisation territoriale de la République (NOTRe) constitue, à cet égard, le point d'orgue de cette évolution de fond, les parlementaires ayant fait le choix de consacrer l'existence d'un bloc de compétence régionale dans le domaine des aides économiques

[1] Écrite en 1942, la chanson, accompagnée d'une musique composée par le pianiste Léo Chauliac, sera d'abord interprétée par Lucienne Boyer, en 1942, puis Roland Gerbeau, en février 1943, avant d'être finalement interprétée par Charles Trenet lui-même, en juillet 1943.

[2] V. la contribution de Jean-Marie Pontier, qui figure dans le présent ouvrage.

[3] Le cas des aides aux entreprises en difficulté est, à cet égard, révélateur.

[4] V. en ce sens, la contribution de Julien Martin, qui figure dans le présent ouvrage.

locales. Depuis lors, l'article L 1511-2 du code général des collectivités territoriales (CGCT) affirme ainsi, sans ambages, que « le conseil régional est seul compétent pour définir les régimes d'aides et pour décider de l'octroi des aides aux entreprises dans la région »[5]. La constitution d'un tel bloc de compétence ne conduirait donc pas seulement à reconnaître un premier rôle aux régions ; il s'agirait, tout bonnement, de leur reconnaître un rôle exclusif : telle est l'idée suggérée par l'expression, choisie à dessein, « le conseil régional est seul compétent… ».

Si l'on devait s'en tenir à cette présentation, l'on pourrait alors s'arrêter là, en concluant que la région a reçu l'ensemble du gâteau que représente la compétence en matière d'aides économiques locales et qu'il ne reste aujourd'hui plus rien de la compétence communale, même pas quelques miettes. Mais, évidemment, la façon dont est formulé l'intitulé de la présente contribution, volontairement provocateur, laisse à penser que les communes conservent encore une compétence en la matière. C'est qu'en effet, les aides économiques constituent un levier stratégique majeur de l'action publique locale. L'instauration de régimes d'aides et l'octroi d'aides constituent des outils politiques extrêmement précieux pour les acteurs locaux, dont la mise en œuvre s'accompagne de forts enjeux sur le plan socio-économique, mais aussi électoral. Les communes, en particulier, n'ont donc jamais voulu se voir entièrement dessaisies de cet instrument essentiel.

Certes, les rapports et études[6] ne manquent pas pour dénoncer et déplorer la dispersion des compétences, le manque de lisibilité des dispositifs, la déresponsabilisation des acteurs ou encore l'inefficacité

---

[5] Au demeurant, on rappellera que « La région est la collectivité territoriale responsable, sur son territoire, de la définition des orientations en matière de développement économique » (CGCT, art. L 4251-12).

[6] V. en particulier, le rapport public thématique que la Cour des comptes a consacré, en novembre 2007, aux aides des collectivités territoriales au développement économique, mis en ligne sur le site Internet de l'institution : https ://www.ccomptes.fr/fr/publications/les-aides-des-collectivites-territoriales-au-developpement, consulté le 4 juillet 2020. V. également Fichet (Jean-Luc) et Mazars (Stéphane), Rapport d'information n° 372 de MM. Jean-Luc Fichet et Stéphane Mazars, *Les collectivités territoriales et le développement économique : vers une nouvelle étape ?*, Sénat, 20 février 2013 et mis en ligne sur le site Internet du Sénat : https ://www.senat.fr/rap/r12-372/r12-372.html, consulté le 4 juillet 2020.

de l'action publique économique locale[7]. Néanmoins, les enjeux politiques demeurent plus forts, les communes ayant tout intérêt, pour des raisons, on l'a dit, autant socio-économiques qu'électoralistes, à conserver un rôle en matière d'aides économique. Nonobstant les critiques et afin, précisément, de limiter leur portée, elles ont donc exercé un mouvement de pression sur les pouvoirs publics nationaux[8], notamment les parlementaires, particulièrement sensibles à leurs arguments, afin de les convaincre de la nécessité de maintenir certains chefs de compétence communale en ce domaine[9].

À l'heure où la question des mythes fait l'objet d'un examen renouvelé en droit public[10], il pourrait être soutenu que l'adoption de la loi NOTRe et les éléments de langage qui ont accompagné sa présentation ont, très largement, contribué à la fabrication d'un mythe. Selon ce mythe, les communes se seraient vues déposséder de toutes leurs attributions en matière d'aides économiques locales, les régions devenant seules compétentes. Du gâteau que représente cette matière, il ne resterait plus aucune miette laissée aux communes. Il est vrai que

---

[7] V. *ibid.*, p. 5 et 43 : la Cour des comptes pointe du doigt des *« dispositifs éclatés, complexes et peu coordonnés »*, regrettant leur *« portée limitée »*.

[8] V., par ex., la déclaration commune État-Grandes villes et Agglomérations, signée le 30 octobre 2012 par le Premier ministre et les Présidents de l'Association des communautés urbaines de France (ACUF), de l'Association des maires de grandes villes de France (AMGVF) et de l'Assemblée des communautés de France (AdCF), citée *in* Fichet (Jean-Luc) et Mazars (Stéphane), *Les collectivités territoriales et le développement économique : vers une nouvelle étape ?*, *op. cit.*, p. 39 : « les grandes villes et agglomérations orientent, en cohérence avec les stratégies nationale et régionale, leur action vers le soutien des PME et entreprises de taille intermédiaire implantées dans leur territoire ».

[9] Ce qui est vrai des communes l'est aussi, au demeurant, des départements. V., par ex., dans le contexte de la crise sanitaire liée à la prolifération de la Covid-19 : Viry (Stéphane) et Abad (Damien), *Proposition de loi permettant aux conseils départementaux de bénéficier d'une compétence économique dérogatoire en cas de catastrophe sanitaire*, Ass. nat., 28 avril 2020. – De même, Auvinet (Yves), « L'État doit laisser les départements aider les entreprises », *Ouest-France*, 6 mai 2020 – De même encore, JRTA Châlons-en-Champagne, 15 juin 2020, *Préfet des Ardennes*, n° 2000896. S'agissant de la réponse – univoque – du Gouvernement et du Président de Régions de France, v. « Aides économiques : le gouvernement clarifie le jeu. Merci Jacqueline Gourault ! », communiqué de presse de M. Renaud Muselier, 12 mai 2020, http ://regions-france.org/wp-content/uploads/2020/05/CP-aides-economiques.pdf, consulté le 4 juillet 2020.

[10] V. Touzeil-Divina (Mathieu), *Dix mythes du droit public*, préf. Caillosse (Jacques), LGDJ, coll. Forum, 2019, 420 p.

cette façon de présenter les choses s'inscrit parfaitement dans la prétendue démarche de simplification du droit des collectivités territoriales poursuivie par le législateur : l'idée de cette compétence exclusive donnée aux régions garantirait la lisibilité de la loi, la simplicité des dispositifs et l'efficacité de l'action publique locale. Toutefois, il ne s'agit là que d'un mythe parce que le bien-fondé de cette idée ne résiste pas longtemps à l'examen[11]. En examinant de plus près la situation, en effet, deux constats apparaissent qui viennent contredire ce mythe. D'une part, la loi a laissé aux communes d'importantes miettes dès l'instant où, au sein du bloc de compétence régionale, les communes conservent un titre juridique pour accompagner les régions à l'intérieur du bloc de compétence régionale (I.) ; d'autre part, la loi est allée jusqu'à laisser aux communes une véritable part de gâteau, distincte de celle attribuée à la région dans la mesure où, en dehors du bloc de compétence régionale, les communes conservent un titre juridique pour décider seules dans plusieurs domaines non négligeables (II.).

I. Un titre juridique pour accompagner les régions à l'intérieur du bloc de compétence régionale

À l'intérieur du bloc de compétence régionale, le législateur de 2015 a laissé subsisté, au profit des communes, deux types de pouvoir, non négligeables, qui leur laisse la possibilité, si elles s'en saisissent, de jouer un véritable rôle d'accompagnateur des régions dans le domaine des aides économiques : la participation au financement des aides décidées par ces dernières (A) ; et l'octroi d'aides au nom et pour le compte des régions (B).

A) La participation au financement des aides décidées par les régions

En même temps qu'il fait du conseil régional l'organe « seul compétent pour définir les régimes d'aides et pour décider de l'octroi des aides aux entreprises dans la région », l'article L 1511-2 du code général des collectivités territoriales prévoit expressément que les communes, notamment, « peuvent participer au financement des aides

[11] V. Renaudie (Olivier), « Les aides locales aux entreprises : quelle répartition des rôles ? », *Pouvoirs locaux*, n° 114, III/2019, p. 46.

et des régimes d'aides mis en place par la région »[12]. Ce concours des communes au financement des aides et des régimes d'aides mis en place par la région doit faire l'objet d'une convention conclue entre cette dernière et la ou les communes intéressées.

Une telle possibilité confère un précieux pouvoir aux communes. En pratique, celles-ci peuvent initier des projets d'aides ou de régimes d'aides et, pour convaincre la région de les octroyer ou de les instituer, s'engager, dans le cadre d'une convention, à participer au financement de ces projets. Sans disposer d'un pouvoir de décision en la matière, les communes conservent ainsi un pouvoir d'initiative et d'influence puisqu'elles sont en situation de contribuer au financement de projets d'aides. Cette possible contribution leur donne un mot à dire dans le montage et la conduite des projets en la matière.

Au-delà de cette faculté consistant à concourir au financement des aides et des régimes d'aides, les communes peuvent également directement octroyer tout ou partie de ces aides, au nom et pour le compte des régions, au titre d'une délégation reçue de celles-ci.

B) L'octroi de tout ou partie des aides au nom et pour le compte des régions

Aux termes du troisième alinéa de l'article L 1511-2 du code général des collectivités territoriales, il est prévu que le conseil régional puisse déléguer l'octroi de tout ou partie des aides à la métropole de Lyon ainsi qu'aux communes et à leurs groupements[13] : « Le conseil régional peut déléguer [la compétence d'octroi] l'octroi de tout ou partie des aides à la métropole de Lyon, aux communes et à leurs groupements ».

---

[12] Cette possibilité n'est pas réservée qu'aux communes : elle est également ouverte à la métropole de Lyon et aux groupements de communes. Les départements en sont, en revanche, exclus.

[13] On remarquera que les départements sont, là encore, exclus de cette hypothèse de délégation en matière d'aides économiques. Le Conseil d'Etat a d'ailleurs eu l'occasion, par deux décisions inédites de 2017, de préciser que cette exclusion des départements n'était pas contraire au principe de libre administration des collectivités territoriales (CE, 12 mai 2017, *Assemblée des départements de France*, n° 397364 ; CE, 11 octobre 2017, *Département des Yvelines et autres*, n° 407347).

Il est à observer que la délégation ainsi envisagée ne concerne que la compétence d'octroyer les aides, laquelle se traduit par l'édiction de décisions individuelles. En revanche, le pouvoir de créer un régime d'aides – qui revêt donc un caractère réglementaire[14] – n'est pas susceptible d'être délégué aux communes par les régions.

La délégation faite, le cas échéant, à la commune par la région du pouvoir d'octroyer tout ou partie des aides s'effectue dans les conditions prévues à l'article L 1111-8 du code général des collectivités territoriales, c'est-à-dire selon le régime général des délégations entre collectivités territoriales. Cette soumission des délégations régionales en matière d'aides économiques implique donc deux choses importantes :

- d'une part, la compétence ainsi déléguée est exercée au nom et pour le compte de la collectivité territoriale délégante. Par conséquent, lorsqu'une commune se voit déléguer la compétence d'octroyer tout ou partie d'une aide, elle exerce cette compétence au nom et pour le compte de la région. Même dans cette hypothèse-là, c'est donc encore la région qui, juridiquement, est réputée décider : la commune n'a bien qu'un rôle d'appui, non de décision.
- d'autre part, la délégation est régie par une convention, conclue entre la collectivité délégante et la collectivité délégataire, qui doit prévoir au moins trois éléments : la durée de la délégation ; les objectifs à atteindre ; et les modalités du contrôle de l'autorité délégante sur l'autorité délégataire. Les différents aspects de la délégation en matière d'aides économiques doivent donc être prévus par un contrat signé entre la région et la commune. Dans la pratique, ces conventions sont fréquentes : ainsi, par exemple, le 26 juin 2017, la région Ile-de-France a signé avec la ville de Paris une convention de délégation portant sur l'octroi d'aides économiques dans le domaine de l'innovation[15].

Par les possibilités données aux autorités communales de participer au financement des aides décidées par la région et de se voir déléguer leur octroi, en tout ou partie, on voit que les communes conservent un

---

[14] Il s'agit, en substance, de déterminer les conditions d'éligibilité au dispositif d'aides concerné et les critères de leur attribution.

[15] Citée *in* Renaudie (Olivier), *op. cit.*, p. 48.

rôle au sein du bloc de compétence régionale. Toutefois, ce rôle n'est qu'un rôle d'accompagnement : les communes n'ont pas de pouvoir propre de décision et se contentent d'agir en soutien de décisions des régions ou pour le compte de ces dernières. C'est en cela qu'on peut parler de miettes laissées par la loi aux communes. Or, la loi NOTRe n'a pas laissé que des miettes à celles-ci. À y regarder de plus près, en effet, on obverse que le législateur est allé jusqu'à leur laisser une véritable part de gâteau, distincte de celle – la plus grosse certes – attribuée à la région.

II. Un titre juridique pour décider seules en dehors du bloc de compétence régionale

En créant, en 2015, un bloc de compétence régionale en matière d'aides économiques locales, la loi NOTRe a laissé aux communes un certain nombre de miettes qui viennent d'être rappelées. Mais, le législateur a, en outre, prévu des cas dans lesquels les communes restent compétentes pour décider de définir des régimes d'aides ou d'octroyer des aides[16]. Ces cas interviennent en dehors du bloc de compétence régionale et conduisent donc à reconnaître, à côté de la grosse part de gâteau attribuée aux régions, une part de gâteau, non négligeable, attribuée aux communes en matière d'aides économiques. Cette part de gâteau qui incarne le pouvoir de décision laissée aux communes se compose, principalement, de trois couches différentes, d'inégale importance : les aides aux entreprises de spectacle cinématographique (A) ; les aides à l'installation ou au maintien de professionnels de santé (B) ; et les aides à l'immobilier d'entreprise (C).

A) Le domaine des aides aux entreprises de spectacle cinématographique

Parmi les réserves faites au bloc de compétence régionale, profitant aux communes, demeure celle résultant des dispositions de l'article L 2251-1 du code général des collectivités territoriales. Incarnation de

---

[16] L'article L 1511-2 du code général des collectivités territoriales consacre la compétence, prétendument exclusive, du conseil régional pour définir les régimes d'aides et pour décider de l'octroi des aides aux entreprises dans la région, sous réserve « *des articles L 1511-3, L 1511-7 et L 1511-8, du titre V du livre II de la deuxième partie et du titre III du livre II de la troisième partie* ».

l'exception culturelle, particulièrement défendue en France, cet article prévoit que les communes, comme les départements du reste[17], peuvent attribuer « des subventions à des entreprises existantes ayant pour objet l'exploitation de salles de spectacle cinématographique ». On le sait, ces subventions ne peuvent être attribuées qu'aux établissements qui, quel que soit le nombre de leurs salles, réalisent en moyenne hebdomadaire moins de 7 500 entrées ou qui font l'objet d'un classement art et essai dans des conditions fixées par décret[18]. Sans surprise, de telles aides financières sont attribuées conformément aux stipulations d'une convention conclue entre l'exploitant bénéficiaire et la commune.

Dans ce domaine donc, les communes conservent un chef de compétence pour décider, elles-mêmes, de l'attribution de subventions[19].

B) Le domaine des aides à l'installation ou au maintien de professionnels de santé

La deuxième réserve importante au bloc de compétence régionale, qui demeure même depuis la loi NOTRe, résulte de l'article L 1511-8 du code général des collectivités territoriales. Celui-ci prévoit la possibilité, pour les communes – mais aussi, plus largement, toutes les collectivités territoriales et leurs groupements –, d'attribuer des aides destinées à favoriser l'installation ou le maintien de professionnels de santé dans ce qui est appelé, aujourd'hui, les déserts médicaux[20]. Ces aides – qui peuvent revêtir des formes multiples[21] – donnent lieu, là encore, à la conclusion d'une convention passée avec les professionnels de santé, transmise aux agences régionales de santé et aux organismes locaux d'assurance maladie.

---

[17] CGCT, art. L 3232-4.

[18] Et elles ne peuvent bénéficier aux entreprises spécialisées dans la projection de films visés à l'article 279 bis du code général des impôts.

[19] V. la contribution de Marie-Odile Diemer sur les aides locales au cinéma, qui figure dans le présent ouvrage.

[20] L'article L 1434-4 du code de la santé publique, auquel renvoie l'article L 1511-8 du code général des collectivités territoriales, parle de « *zones caractérisées par une offre de soins insuffisante ou par des difficultés dans l'accès aux soins* ».

[21] Aides au financement de structures participant à la permanence des soins, aides à l'investissement immobilier, indemnités de logement et de déplacement…

Les communes gardent donc, dans ce domaine également, le pouvoir de décider de l'octroi de certaines aides économiques.

C) Le domaine des aides à l'immobilier d'entreprise

La troisième grande réserve au bloc de compétence régionale résulte de l'article L 1511-3 du code général des collectivités territoriales, aux termes duquel « les communes, la métropole de Lyon et les établissements publics de coopération intercommunale à fiscalité propre sont seuls compétents pour définir les aides ou les régimes d'aides et décider de l'octroi de ces aides sur leur territoire en matière d'investissement immobilier des entreprises et de location de terrains ou d'immeubles ». Ces aides[22] peuvent consister en des subventions, des rabais sur le prix de vente, des locations ou locations-ventes de terrains nus ou aménagés ou de bâtiments neufs ou rénovés, des prêts, des avances remboursables ou des crédits-baux à des conditions plus favorables que celles du marché. Elles donnent lieu à l'établissement d'une convention et sont versées soit directement à l'entreprise bénéficiaire, soit au maître d'ouvrage, public ou privé, qui en fait alors bénéficier intégralement l'entreprise[23].

Cette couche de la part de gâteau laissée aux communes représente sans doute la plus importante, ce pour au moins trois raisons.

D'abord, dans un contexte marqué par un marché de l'immobilier de plus en plus tendu – le déséquilibre structurel entre l'offre et la demande conduisant à une hausse constante des prix –, ces aides peuvent représenter un avantage considérable pour les entreprises qui en bénéficient.

Ensuite, et du côté des collectivités publiques cette fois-ci, ces aides en matière immibilière apparaissent également très opportunes dans un contexte, pour ce qui les concerne, de disette budgétaire et de manque de trésorerie : la cession ou la mise à disposition de biens immobiliers publics représentent des formes d'aide très commode

---

[22] Dont le montant est calculé par référence aux conditions du marché, selon des règles de plafond et de zone déterminées par voie réglementaire : v. CGCT, art. R. 1511-4 et s.

[23] En tout état de cause, « *Le bénéfice de ces aides est subordonné à la régularité de la situation de l'entreprise au regard de ses obligations fiscales et sociales* » (CGCT, art. R. 1511-4-2).

pour le motif qu'elles ne se traduisent par aucun décaissement comptable ; elles sont donc, sur le moment, relativement indolores.

Enfin, ce domaine des aides immobilières apparaît important pour la raison également que la définition du régime de ces aides et l'octroi de ces dernières relèvent d'une compétence exclusive des communes, de la métropole de Lyon et des établissements publics de coopération intercommunale à fiscalité propre – ils « sont seuls compétents… » nous dit la loi.

Les départements et, surtout, les régions se trouvent donc très largement écartés de cette matière. Très largement écartés, mais pas totalement exclus dans la mesure où les départements comme les régions peuvent revenir dans le jeu, selon deux types de dispositifs que l'a rencontrés précédemment et qui profitent aux communes lorsqu'il est question d'aides relevant du bloc de compétence régionale. Ainsi, les régions sont-elles autorisées à « participer au financement des aides et des régimes d'aides en matière immobilière dans des conditions précisées par une convention passée avec la commune »[24] : dans cette hypothèse, non dénuée d'ironie, la région peut donc se retrouver en situation d'accompagner une commune qui, quant à elle, détient le pouvoir de décision. En outre, les départements peuvent se voir déléguer par les communes[25] la compétence d'octroi de tout ou partie des aides en matière immobilière[26]. Dans ce cas, une convention de délégation doit être conclue entre la commune et le département concernés.

Aussi important soit-il, ce domaine des aides à l'immobilier d'entreprise doit être, néanmoins, relativisé lorsqu'on s'intéresse aux chefs de compétence restant aux communes depuis la loi NOTRe en matière d'aides économiques. C'est qu'en effet, comme le suggère d'ailleurs la formulation de l'article L 1511-3 du code général des collectivités territoriales, la compétence des communes doit être conciliée avec celle des établissements publics de coopération intercommunale à fiscalité propre. S'agissant des communautés

---

[24] CGCT, art. L 1511-3, 3e al. La convention peut également être passée, le cas échéant, avec la métropole de Lyon ou l'établissement public de coopération intercommunale à fiscalité propre concerné.

[25] Ou la métropole de Lyon ou un établissement public de coopération intercommunale à fiscalité propre.

[26] CGCT, art. L 1511-3, 4e al.

d'agglomération et des communautés de communes, la détermination de l'autorité compétente – commune ou intercommunalité – devra se faire, au cas par cas, à la lumière de l'intérêt communautaire relatif à la « politique locale du commerce et [au] soutien aux activités commerciales »[27], tel qu'il a été défini par l'intercommunalité : « Si la définition de l'intérêt communautaire permet, en creux, une possibilité d'intervention économique communale, alors la commune pourra intervenir. Si la définition de l'intérêt communautaire ne laisse aucune possibilité d'intervention aux communes, alors l'intervention économique sera uniquement réalisable par la communauté de communes ou d'agglomération. A défaut de délibération définissant l'intérêt communautaire rattaché à cette compétence, l'intercommunalité exerce la compétence en intégralité »[28]. Pour ce qui concerne les communautés urbaines et les métropoles, la solution est nettement plus défavorable aux communes dès lors que, depuis la loi NOTRe, « la politique locale du commerce et le soutien aux activités commerciales doivent être considérés comme faisant partie des actions dépendant du développement économique, et dont l'attribution relève légalement de la métropole et de la communauté urbaine et non de leurs communes membres »[29]. Dans ces conditions, ces dernières « n'ont plus aucune compétence directe dans le domaine du développement économique »[30] et ne peuvent plus intervenir, en particulier, en matière d'aides à l'immobilier d'entreprise. Dans un certain nombre de cas donc, ces aides, si elles ne relèvent pas du bloc régional, ne relèvent pas non plus du bloc communal : c'est le bloc intercommunal qui remporte la part du gâteau.

Quoi qu'il en soit dans chacun de ces trois domaines : aides aux entreprises de spectacle cinématographique, aides à l'installation ou au maintien de professionnels de santé et, surtout, aides à l'immobilier d'entreprise – avec les réserves que l'on vient de rappeler –, les communes ont conservé un rôle de décideur, en dehors du bloc de

---

[27] *Ibid.*, art. L 5214-16, I, 2°, concernant les communautés de communes et art. L 5216-5, I, 1°, concernant les communautés d'agglomération.

[28] Meyer (Raphaël), *Aides aux entreprises attribuables par les intercommunalités*, note juridique réalisée pour l'Assemblée des communautés de France (AdCF), juin 2020.

[29] Rép. min., QE n°03726, *JO Sénat*, 31 mai 2018, p. 2703, mentionnée par Meyer (Raphaël), *op. cit.*, p. 10.

[30] Meyer (Raphaël), *ibid.*

compétence régionale. Un bloc de compétence communale persiste donc dans le champ des aides économiques, en dépit de la présentation quelque peu trompeuse de la loi NOTRe, qui aurait pu, au premier abord, laisser croire que la région monopoliserait le pouvoir en ce domaine. Une telle présentation ne résiste pas à l'examen.

Pour autant, et preuve encore que la région bénéfice, incontestablement, de la plus grosse part du gâteau, le pouvoir de décision des communes, lorsqu'il existe encore, se trouve en tout état de cause limité par les prescriptions du schéma régional de développement économique, d'innovation et d'internationalisation, qui est adopté par la région[31] en tant que « collectivité territoriale responsable, sur son territoire, de la définition des orientations en matière de développement économique »[32]. Or, en vertu de l'article L 4251-7 du code général des collectivités territoriales, l'ensemble des « actes des collectivités territoriales et de leurs groupements en matière d'aides aux entreprises doivent être compatibles avec [ce] schéma ». La compétence que conservent à plusieurs égards les communes, dans le champ des aides économiques, est donc une compétence assurément limitée par rapport à la compétence régionale et par la région elle-même.

---

[31] CGCT, art. L 4251-7.
[32] *Ibid.*, art. L 4251-12.

« Aides économiques locales et métropoles »

Arthur Braun,
Docteur en droit public
Université de Lorraine – IRENEE (EA7303)

Les métropoles apparaissent, avec les régions, comme les grandes gagnantes de la dernière séquence de réformes territoriales. En tant qu'entités juridiques à part entière, elles ont été créées par la loi n° 2010-1563 de réforme des collectivités territoriales du 16 décembre 2010. La loi n° 2014-58 de modernisation de l'action publique territoriale et d'affirmation des métropoles du 27 janvier 2014 (MAPTAM) est venue largement refonder et renforcer leur statut. Les métropoles dites de droit commun ainsi que celles, à statut particulier, d'Aix-Marseille-Provence et du Grand Paris[1] relèvent de la catégorie des établissements publics de coopération intercommunale (EPCI) à fiscalité propre, dont elles représentent la formule la plus intégrée. En revanche, la métropole de Lyon est une collectivité à statut particulier créée par la loi MAPTAM[2]. On recense aujourd'hui vingt-deux métropoles – elles n'étaient que quinze en 2017, ce qui confirme l'attrait exercé par ce type d'organisation territoriale. Leur nombre croissant et leurs dynamiques les consacrent comme des acteurs territoriaux incontournables.

Sur le plan du développement économique, le législateur a souhaité affirmer la fonction des métropoles afin qu'elle reflète leur poids économique et favorise leur rayonnement sur leur environnement régional, national voire international. Il s'agit de tenir compte de leur rôle moteur dans la croissance et l'attractivité du territoire et de leur permettre de mieux s'intégrer dans la compétition économique

---

[1] Toutes deux créées par la loi MAPTAM de 2014.

[2] Dans la présente contribution, la métropole de Lyon et celle, à statut particulier, d'Aix-Marseille-Provence seront entendues comme métropoles. En revanche, le cas de la métropole du Grand Paris, qui fait l'objet de dispositions particulières en matière de développement économique, ne sera pas traité.

globalisée[3]. Or, dans le même temps, la loi MAPTAM désignait explicitement la région comme chef de file en matière de développement économique. La loi n° 2015-991 du 7 août 2015 portant nouvelle organisation territoriale de la République (NOTRe) accentue encore davantage la prééminence régionale en lui confiant une compétence quasi-exclusive. Ce rôle prépondérant implique, à l'égard des aides qui « ont pour objet la création ou l'extension d'activités économiques »[4], que « le conseil régional est seul compétent pour définir les régimes d'aides et pour décider de l'octroi des aides aux entreprises dans la région »[5]. Les régions sont par conséquent appelées à jouer le premier rôle, tandis que les autres collectivités territoriales et leurs groupements – dont les métropoles – ne se voient apparemment accorder qu'une place secondaire.

Il n'empêche qu'en raison de leur puissance économique, les métropoles bénéficient dans la loi de compétences en matière d'aides économiques plus étendues que les autres EPCI à fiscalité propre. Il convient dès lors de s'interroger sur la nature et l'étendue de ces compétences métropolitaines par rapport à celles des autres EPCI à fiscalité propre et sur la manière dont elles sont censées s'articuler avec l'action économique régionale. En d'autres termes, la métropole n'est-elle, concernant le développement économique, qu'une sorte de « super-communauté urbaine »[6] ayant vocation à n'exercer qu'un rôle résiduel face à la région, ou a-t-elle au contraire les moyens de se poser en égale voire en rivale de la région ? Lors des discussions parlementaires précédant l'adoption de la loi NOTRe, le sénateur Pierre-Yves Collombat mettait ainsi en garde contre « l'élévation des métropoles au rang de locomotives du pays [qui] introduit une sorte de dyarchie dans l'exercice de ce pouvoir économique »[7].

En 2014-2015, le législateur a effectivement cherché à spécifier le rôle économique métropolitain par rapport à celui des autres EPCI à fiscalité propre dans l'optique de « faire émerger une nouvelle

---

[3] V. Exposé des motifs - Loi n° 2014-58 du 27 janvier 2014 (MAPTAM).
[4] Art. L 1511-2, I, al. 4 du Code général des collectivités territoriales (CGCT).
[5] Art. L 1511-2, I, al. 1er CGCT.
[6] Marcou (Gérard), « La réforme territoriale : ambition et défaut de perspective », *RFDA*, 2010, p. 357.
[7] Sénat, Session ordinaire de 2014-2015, Compte rendu intégral, Séance du mercredi 27 mai 2015, *JORF* 28 mai 2015, p. 5377.

croissance économique par un soutien local aux entreprises et à leur créativité »[8], concentrées dans les principales aires urbaines. Dans ce cadre, comme le note Alain Pariente, « les métropoles ont vocation à devenir les partenaires institutionnels privilégiés des régions en matière de développement économique »[9]. La période actuelle, marquée par la volonté des différentes collectivités d'aider les entreprises mises en difficulté par la crise sanitaire, en apporte une illustration concrète[10]. Aussi, après avoir identifié les compétences dévolues aux métropoles en matière d'aides économiques (I.), il s'agira de se pencher sur leur articulation avec la politique régionale, entre partenariat et concurrence (II.).

I. Les aides économiques attribuables par la métropole : un second rôle conforté

Les métropoles exercent en principe les mêmes compétences en matière d'aides aux entreprises que les autres EPCI à fiscalité propre (A). Néanmoins, à la différence des autres EPCI à fiscalité propre, elles peuvent agir de leur propre chef, c'est-à-dire sans intervention préalable de la région, dans deux domaines supplémentaires (B).

A) Le bénéfice des compétences du « bloc communal » en matière d'aides économiques

Le maintien d'une capacité d'intervention en complément de la région. À l'issue de la loi
NOTRe de 2015, les communes et leurs groupements (dont les métropoles) gardent un *rôle complémentaire* qui peut consister soit en

[8] Exposé des motifs - Loi n° 2014-58 du 27 janvier 2014, préc.

[9] Pariente (Alain), « Les relations régions/métropoles, illustration des transformations en cours du droit des collectivités territoriales », *RFFP*, 2018, n° 143, p. 65.

[10] L'une des ordonnances du 25 mars 2020 prévoit la création, pour 3 mois, d'un fonds de solidarité pour aider les entreprises touchées par les conséquences de la crise sanitaire. Ce fonds est essentiellement financé par l'État et les régions mais les autres collectivités ou EPCI – dont les métropoles – peuvent y contribuer volontairement. En outre, les régions ont mis en place des dispositifs spécifiques d'aides qui associent les métropoles. Par exemple, la région Grand Est a créé, en partenariat avec les EPCI, le fonds territorial « Résistance » auquel les trois métropoles régionales – Nancy, Metz et Strasbourg – ont décidé de participer financièrement à hauteur de deux euros par habitant.

une participation au financement des aides accordées par la région, soit en l'octroi de ces aides par délégation de la région.

Concernant la première possibilité, l'article L 1511-2 I du Code général des collectivités territoriales (CGCT) prévoit que « [d]ans le cadre d'une convention passée avec la région, la métropole de Lyon, les communes et leurs groupements peuvent participer au financement des aides et des régimes d'aides mis en place par la région ». La région dispose en effet d'une « capacité d'initiative exclusive »[11] pour définir et octroyer les aides de droit commun aux entreprises, ainsi que les aides aux entreprises en difficulté[12]. Dès lors, l'intervention potentielle des communes et de leurs groupements (dont les métropoles) est seulement *complémentaire*[13]. La circulaire gouvernementale du 22 décembre 2015 précise que la convention signée avec la région « devra s'inscrire dans le cadre des orientations et objectifs fixés dans le SRDEII [schéma régional de développement économique, d'innovation et d'internationalisation] s'il existe et définir les conditions des financements mobilisés par chacune des parties »[14].

Concernant la seconde possibilité, l'article L 1511-2 I du CGCT accorde également la possibilité aux régions de déléguer l'attribution

---

[11] Fromont (Michel) et Cartier-Bresson (Anémone), « Aides économiques. – Aides des collectivités territoriales », *Jurisclasseur administratif*, Fasc. 258, 2016.

[12] Art. L 1511-2 II CGCT : « [l]orsque la protection des intérêts économiques et sociaux de la population l'exige, le conseil régional peut accorder des aides à des entreprises en difficulté. [...] La métropole de Lyon, les communes et leurs groupements peuvent participer au financement des aides dans le cadre d'une convention passée avec la région ».

[13] Concernant « [l]a souscription de parts dans un fonds commun de placement à risques à vocation régionale ou interrégionale ayant pour objet d'apporter des fonds propres à des entreprises », l'article L4211-1 9° du CGCT précise que « [l]es communes, leurs groupements et la métropole de Lyon peuvent intervenir *en complément* de la région dans le cadre d'une convention signée avec celle-ci ».

[14] Instruction du Gouvernement relative à la nouvelle répartition des compétences en matière d'interventions économiques des collectivités territoriales et de leurs groupements issue de l'application de la loi n° 2015-991 du 7 août 2015 portant nouvelle organisation territoriale de la République (NOTRe), 22 déc. 2015, NOR INTB1531125J, p. 35.

de tout ou partie des aides aux communes et à leurs groupements (dont les métropoles), dans les conditions prévues à l'article L 1111-8[15].

Une compétence exclusive pour les aides à l'investissement immobilier des entreprises. La loi NOTRe de 2015 opère un recentrage de ce type d'aides sur le « bloc communal » en prévoyant une *compétence exclusive* pour les communes, la métropole de Lyon et les EPCI à fiscalité propre, qui « sont seuls compétents » pour les définir et décider de leur octroi sur leur territoire[16]. Les métropoles de droit commun exercent cette compétence de droit – et non par transfert – en application de l'article L 5217-2 du CGCT. Comme le notent les professeurs Colson et Idoux, « il s'agit pour les diverses collectivités et leurs groupements d'inciter les entreprises à s'implanter matériellement sur leur territoire en facilitant leur accès à un terrain bâti ou non bâti »[17], ce qui, selon le professeur Braconnier, relève d'une « pratique aussi naturelle qu'ancienne pour les collectivités territoriales »[18].

Sur ce point, qui déroge au principe de la compétence exclusive des régions pour définir les régimes d'aides et décider de leur octroi[19], l'étude d'impact de la loi NOTRe indique que le maintien d'un droit d'initiative des communes, des EPCI et des métropoles dans ce domaine « est cohérente avec la compétence dont bénéficient ces collectivités et groupements en matière d'aménagement foncier en faveur des entreprises »[20]. Dans le même sens, le rapport Queyranne de 2013 avait souligné la certaine spécialisation des communes et de

---

[15] « Une collectivité territoriale peut déléguer à une collectivité territoriale relevant d'une autre catégorie ou à un établissement public de coopération intercommunale à fiscalité propre tout ou partie d'une compétence dont elle est attributaire.
Les compétences déléguées en application de l'alinéa précédent sont exercées au nom et pour le compte de la collectivité territoriale délégante.
Cette délégation est régie par une convention qui en fixe la durée et qui définit les objectifs à atteindre et les modalités du contrôle de l'autorité délégante sur l'autorité délégataire. Les modalités de cette convention sont précisées par décret en Conseil d'État ».

[16] Art. L 1511-3 CGCT.

[17] Colson (Jean-Philippe) et Idoux (Pascale), *Droit public économique*, LGDJ, 9e éd., 2018, p. 345.

[18] Braconnier (Stéphane), *Droit public de l'économie*, PUF, 2e éd., 2017, p. 408.

[19] Art. L 1511-2 CGCT.

[20] *Étude d'impact sur le projet de loi portant nouvelle organisation territoriale de la République*, NOR : RDFX1412429L/Bleue-1, 17 juin 2014, p. 27.

leurs groupements en matière d'aménagement foncier et d'immobilier d'entreprise[21].

Ceci étant, il pouvait sembler paradoxal de confier à la région la responsabilité de la définition des orientations en matière de développement économique sur son territoire[22] tout en excluant de ce rôle des interventions aussi courantes pour les collectivités territoriales que les aides à l'investissement immobilier des entreprises[23]. C'est pourquoi la loi NOTRe permet à la région de prendre en compte ce type d'aides par le biais du SRDEII qui « organise, sur le territoire régional, la complémentarité des actions menées par la région en matière d'aides aux entreprises avec les actions menées par les collectivités territoriales et leurs groupements, en application des articles L 1511-3, L 1511-7 et L 1511-8 »[24]. Par ailleurs, la région peut participer aux financements de ces aides dans le cadre d'une convention passée avec la commune, l'EPCI ou la métropole[25].

Le maintien d'une compétence autonome pour des aides spécifiques. Les métropoles, à l'instar des communes et des autres EPCI à fiscalité propre, conservent la possibilité d'octroyer des aides spécifiques même sans intervention préalable de la région. Il s'agit des aides destinées à favoriser l'installation ou le maintien de professionnels de santé dans les zones déficitaires[26], des garanties d'emprunt accordées à des personnes de droit privé[27], de la participation au capital de sociétés dont l'objet social est la production d'énergies renouvelables[28] ou encore de la participation au capital de sociétés de garantie[29]. De même, « lorsque l'initiative privée est défaillante ou insuffisante », les métropoles sont compétentes pour accorder des aides destinées à « assurer la création ou le maintien d'un

21 Jean-Philippe Demaël, Philippe Jurgensen et Jean-Jacques Queyranne, *Pour des aides simples et efficaces au service de la compétitivité*, IGF, Rapport n° 2013-M-016-02, juin 2013, p. 15.

22 Art. L 4251-12 CGCT.

23 Ce paradoxe avait déjà été relevé par la Cour des comptes sous le régime de la loi du 13 août 2004 (v. Cour des comptes, *Les aides des collectivités territoriales au développement économique*, Rapport public thématique, 2007, p. 40 et s.).

24 Art. L 4251-13 CGCT.

25 Art. L 1511-3, al. 3 CGCT.

26 Art. L 1511-8 CGCT.

27 Art. L 2252-1 CGCT.

28 Art. L 2253-1, al. 2 CGCT.

29 Art. L 2253-7 CGCT.

service nécessaire à la satisfaction des besoins de la population en milieu rural ou dans une commune comprenant un ou plusieurs quartiers prioritaires de la politique de la ville »[30]. Enfin, elles peuvent attribuer des subventions à des entreprises ayant pour objet l'exploitation de salles de cinéma si la compétence leur a été expressément transférée par les communes[31].

En conséquence, les métropoles, à l'instar des autres entités du « bloc communal », conservent des compétences non négligeables en matière d'aides économiques, et ce malgré l'intention du législateur d'établir une prééminence régionale sur ce plan. Mais les métropoles possèdent également des prérogatives spécifiques supplémentaires en matière d'aides, qu'elles partagent avec les régions.

B) Des compétences métropolitaines élargies en matière d'aides économiques

L'émergence des métropoles s'accompagne, pour celles-ci, de la reconnaissance de compétences en matière d'aides économiques en principe dans les mêmes conditions que les autres EPCI à fiscalité propre. Cependant, contrairement aux autres EPCI à fiscalité propre, elles peuvent agir indépendamment de la région, c'est-à-dire sans une intervention préalable de cette dernière, dans deux domaines supplémentaires : les subventions à des organismes ayant pour objet exclusif de participer à la création ou à la reprise d'entreprise ; la participation au capital de sociétés de capital-investissement, de sociétés de financement régionales ou interrégionales (existantes ou à créer), de sociétés d'économie mixte et de sociétés ayant pour objet l'accélération du transfert de technologies.

Issue de la loi NOTRe, la nouvelle version de l'article L 1511-7 du CGCT prévoit que les métropoles, à l'instar des régions, peuvent verser des aides à des organismes agréés en application de l'article 238 bis, 4 du Code général des impôts ou mentionnés à l'article L 511-6, 1 du Code monétaire et financier et qui œuvrent à la création ou la reprise d'entreprises. Sur ce point, « un important recentrage a

[30] Art. L 2251-3 CGCT.
[31] Art. L 2251-4 CGCT.

été opéré »[32] puisque la version initiale de l'article L 1511-7, instituée par la loi du 2 janvier 2002, accordait cette compétence à l'ensemble des collectivités territoriales.

Par ailleurs, la loi NOTRe a également ouvert la possibilité aux métropoles de droit commun[33] et à la métropole de Lyon[34] de participer, comme les régions, « au capital des sociétés de capital-investissement, des sociétés de financement interrégionales ou propres à chaque région, existantes ou à créer, ainsi que des sociétés d'économie mixte et des sociétés ayant pour objet l'accélération du transfert de technologies »[35] (les SATT).

Le législateur a donc voulu confier un rôle important aux métropoles pour l'attribution des aides économiques, comme en témoignent les deux compétences susmentionnées, exercées en concurrence des régions. Cette place métropolitaine spécifique, qui se veut le reflet du poids économique de ces entités, est particulièrement visible en matière de planification.

II. L'articulation des compétences de la métropole et de la région en matière d'aides économiques : un partenariat incertain

Aux termes de l'article L 4251-12 du CGCT, « [l]a région est la collectivité territoriale responsable, sur son territoire, de la définition des orientations en matière de développement économique ». À ce titre, chaque conseil régional est tenu d'élaborer et d'adopter son propre schéma régional de développement économique, d'innovation et d'internationalisation (SRDEII)[36] dans l'année qui suit le renouvellement général des conseillers régionaux[37]. « [D]ocument de programmation à valeur prescriptive », le SRDEII est « l'expression de la politique de développement économique [de la région] »[38], dont il est censé établir la prééminence en la matière tout en éliminant la

[32] Fromont (Michel) et Cartier-Bresson (Anémone), *fasc. préc.*
[33] Art. L 5217-2, I, 1°, b) CGCT.
[34] Art. L 3641-1, I, 1°, b) CGCT.
[35] Art. L 4211-1 8° CGCT.
[36] Art. L 4251-13 CGCT.
[37] Art. L 4251-14, al. 4 CGCT.
[38] Circulaire du 22 déc. 2015, préc., p. 2.

concurrence entre collectivités territoriales. Suivant l'article L 4251-13 du CGCT, le schéma « définit les orientations en matière d'aides aux entreprises, de soutien à l'internationalisation et d'aides à l'investissement immobilier et à l'innovation des entreprises, ainsi que les orientations relatives à l'attractivité du territoire régional ». Il organise la « complémentarité » des actions de la région avec celles menées par les autres collectivités territoriales et leurs groupements en matière d'aides aux entreprises. En conséquence, le schéma prend nécessairement en considération le rôle économique des différentes entités infra-régionales, au premier rang desquelles les métropoles.

Rôle métropolitain renforcé quant à l'élaboration et à l'adoption du SRDEII. L'article L 4151-14 du CGCT indique que la procédure d'élaboration du SRDEII fait l'objet d'une large « concertation », en particulier avec les métropoles et les EPCI. Le projet de schéma élaboré par la région doit ainsi être présenté et discuté au sein de la conférence territoriale de l'action publique (CTAP) – dont les présidents de métropoles sont membres de droit[39] – et avec les chambres consulaires et la chambre régionale de l'économie sociale et solidaire[40]. À côté de ce cadre général d'élaboration, une procédure spécifique est prévue pour les régions où le SRDEII a vocation à s'appliquer au territoire d'une ou de plusieurs métropoles. Le législateur a en effet souhaité aménager une position particulière au profit des métropoles afin de tenir compte de leur poids économique. La loi NOTRe prévoit donc que les orientations du schéma régional applicables sur le territoire d'une métropole « sont élaborées et adoptées conjointement par le conseil de la métropole concernée et le conseil régional »[41]. Comme le note Cécile Regourd, « [c]ette modalité d'articulation sous forme d'élaboration conjointe, constitue la modalité juridique optimale de la nécessaire

[39] Régie par l'article L 1111-9-1 du CGCT, la CTAP « est chargée de favoriser un exercice concerté des compétences des collectivités territoriales, de leurs groupements et de leurs établissements publics » dans sa région. Elle est présidée par le président du conseil régional.
[40] Art. L 4251-14, al. 2 CGCT.
[41] Art. L 4251-15 CGCT.

complémentarité entre les deux entités »[42] dans les domaines concernés[43].

Possibilité pour la métropole de « sortir » du SRDEII et d'adopter ses propres orientations. En outre, les métropoles se voient attribuer une marge de manœuvre supérieure à celle des autres collectivités et EPCI puisqu'à défaut d'accord entre la région et la métropole, cette dernière « sort » du SRDEII[44] et élabore son propre « document d'orientations stratégiques », qui doit seulement « prend[re] en compte » le schéma régional[45]. Ce document « tient lieu, pour la métropole, d'orientations » en lieu et place de celles que le SRDEII fixe, en matière économique, pour le reste du territoire régional.

À l'instar du schéma régional, le « document d'orientations stratégiques » métropolitain, s'il existe, doit être approuvé par le préfet de région qui peut exiger des modifications, lesquelles doivent être prises en compte par la métropole dans un délai de trois mois[46]. Toutefois, le législateur a bien pris soin de préciser que le document préparé par la métropole n'autorise pas celle-ci « à définir des aides ou ses propres régimes d'aides, au sens de l'article L 1511-2 »[47], à la place de la région. De ce fait, il ne peut régir que les aides qui relèvent expressément de la compétence métropolitaine, principalement les aides à l'investissement immobilier des entreprises. Il s'agit là d'une limite non négligeable à la marge d'action des métropoles par rapport aux régions en matière d'aides économiques.

Application incertaine des orientations économiques de la région sur le territoire métropolitain. En principe, les aides aux entreprises consenties par les entités infra-régionales – dont les métropoles – doivent être « compatibles » avec le SRDEII[48]. Le choix en faveur d'un simple rapport de compatibilité résulte de la limite

---

[42] Regourd (Cécile), « Métropoles de droit commun », *Jurisclasseur administratif*, Fasc. 129-26, 2019.

[43] En l'occurrence, ceux mentionnés à l'article L 5217-2, I, 1° du CGCT.

[44] Marcou (Gérard), « Développement économique : la région, chef de file ? », *RFAP*, 2015/4 n° 156, p. 1042.

[45] Art. L 4251-15 CGCT.

[46] Art. L 4251-16 CGCT.

[47] Art. L 4251-15 CGCT.

[48] Art. L 4251-17, al. 1er CGCT.

constitutionnelle selon laquelle « [a]ucune collectivité territoriale ne peut exercer une tutelle sur une autre »[49]. Ceci étant, la contrainte est encore allégée en ce qui concerne les métropoles. En effet, « à défaut d'accord entre la métropole et la région », les aides économiques métropolitaines doivent seulement être compatibles avec le « document d'orientations stratégiques » établi par la métropole[50], lequel, comme indiqué *supra*, « prend en compte le schéma régional »[51]. Ces modulations dans la formulation « autorisent d'incertaines marges d'appréciation »[52] quant à l'opposabilité des SRDEII aux métropoles.

Par ailleurs, cet aménagement spécifique pour les métropoles peut sembler « assez paradoxal »[53] étant donné que les orientations du schéma régional applicables au territoire d'une métropole font l'objet, on l'a vu, d'une élaboration et d'une adoption conjointe par le conseil de la métropole concernée et le conseil régional[54]. La circulaire du 22 décembre 2015 prend pourtant soin de préciser que « [b]ien que moins stricte que celle de compatibilité, la relation de prise en compte ne peut toutefois pas être assimilée à une absence d'obligation »[55]. Concernant, ensuite, la mise en œuvre du SRDEII, la loi dispose que les régions peuvent conclure avec les métropoles et avec les autres EPCI à fiscalité propre des conventions[56]. Toutefois, la circulaire rappelle que les métropoles, contrairement aux autres EPCI à fiscalité propre, peuvent agir sans intervention régionale préalable pour octroyer certaines aides économiques susmentionnées[57]. Ce statut dérogatoire témoigne de la volonté du législateur de reconnaître aux métropoles un rôle en matière de développement économique qui soit véritablement le corollaire de leur poids économique considérable. Mais il exprime également l'équivoque tenant à l'articulation de leurs compétences économiques avec celles des régions.

---

[49] Art. 72, al. 5 de la Constitution du 4 oct. 1958 (version issue de la loi constitutionnelle du 28 mars 2003).
[50] Art. L 4251-17, al. 1er CGCT.
[51] Art. L 4251-15 CGCT.
[52] Marcou (Gérard), « Développement économique : la région, chef de file ? », *art. préc.*, p. 1042.
[53] Regourd (Cécile), *fasc. préc.*
[54] Art. L 4251-15 CGCT.
[55] Circulaire du 22 déc. 2015, *préc.*, p. 13.
[56] Art. L 4251-18 CGCT.
[57] Circulaire du 22 déc. 2015, *préc.*, p. 3.

Les germes d'une concurrence avec la région. Bien que les différents niveaux territoriaux aient tout intérêt à coopérer, on ne peut résolument pas exclure l'émergence de conflits d'orientations en matière de développement économique entre une région et la ou les métropoles présentes sur son territoire. Certes, la région possède un avantage juridique évident en ce que la loi n'autorise pas la métropole à définir ses propres régimes d'aides à la place de la région, même en cas de désaccord entre les deux. Elle détient de la sorte « un important levier de négociation »[58] puisque les aides qui relèvent de sa compétence ne peuvent être octroyées que par elle ou par une délégation de sa part à une autre entité. À l'aide des dispositions de l'article L 1511-2 du CGCT, elle pourrait même court-circuiter la métropole en déléguant à des communes membres l'octroi de certaines aides au nom ct pour le compte de la région.

Reste que cet avantage conféré à la région par le législateur peut se trouver contrebalancé par le poids économique métropolitain, surtout dans les régions comptant plusieurs métropoles sur leur territoire. Il apparaît par exemple que depuis la création des nouvelles grandes régions, les métropoles de Montpellier et Toulouse ont opéré un rapprochement sur le plan de la coopération économique contre la région Occitanie. À la fin de l'année 2015, le président de Toulouse Métropole prévenait ainsi que le SRDEII devrait répondre à leurs préoccupations tandis que l'un de ses vice-présidents signalait qu'il serait compliqué d'écarter de la compétence économique les deux métropoles car celles-ci renferment ensemble 70 % du PIB de la région[59].

L'un des principaux objectifs de la mise en place des SRDEII est de veiller à ce que les aides économiques des collectivités territoriales ne soient pas un vecteur de concurrence entre elles pour l'implantation des entreprises[60]. Toujours est-il que le pouvoir partiellement reconnu

---

[58] Marcou (Gérard), « Développement économique : la région, chef de file ? », *art. préc.*, p. 1042.

[59] Guimard (Emmanuel) et Marcaillou (Laurent), « Régionales : certains tandems métropoles-régions vont être mis à l'épreuve », *Les Échos*, 14 déc. 2015, disponible sur (https ://www.lesechos.fr/2015/12/regionales-certains-tandems-metropoles-regions-vont-etre-mis-a-lepreuve-285063).

[60] Exposé des motifs - Loi n° 2015-991 du 7 août 2015 portant nouvelle organisation territoriale de la République.

aux métropoles de s'extirper du schéma régional peut, comme le relève Gilles Le Chatelier, « constituer une limitation importante des compétences dévolues aux régions »[61]. Cela contrevient directement à la volonté affichée par le législateur d'éliminer la concurrence entre collectivités en établissant la prééminence régionale en matière d'aides économiques.

Le député Paul Molac avait d'ailleurs regretté, lors du débat précédant l'adoption de la loi NOTRe, que celle-ci fasse « la part trop belle aux métropoles en leur laissant la possibilité d'élaborer un schéma économique qui ne fait que prendre en compte le schéma prétendument prescriptif de la région ». Selon lui, « [l]es inimitiés tenaces entre certains dirigeants de métropole et de région, même quand ils sont du même parti », auraient dû inciter le législateur à « obliger certains frères ennemis à s'entendre » [à cette période, les relations entre les socialistes Jean-Jack Queyranne, président de la région Rhône-Alpes, et Gérard Collomb, président de la métropole de Lyon étaient réputées glaciales]. À défaut, concluait-il, les régions ne pourront exercer pleinement leur rôle en matière de développement économique, ce qui « risque d'être préjudiciable à l'activité économique de régions entières »[62].

Auparavant, au début des discussions au parlement, un rapport sénatorial avait déjà souligné que « *la stratégie économique de la région ne peut pas s'arrêter aux portes d'une métropole*, compte tenu des conséquences sur l'ensemble de la région des activités économiques situées sur le territoire de la métropole »[63]. Pour cette raison, la version sénatoriale du texte à l'issue de la première lecture avait retenu une obligation de compatibilité – et non de simple prise en compte – des actions métropolitaines avec le SRDEII afin, justement, de réduire les risques de concurrence entre les métropoles et les régions sur le plan du développement économique[64]. L'idée du

---

[61] Le Chatelier (Gilles), « Loi NOTRe - Le développement économique : un peu d'ordre dans les compétences ? », *AJCT*, 2015, p. 556.

[62] Assemblée nationale, XIVe législature, Session extraordinaire de 2014-2015, Compte rendu intégral, Première séance du jeudi 16 juil. 2015.

[63] Hyest (Jean-Jacques) et Vandierendonck (René), *Rapport fait au nom de la commission des lois sur le projet de loi portant nouvelle organisation territoriale de la République*, Sénat, session extraordinaire de 2014-2015, n° 174, 10 déc. 2014, p. 55. Ils soulignent.

[64] Le texte voté en première lecture par le Sénat le 27 janvier 2015 disposait à son article 2 que « [l]es orientations et les actions du schéma applicables sur le territoire

Sénat, qui correspondait à une préconisation du rapport Queyranne de 2013[65], était d'établir « une forte incitation pour les deux parties [métropole et région] à s'entendre et à négocier des orientations communes »[66]. La rédaction finalement retenue dans la loi NOTRe ne requiert, on l'a vu, qu'une simple « prise en compte » du schéma régional par les métropoles, ce qui risque de ne pas favoriser la coopération entre les régions et les métropoles, avec le danger de créer des déséquilibres de développement économique sur le territoire régional.

Un partenariat région-métropole encore à construire. En l'absence d'accord sur les grandes orientations entre la métropole et la région, le risque est bien d'organiser une planification économique régionale à laquelle ne seraient pas intégrées les principales zones urbaines, qui occupent pourtant une place nécessairement motrice en matière de développement économique. En d'autres termes, « [s]i le partenariat voulu par le législateur ne pouvait se mettre en place, c'est la crédibilité même du SRDEII qui serait atteinte »[67], souligne Gilles le Chatelier.

Si l'on suit la logique de la loi NOTRe, il faut que, dans la mesure du possible, les orientations du schéma applicables sur le territoire d'une métropole soient élaborées en collaboration par le conseil régional et le conseil métropolitain. La réussite de cette collaboration doit aboutir à l'ajout d'un volet métropolitain au SRDEII. Néanmoins, on l'a dit, la loi envisage également la possibilité d'un échec de la concertation entre les deux entités. Il s'agit alors de distinguer deux hypothèses : soit un processus de concertation, même *a minima*, aboutit et un volet métropolitain du SRDEII est élaboré conjointement, soit il échoue et la métropole est autorisée à adopter ses propres orientations stratégiques qui doivent seulement prendre en

---

d'une métropole mentionnée au titre Ier du livre II de la cinquième partie ou sur le territoire de la métropole de Lyon sont élaborées et adoptées conjointement par l'organe délibérant de la métropole concernée et le conseil régional. *À défaut d'accord, les actions conduites par une métropole ou la métropole de Lyon sont compatibles avec le schéma* ». Nous soulignons.

65 Jean-Philippe Demaël, Philippe Jurgensen et Jean-Jacques Queyranne *rapport préc.*, p. 43 : « [a]fin de garantir la cohérence de l'action économique publique sur le territoire régional, *la mission préconise que le SRDEII serve de cadre aux interventions économiques des métropoles* [...] ». Ils soulignent.

66 Hyest (Jean-Jacques) et Vandierendonck (René), *rapport préc.*, p. 55.

67 Le Chatelier (Gilles), *art. préc.*

compte le schéma régional. Au final, si la coopération entre la région et la métropole apparaît naturelle et souhaitable pour les deux entités, elle peut également s'avérer inexistante quant à la détermination des orientations économiques, d'autant plus que la loi NOTRe autorise et organise une telle situation d'opposition.

Dans la pratique, l'adoption des premiers SRDEII en 2016-2017 n'a pas donné lieu aux conflits redoutés. Des accords ont systématiquement été trouvés et les métropoles ont obtenu l'insertion de leurs orientations économiques dans les schémas régionaux, généralement par le biais de discussions informelles avec la région et les autres acteurs économiques qui dépassent quelque peu le cadre formel posé par la loi[68]. Ceci étant, la portée des actuels SRDEII apparaît encore limitée et le contenu de leurs volets métropolitains extrêmement général[69], en dépit de la présence de déclarations d'intentions souvent très positives[70].

Plus largement, la mise en place de conventionnements entre la région et les collectivités infra-régionales, prévue par la loi, paraît être une solution privilégiée[71]. Mais pour le moment, le constat statistique quant à la grande faiblesse des relations conventionnelles entre les

---

[68] À titre d'exemple, v. les modalités de concertation mises en place par la région Nouvelle-Aquitaine pour l'élaboration de son SRDEII. Dans ce cadre, les EPCI, et en particulier Bordeaux Métropole, ont été des partenaires privilégiés de la région (v. l'étude de Régions de France, *Le rôle économique des régions. De l'ambition à l'action*, Banque des territoires, sept. 2018, p. 7). Seule métropole de Nouvelle-Aquitaine, Bordeaux Métropole a adopté le SRDEII dans les mêmes termes que la région tout en actualisant sa feuille de route économique, preuve de concertation. Le SRDEII intègre un volet métropolitain à part qui expose la politique économique de la métropole (point 4.1, pp. 113-114).

[69] Certains SRDEII opèrent une démarche de mise en cohérence des orientations régionales et métropolitaines (Provence-Alpes-Côte d'Azur, Grand Est...) tandis que d'autres intègrent directement les orientations métropolitaines (Auvergne-Rhône-Alpes, Normandie, Nouvelle Aquitaine...). Pour l'analyse, v. Assemblée des communautés de France, *Quelles ambitions économiques pour nos territoires ? Analyse des schémas régionaux de développement économique, d'innovation et d'internationalisation*, 2018, not. pp. 28-29.

[70] Le SRDEII de la région PACA indique de la sorte que les trois métropoles présentes sur le territoire régionale sont des « acteurs institutionnels de premier rang dans le champ du développement économique », avec lesquels la région devra développer une « coordination » et un « esprit de partenariat » (p. 141).

[71] V. not. la recommandation expresse de P. COHEN, *La relation entre les régions et les métropoles dans la nouvelle organisation territoriale de la République*, Rapport à Marylise Lebranchu, ministre de la Décentralisation et de la Fonction publique, 23 juin 2015, pp. 59-60.

régions et les métropoles est sans appel[72]. Cette absence presque totale de rapports juridiques[73] a sans doute des explications conjoncturelles : de nombreuses métropoles et régions ont été accaparées à partir de 2015 par des transformations statutaires ou des évolutions de leur périmètre géographique. En outre, le délai de temps très contraint pour l'adoption des premiers SRDEII n'a pas permis de développer comme il se devait la collaboration entre ces nouvelles entités, dont la priorité était, pour la plupart d'entre elles, d'opérer la réorganisation de leur fonctionnement interne. À l'avenir, on peut penser que la stabilisation des structures institutionnelles permettra le renforcement des partenariats entre les métropoles et les régions.

Le rôle des métropoles en matière d'aides économiques apparaît porteur d'une ambiguïté : d'un côté, la loi leur reconnaît logiquement une place plus importante que les autres EPCI afin de tenir compte de leur poids économique prépondérant ; de l'autre, elle crée les conditions d'une concurrence avec les régions, comme en témoignent en particulier les modalités de la planification économique. La pratique nous dira si le partenariat souhaité par le législateur se met effectivement en place après 2021.

---

[72] Un rapport de 2017 ne recensait aucune délégation collectivités territoriales/EPCI (Acar (Bruno) et Reix (Patrick), *Délégation de compétences et conférence territoriale d'action publique, de nouveaux outils au service de la coopération territoriale*, Inspection générale de l'administration, n° 16119-R, mai 2017, p. 77).

[73] Les choses paraissent néanmoins avoir quelque peu évolué : à titre d'exemple, Rennes Métropole et la région Bretagne ont prévu de conventionner pour trois régime-cadres préexistants d'aides aux entreprises. Il s'agit pour la région d'autoriser la métropole à instaurer et financer les dispositifs suivants : « aide métropolitaine en faveur de l'investissement des entreprises et de la création d'emplois » ; « appel à projet permanent en faveur des entreprises de l'ESS » ; « appel à projet permanent en faveur des Industries Créatrices et Culturelles » (Régions de France, *préc.*, p. 12).

PREMIERE PARTIE :

LES OUTILS

« Aides économiques locales et contrat : quelle transparence ? »

Pierre Bourdon,
Professeur à l'Université de Cergy-Pontoise

Le contrat est à de nombreux points de vue un outil d'aide économique locale : pour les administrés, les entreprises locales, mais aussi pour les collectivités territoriales. Un employeur public local peut bénéficier de « contrats aidés » lorsqu'il embauche un agent. Que l'on pense par exemple aux anciens « contrats d'accompagnement dans l'emploi » (CAE) destinés aux employeurs du secteur non marchand. Plus souvent, le contrat est un outil à la disposition des collectivités territoriales pour aider les entreprises. Il constitue en cela un outil d'aide économique locale et c'est sous cet angle que la présente étude va l'appréhender.

Par son objet, un contrat de commande publique est, en principe, générateur de profit pour l'entreprise attributaire. Il aide, par lui-même, l'entreprise. Cette idée avait conduit à encourager la conclusion des contrats de partenariat à la fin des années 2000. A titre individuel, une collectivité territoriale peut utiliser le contrat de commande publique en vue de favoriser volontairement un opérateur local. Certains auteurs n'hésitent pas à conseiller « des critères légaux favorisant l'achat local », comme « les circuits d'achat courts »[1]. Le profit peut être indirect. Tous les contrats conclus par l'Administration peuvent profiter, indirectement, aux entreprises. Il peut s'agir de contrats de promotion. Tel est le cas des contrats de destination dont « l'enjeu principal (...) est la promotion de destinations sous forme d'une vingtaine de marques clés à résonance internationale [par ex.,

[1] Cellier (Thomas) et al., *Administration locale – Piloter le développement économique local*, Weka, 2018, pp. 333-334.

Bretagne, Champagne, Corse, Bourgogne] »[2]. Mais ce sont surtout des contrats de travaux et de services qui peuvent profiter, indirectement, aux entreprises. Le Code de l'urbanisme prévoit en ce sens que « Les actions ou opérations d'aménagement ont pour objets (…) d'organiser le maintien, l'extension ou l'accueil des activités économiques » (art. L 300-1). Tel a été spécialement l'objet des contrats de revitalisation artisanale et commerciale qui ont pu être conclus jusqu'en 2019 (CRAC)[3]. A Paris, un CRAC, couvrant 12 secteurs de la capitale[4], a été conclu en 2017 avec la SEMAEST pour un montant de 56 millions d'euros.

Parmi ses clauses, un contrat peut contenir une aide en faveur d'une entreprise. L'aide peut prendre « la forme de prestations de services, de subventions, de bonifications d'intérêts, de prêts et d'avances remboursables, à taux nul ou à des conditions plus favorables que les conditions du marché » (CGCT, 2nd alinéa du I de l'art. L 1511-2). En pratique, il s'agit souvent de l'octroi d'une somme d'argent, une subvention. Il s'agit parfois aussi d'un droit (par ex., un droit d'occupation domaniale). Mais tous les avantages économiques ne sont pas contractualisables, que l'on pense, soit aux avantages fiscaux, soit à la police (par ex., la police de l'urbanisme[5], la police des prix[6]).

Deux tendances ressortent des lois sur les aides économiques locales.

---

[2] Violier (Philippe), Ducroquet (Aude), « Analyse pluridisciplinaire des contrats de destination », *in* Bedé (Sébastien) et Spindler (Jacques), *Les contrats de destination. Un outil d'attractivité et de valorisation des territoires*, L'Harmattan, 2017, p. 32.

[3] V. art. 19 de la loi n° 2014-626 du 18 juin 2014 relative à l'artisanat, au commerce et aux très petites entreprises.

[4] Saint-Denis, Fontaine-au-Roi, Sedaine-Popincourt, Daumesnil-Montgallet, Saint-Mandé-Picpus, Masséna, Montsouris, Didot-Vanves-Général Leclerc, Castagnary, Faisceau Nord-Est, Les Hauts de Belleville, Réunion-Bagnolet.

[5] Le droit de l'urbanisme est un moyen d'intervention économique pour les collectivités territoriales (Billet (Philippe), « L'intervention par le droit de l'urbanisme » *in* Caudal (Sylvie), Sestier (Jean-François), *Les collectivités locales et l'entreprise*, LGDJ, 2002, p. 127), mais l'intervention en droit de l'urbanisme par le biais d'un contrat est en principe illégale (CE Sect., 4 février 2000, *EPAD*, req. n° 202981, *Rec.*, p. 31).

[6] CE, 23 octobre 1974, *Sieur Valet et Association pour la défense des intérêts professionnels de la boucherie du Bassin parisien*, req. n° 88034, *Rec.*, p. 500.

Quasiment depuis qu'elle existe, au moment où « l'économie » est devenue le « nouveau domaine d'action des élus locaux »[7], la région est la collectivité chef de file pour l'attribution des aides économiques locales[8]. Les autres collectivités territoriales doivent en principe participer au financement des dispositifs d'aides mis en place par la région dans le cadre d'une convention passée avec elle (CGCT, 1er alinéa du I de l'art. L 1511-2). Le département tend même à disparaître des textes sur les aides économiques locales[9].

Le législateur a tendance à encourager le recours au contrat pour attribuer une aide économique locale. L'utilisation du contrat pour attribuer des aides n'est pas récente. Que l'on pense aux contrats de plan conclus entre l'Etat et les régions, aux contrats de pays et d'agglomération, mais aussi, plus récemment, aux contrats de développement territorial créés dans le cadre du Grand-Paris : « sur cette base, les collectivités locales intéressées sont à même d'entrer en relation avec les entreprises concernées à l'effet de réaliser les objectifs économiques retenus dans le contrat »[10]. Au début des années 2000, d'autres textes ont prévu la conclusion d'un contrat en cas d'attribution d'une aide économique locale (cf. infra n° 21).

A priori, le recours au contrat est une garantie de transparence de l'aide attribuée en faveur d'une entreprise. Une observation attentive remet en cause ce préjugé. Il apparaît que le recours au contrat est utile, mais qu'il n'est pas toujours suffisant pour garantir la transparence. Que l'aide soit versée dans le cadre d'un contrat de commande publique (I) ou dans le cadre d'un autre contrat (II), l'outil contractuel n'est pas une garantie de transparence de l'aide économique versée par une collectivité territoriale.

---

[7] *L'économie et les emplois : nouveau domaine d'action des élus locaux* a été publié en 1983 par Jean-Pierre Muret, Claude Neuschwander et Hugues Sibille.

[8] Art. 4 de la loi n° 82-6 du 7 janvier 1982.

[9] Le département ne figure plus parmi les collectivités aidantes de l'art. L 1511-2 du CGCT depuis l'art. 3 de la loi n° 2015-991 du 7 août 2015 dite « loi NOTRé ».

[10] BAZEX Michel, « L'évolution des relations entre les collectivités locales et les entreprises », *in* Caudal (Sylvie) et Sestier (Jean-François), *Les collectivités locales et l'entreprise*, *op. cit.*, p. 14.

I. Les aides locales dans les contrats de commande publique révèlent les limites actuelles de la transparence

Les contrats de commande publique sont souvent présentés comme des garants de la transparence (A). Pourtant, tel n'est pas réellement le cas lorsque l'on s'intéresse spécialement aux aides versées dans le cadre de ces contrats conclus par des collectivités territoriales (B).

A) L'encadrement des aides dans les contrats de commande publique, facteur de transparence en théorie

A priori, le contrat de commande publique assure une transparence quant à l'aide économique versée par une collectivité territoriale au profit d'une entreprise. Telle était l'ambition de l'arrêt Telaustria de la Cour de justice de l'Union européenne qui, au début des années 2000, a étendu l'exigence faite aux pouvoirs adjudicateurs de respecter « une obligation de transparence »[11].

La jurisprudence européenne s'est intéressée spécifiquement aux aides attribuées dans le cadre des contrats de commande publique, ceci afin d'éviter qu'elles méconnaissent le droit de la concurrence et les articles 107 et suivants du traité sur le fonctionnement de l'Union européenne. En 2003, l'arrêt Altmark a précisé les conditions d'attribution d'une aide en faveur du service public. Ces conditions, au nombre de trois, méritent d'être rappelées pour observer combien l'exigence de transparence y est présente :

- les « obligations de service public » qui justifient l'aide doivent être « clairement définies » ;
- « les paramètres sur la base desquels est calculée la compensation doivent être préalablement établis de façon objective et transparente, afin d'éviter qu'elle comporte un avantage économique susceptible de favoriser l'entreprise bénéficiaire par rapport à des entreprises concurrentes » ;
- « la compensation ne saurait dépasser ce qui est nécessaire pour couvrir tout ou partie des coûts occasionnés par l'exécution des obligations de service public, en tenant compte des recettes y

[11] CJCE, 7 décembre 2000, *Telaustria Verlags GmbH*, aff. n° C-324/98, *Rec. CJCE*, p. 10745.

relatives ainsi que d'un bénéfice raisonnable pour l'exécution de ces obligations »[12].

En droit interne, des dispositions ont également été prises en vue d'encadrer les aides stipulées dans les contrats d'achat/vente, ce qui recouvre notamment les contrats de commande publique. En matière fiscale, une instruction du 16 juin 2006 précise les conditions permettant d'exclure du champ de la TVA le versement d'une « subvention directement liée au prix » insérée dans un contrat de commande publique. Pour ne pas être assujettie à la TVA, l'aide ne doit pas constituer « la contrepartie totale ou partielle (...) du bien livré ou du service fourni »[13].

Les aides économiques locales insérées dans les contrats de commande publique sont apparemment assez encadrées, ce qui est a priori facteur de transparence. Mais la réalité est moins évidente.

B) La stipulation des aides dans les contrats de commande publique, facteur d'opacité en pratique

Les aides insérées dans les contrats de commande publique peuvent manquer de transparence, faute d'obligation concernant leur rédaction. Pour reprendre l'expression assez récente d'un ministre : « aucun texte ne fixe de limite chiffrée »[14]. Une telle limite n'est pourtant pas impossible à concevoir. Il existe bien des limites chiffrées concernant la durée de certains contrats, tels que les concessions dans le domaine de l'eau potable, de l'assainissement et des déchets (CGCT, art. L 1411-2[15]).

---

[12] CJCE, 24 juillet 2003, *Altmark Trans GmbH*, aff. n° C-280/00, *Rec. CJCE*, p. 7747.

[13] Instruction n° 3A-7-06 du 16 juin 2006 relative aux règles de taxe sur la valeur ajoutée (TVA) applicables aux subventions directement liées au prix d'opérations imposables à la TVA, *BOI*, n° 100, 16 juin 2006.

[14] Réponse du ministre de l'Economie et des finances à une question écrite d'un député, *JORF*, 7 janvier 2014, p. 166.

[15] Dans ce domaine, *« les délégations de service public ne peuvent avoir une durée supérieure à vingt ans sauf examen préalable par le directeur départemental des finances publiques, à l'initiative de l'autorité délégante, des justificatifs de dépassement de cette durée ».*

Les contrats de commande publique, qu'il s'agisse de marchés ou de concessions, peuvent contenir toutes sortes d'aides destinées à couvrir des surcharges liées à l'exécution d'une prestation (travaux, services ou fournitures). Bon nombre de ces aides n'encourent aucune critique. Tel est le cas des aides versées par les collectivités pour couvrir la réduction de redevance offerte à certains usagers des services publics de transport (par ex., les élèves, étudiants et apprentis). Certains contrats les qualifient de « compensation », reprenant ainsi un terme de l'arrêt Altmark précité. S'agissant d'une aide formulée en référence à une surcharge, elle est assujettie à la TVA, conformément à l'instruction fiscale de 2006 précitée.

En revanche, d'autres aides peuvent être suspectes. Dans les concessions de service public, l'autorité concédante attribue souvent une aide à son concessionnaire afin de couvrir la surcharge inhérente à l'exécution du service. Certes, l'arrêt Altmark précité en admet parfaitement le principe. Néanmoins, ces aides peuvent avoir un caractère forfaitaire que trahit souvent leur appellation : « contribution forfaitaire financière » (CFF), « contribution financière d'exploitation » (CFE), « subvention forfaitaire financière » (SFF). Le caractère forfaitaire permet d'éviter l'assujettissement de l'aide à la TVA. Mais les conditions de la jurisprudence Altmark excluent le caractère « forfaitaire » d'une aide en faveur du service public.

Concrètement, la stipulation de l'aide forfaitaire s'effectue souvent en deux temps afin de justifier le principe de l'aide sans établir un lien direct avec la surcharge. Le premier temps de la stipulation consiste à affirmer de façon assez générale la nécessité d'une aide et le second temps concerne le calcul de cette aide, ce qui s'illustre par exemple dans la clause suivante d'une concession de transport :

« <u>Art. 27 : Contribution financière de l'autorité délégante</u>

Compte tenu notamment des charges importantes du service de transport public de voyageurs résultant des sujétions de service public, une contribution forfaitaire financière annuelle est versée au Délégataire. Son montant, pour chacune des années de la convention, est fixé contractuellement par différence de l'engagement du Délégataire sur le niveau de charges par rapport à l'engagement de ce dernier sur le niveau de recettes (cf. annexe 6).

La contribution est égale à la différence entre, d'une part l'engagement sur les charges, intégrant le total des dépenses et la marge nette d'exploitation, d'autre part l'engagement sur les recettes totales.

La contribution financière d'exploitation n'entre pas dans le champ d'application de la TVA, conformément à l'instruction fiscale administrative du 16 juin 2006 (BOI 3 A-7-06). Elle n'est donc pas soumise à la TVA »[16].

S'agissant d'une concession de transport, le montant des recettes couvre essentiellement les tickets unitaires, les abonnements et les suppléments bagages, tandis que les charges couvrent les éléments suivants :

- le personnel ;
- les véhicules ;
- le matériel dans les véhicules (par ex., les composteurs) ;
- le matériel hors des véhicules (par ex., les infrastructures du réseau) ;
- les impôts et taxes ;
- des frais divers (par ex., les frais de poste et d'impression) ;
- enfin, la « marge ».

On le voit, les éléments de calcul de la surcharge inhérente à l'exécution du service public peuvent ne pas figurer dans le contrat. Certes, une telle formulation permet de ne pas assujettir l'aide à la TVA. Mais qu'en est-il au regard du droit de la concurrence et de la jurisprudence Altmark ? Le non-assujettissement à la TVA peut même être considéré comme une aide dans l'aide…

La Cour de justice a déjà eu l'occasion de constater l'irrégularité de subventions forfaitaires prévues par le droit français[17]. Le Conseil d'Etat en a tiré les conséquences, mais uniquement pour le litige jugé par la Cour de justice[18]. En l'état de la jurisprudence, le juge administratif ne censure que l'aide dont le montant peut affecter les

[16] Extrait d'une convention de délégation d'un service public de transport conclue en 2012 par le département des Alpes-Maritimes pour une durée de 8 ans.
[17] CJCE, 6 décembre 2001, *Commission contre République française*, aff. n° C-146/00, *Rec. CJCE*, p. 9767.
[18] CE, 18 juin 2003, *Société Tiscali Telecom*, req. n° 250608, *Rec.*, p. 255.

échanges entre les Etats-membres de l'Union[19]. Afin de mieux respecter le droit de la concurrence et les conditions de la jurisprudence Altmark, les contrats pourraient contenir systématiquement une clause de restitution, également appelée « clause de reversement »[20]. Elle consiste, au moment de la clôture comptable, à rembourser à la collectivité l'excédent de subvention constaté par rapport à la surcharge de service[21].

Dans les contrats de commande publique, les aides économiques locales peuvent manquer de transparence puisqu'il n'existe aucune règle précise de rédaction les concernant en droit français. La situation d'opacité se confirme à l'observation des aides attribuées dans le cadre d'autres contrats (hors commande publique).

II. Les aides locales dans les autres contrats (hors commande publique) confirment le manque de transparence

Le recours au contrat pour verser une aide économique locale est facteur de transparence (A). Cependant, la réglementation des aides versées dans le cadre de ces contrats est pour le moment insuffisante pour en garantir réellement la transparence (B).

A) L'obligation de conclure un contrat pour verser une aide, facteur de transparence en théorie

S'agissant des aides versées en dehors de toute commande publique, une obligation de conclure un contrat existe essentiellement dans trois hypothèses :

i) en raison du montant de l'aide attribuée ;
ii) en raison de sa nature ;

---

[19] CE, 25 octobre 2017, *Compagnie méridionale de navigation*, req. n° 403335 – TA Montpellier, 30 septembre 2005, *Association des contribuables de l'Hérault*, req. n° 0500886.

[20] CE, 13 juillet 2012, *Communauté de communes d'Erdre et Gesvres*, req. n° 347073, *Rec.*, p. 277.

[21] Un mécanisme de *« restitution »* existe déjà dans le secteur de l'audiovisuel *« lorsque (...) les ressources publiques (...) ont excédé de plus de 10% le coût d'exécution des obligations de service public »* (décret n° 2012-1239 du 6 novembre 2012).

iii) en raison de l'habilitation nécessaire de la collectivité attributaire de l'aide.

Il s'agit bien souvent d'un contrat administratif, car la jurisprudence estime que le contrat a pour objet l'exécution d'un service public par la collectivité aidante[22]. A moins qu'il ne soit l'accessoire d'un contrat de droit privé, comme certains contrats de garantie ou de cautionnement[23].

Depuis l'an 2000, la loi prévoit l'obligation de conclure un contrat lorsque le montant d'une subvention est supérieur à 23 000 euros[24]. Le Conseil d'Etat admet l'exercice d'un recours pour excès de pouvoir dirigé contre ce contrat[25], ce qui fait figure d'exception en matière contractuelle[26]. La conclusion d'un contrat permet de requalifier aisément la subvention en marché public si la somme d'argent versée par la collectivité est en réalité le prix d'une prestation réalisée à son profit[27]. La jurisprudence administrative est assez abondante à ce sujet[28].

Les deux autres hypothèses principales de conclusion d'une convention concernent, soit la compétence de la collectivité, soit la nature de l'aide.

D'une part, pour des motifs de transparence dans la répartition des compétences, le CGCT tend à préciser les collectivités habilitées à verser des aides. Ainsi, s'agissant des aides au développement économique des entreprises, la région est en principe chef de file (art. L 1511-2 et L 1511-7). Les communes et leurs groupements sont quant à eux compétents pour les aides aux entreprises en matière

---

[22] *Cf.* en ce sens TC, 23 octobre 2000, *Matois*, req. n° 3208, *Rec.*, p. 773.

[23] CE, 28 octobre 2002, *Commune de Moisselles*, req. n° 232060, *Tab.*, p. 630.

[24] Décret n° 2001-495 du 6 juin 2001 pris pour l'application de l'art. 10 de la loi n° 2000-321 du 12 avril 2000 et relatif à la transparence financière des aides octroyées par les personnes publiques.

[25] CE, avis, 29 mai 2019, *SAS Royal cinéma*, req. n° 428040, *Rec.*, p. 172.

[26] *Cf.* CE Assemblée, 4 avril 2014, *Département de Tarn-et-Garonne*, req. n° 358994, *Rec.*, p. 70.

[27] CE, 23 mai 2011, *Commune de Six-Fours-les-Plages*, req. n° 342520, *Rec.*, p. 255.

[28] *Cf.* notamment CE, 26 mars 2008, *Région de La Réunion*, req. n° 284412, *Rec.*, p. 114.

immobilière, c'est-à-dire pour l'achat ou la location d'un bien ou d'un terrain en faveur d'une entreprise (art. L 1511-3). Les autres collectivités ne peuvent pas attribuer de telles aides. La subvention attribuée par une collectivité incompétente est illégale, qu'il s'agisse d'une aide communale à la création d'entreprise[29], voire d'une subvention communale à une société pour créer un centre d'appel téléphonique[30]. Cependant, les mêmes dispositions prévoient qu'une convention signée par la collectivité chef de file peut autoriser une collectivité a priori incompétente à verser des aides. En l'absence de contrat, les subventions sont illégales[31]. En pratique, ces conventions signées à partir d'un modèle-type élaboré par la collectivité chef de file contiennent souvent trois sortes de clauses :

i) des stipulations rappelant les compétences des collectivités en matière d'aides et leur obligation de respecter le droit de la concurrence ;
ii) une délégation par la collectivité chef de file d'une partie de sa compétence en matière d'aide au profit de l'autre collectivité signataire ;
iii) enfin, des clauses envisageant des cofinancements d'aides entre la collectivité chef de file et l'autre collectivité signataire.

D'autre part, pour des questions de transparence dans l'attribution des aides, le CGCT prévoit que celles versées aux entreprises en difficulté doivent faire l'objet d'une convention (art. L 3231-3). Il en va de même pour les aides en matière cinématographique (art. L 2251-4 et L 3232-4) ou immobilière (art. L 1511-3). Enfin, les garanties et cautionnements d'emprunt font l'objet d'une convention, mais plus par la force des choses (l'emprunt fait souvent l'objet d'un contrat auquel la collectivité intervient[32]), le CGCT s'en tenant à évoquer une « stipulation », « l'échéancier contractuel » et « les emprunts contractés » (art. L 2252-1 et L 2252-4 s'agissant des communes[33]). La Cour de cassation en a déduit qu'une « délibération » de la

---

[29] CE, 1er octobre 1993, *Commune de Vitrolles*, req. n° 99120.
[30] CAA Marseille, 3 mai 2004, *Ville de Nice*, req. n° 00MA01621.
[31] CE, 18 novembre 1991, *Département des Alpes-Maritimes contre Association Agriculture 06*, req. n° 73398, 84953, *Rec.*, p. 396.
[32] *Cf.* CE, 2 mars 2007, *CRCAM Nord de France contre Commune de Condé-sur-Escaut*, req. n° 283439.
[33] A propos des départements et régions, *cf.* CGCT, art. L 3231-4 et L 4253-1.

collectivité relative à une garantie ou un cautionnement suffit à établir son « engagement »[34].

Finalement, l'objectif de transparence n'est-il pas mieux assuré grâce à la publication régulière des dispositifs d'aides, donc en dehors des contrats ? Une mission d'information appartient, d'une part, aux Chambres de commerce et d'industrie (CCI) qui l'exercent par l'intermédiaire de la base SEMAPHORE, consultable sur Internet (www.les-aides.fr et www.semaphore.cci.fr). Le contrat d'objectif et de performance des CCI signé le 28 mai 2013 rappelait implicitement l'objectif de transparence : « la mission des CCI est de simplifier l'accès aux aides publiques pour les entrepreneurs par (...) SEMAPHORE) ». D'autre part, les régions ont également une mission d'information par l'intermédiaire des rapports qu'elles publient sur les aides mises en œuvre sur leur territoire par les collectivités territoriales et leurs groupements[35].

Le contrat est un outil désormais classique pour attribuer toutes sortes d'aides économiques locales. Il est utile pour protéger, et la concurrence entre les entreprises, et, ce qui est plus original, les compétences des collectivités. Toutefois, l'attribution des aides n'est pas encadrée, ce qui nuit à la transparence.

B) Le cadre souple des contrats ayant pour objet une aide, facteur d'opacité en pratique

La collectivité compétente pour conclure un contrat d'aide est relativement libre dans l'attribution de ce contrat et la stipulation de l'aide. La doctrine ne manque pas de relever que « le principe est la liberté, quelle que soit la forme de l'aide locale »[36]. La DAJ des ministères économiques et financiers a eu l'occasion d'indiquer qu' « un contrat de subvention peut notamment être conclu à l'issue d'un appel à projets ou "appel à manifestation d'intérêt" ». Mais une telle formalité n'est pas obligatoire et, lorsqu'elle est mise en œuvre, elle

---

[34] Civ. 1ère, 7 décembre 1999, *Société Westpac Banking Corporation*, p. n° 97-13193, *Bull. civ.*, I, n° 336.
[35] CGCT, art. L 1511-1.
[36] Braconnier (Stéphane), *Droit public de l'économie*, PUF, coll. Thémis, 2e éd., 2017, p. 407. V. également Chérot (Jean-Yves), *Droit public économique*, Economica, 2002, p. 626.

n'implique pas une transparence comparable à la commande publique[37], dont on connaît aussi les limites.

La seule véritable restriction à la stipulation d'une aide n'a même pas lieu d'être, car elle relève du paradoxe. En effet, le Conseil d'Etat a dit pour droit que l'aide contenue dans le contrat ne doit pas être une libéralité de la part de la collectivité, cette interdiction étant une règle d'ordre public. Son application est relative s'agissant des aides économiques. Le propre d'une aide est de présenter, au moins en partie, un caractère libéral. Pourtant, en mobilisant « le respect des principes constitutionnels[38] », la jurisprudence estime que :

« La cession par une commune d'un terrain à une entreprise pour un prix inférieur à sa valeur ne saurait être regardée comme méconnaissant le principe selon lequel une collectivité publique ne peut pas céder un élément de son patrimoine à un prix inférieur à sa valeur à une personne poursuivant des fins d'intérêt privé lorsque la cession est justifiée par des motifs d'intérêt général, et comporte des contreparties suffisantes »[39].

En réalité, cet encadrement apparemment sophistiqué vise à éviter l'attribution d'aide abusive ou excessive, que ce soit du point de vue de la concurrence, des finances ou des patrimoines publics. Dans l'affaire où cette règle a été énoncée, une commune s'était engagée à créer cinq emplois en contrepartie de la cession d'un terrain dont le service des domaines avait estimé le prix à 36 000 francs de l'époque (soit environ 5 500 euros). Une telle opération peut aussi prendre la forme d'un bail emphytéotique[40]. Dans tous les cas, le juge administratif vérifie que la collectivité et l'entreprise cocontractante ont chiffré précisément les « retombées économiques » et, notamment,

---

[37] Richer (Laurent), « L'appel à projets – *Fluctuat nec mergitur* », *AJDA*, 2019, p. 1433.

[38] CC, 26 juin 1986, *Loi autorisant le Gouvernement à prendre diverses mesures d'ordre économique et social dite « Privatisations »*, déc. n° 86-207 DC, *Rec. CC*, p. 61.

[39] CE Section, 3 novembre 1997, *Commune de Fougerolles*, req. n° 169473, *Rec.*, p. 391.

[40] Pour un BEA conclut sur un bien loué pour un loyer symbolique en contrepartie de la création de 250 emplois, *cf.* CAA Lyon, 31 janvier 2019, *Société Pim Participations*, req. n° 16LY02163.

le nombre d'emplois créés[41] (ou sauvegardés[42]). Le « projet économique » doit être mentionné dès la délibération de la collectivité relative à la cession[43]. Le juge effectue un contrôle de proportionnalité, notamment sur le nombre d'emplois créés[44].

D'autres entreprises ne sont-elles pas susceptibles d'être intéressées par l'opportunité d'une aide locale ? Comment est-elle négociée ? Faute de transparence réelle dans les cessions ou locations immobilières des collectivités territoriales, l'on ne peut pas toujours répondre à ces questions. Les communes de moins de 2 000 habitants – au nombre de 30 000 – ne sont même pas tenues de demander son avis à France Domaine pour les cessions. Les autres collectivités ne sont pas obligées de respecter cet avis. Il y a par ailleurs une asymétrie entre les ventes et les achats amiables des communes. Toutes les collectivités territoriales doivent demander son avis au service des domaines pour les acquisitions immobilières dont la valeur dépasse la somme de 180 000 euros, y compris les communes de moins de 2 000 habitants.

En matière immobilière, alors que le Conseil d'Etat n'avait pas osé franchir le pas[45], l'ordonnance n° 2017-562 du 19 avril 2017 a prévu une procédure de mise en concurrence pour l'attribution de certaines conventions d'occupation des propriétés publiques. La procédure de sélection se justifie dès l'instant où l'occupation domaniale peut conférer un avantage économique à l'occupant. La Cour de justice de l'Union l'avait mis en avant dans son arrêt Promoimpresa en 2016[46]. *Mutatis mutandis*, l'aide économique confère nécessairement un avantage économique à son bénéficiaire. Une procédure de sélection se justifie donc à plus forte raison. Car, finalement, les 20 dernières années ont permis de voir s'installer, puis progresser, la transparence dans le secteur de l'économie publique en général et en matière de commande publique en particulier. L'on doit en revanche constater

[41] CE, 6 avril 1998, *Communauté urbaine de Lyon*, req. n° 151752, *Rec.*, p. 132.
[42] TA Limoges, 24 novembre 2011, *Syndicat CGT du personnel de l'abattoir de Bessines-sur-Gartempe*, req. n° 1000190.
[43] CAA Bordeaux, 20 février 2014, *Monsieur B.*, req. n° 12BX01464.
[44] CAA Bordeaux, 8 novembre 2005, *Commune de Cazères*, req. n° 02BX00744.
[45] CE Section, 3 décembre 2010, *Ville de Paris et Association Paris Jean Bouin*, req. n° 338272, 338527, *Rec.*, p. 472.
[46] CJUE, 14 juillet 2016, *Promoimpresa Srl*, aff. n° C-458/14, C-67/15.

que la transparence n'a pas encore réellement conquis le secteur des aides économiques locales.

« Les aides économiques locales et la fiscalité »

Alexandre Maitrot de la Motte,
Professeur à l'Université Paris-Est Créteil
Premier vice-président de la ComUE Université Paris-Est

Il ne faut jamais trop attendre de la fiscalité, surtout en matière d'aides économiques locales. D'une part, parce que la finalité première des prélèvements fiscaux est de procurer des recettes aux collectivités publiques dans le respect du principe d'égalité (lequel repose sur la prise en compte des facultés contributives des contribuables)[1], ce qui est difficilement conciliable avec d'autres objectifs. D'autre part, parce que la fiscalité est un moyen rarement efficace lorsqu'elle poursuit d'autres fins que le rendement, soit qu'elle n'y parvienne pas, soit qu'elle y parvienne de manière trop onéreuse et au prix d'importants effets d'aubaine souvent mal maîtrisés, voire non évalués. Et, enfin, parce que le droit fiscal suppose la mise en œuvre de règles générales[2], alors que l'efficacité

---

[1] A cet égard, l'article 13 de la Déclaration des droits de l'homme et du citoyen dispose que « Pour l'entretien de la force publique, et pour les dépenses d'administration, une contribution commune est indispensable : elle doit être également répartie entre tous les citoyens, en raison de leurs facultés ». La nécessité de prendre en compte les facultés contributives commence à apparaître en droit fiscal de l'Union européenne, comme en témoignent des arrêts récents de la Cour de justice en matière de libertés de circulation (CJUE (grande chambre), 3 mars 2020, *Vodafone Magyarország Mobil Távközlési Zrt. c/ Nemzeti Adó- és Vámhivatal Fellebbviteli Igazgatósága*, aff. C-75/18. – et CJUE (grande chambre), 3 mars 2020, *Tesco-Global Áruházak Zrt. c/ Nemzeti Adó- és Vámhivatal Fellebbviteli Igazgatósága*, aff. C-323/18) et du Tribunal en matière d'aides d'Etat (Trib. UE (neuvième chambre), 27 juin 2019, *Hongrie c/ Commission européenne*, aff. T-20/17. – et Trib. UE (neuvième chambre élargie), 16 mai 2019, *République de Pologne c/ Commission européenne*, aff. jointes T-836/16 et T-624/17).

[2] A défaut de quoi il serait porté atteinte au principe d'égalité tel qu'il est régi par les articles 6 et 13 de la Déclaration des droits de l'homme et du citoyen. Sur la portée et l'articulation de ces deux dispositions en matière fiscale, V. Ayrault (Ludovic), « Le principe d'égalité en matière fiscale », *Titre vii*, 2020, n° 4, en ligne sur le site du Conseil constitutionnel (https ://www.conseil-constitutionnel.fr/publications/titre-vii/le-principe-d-egalite-en-matiere-fiscale).

des aides économiques implique de prendre en compte la situation particulière de chaque contribuable aidé.

Au-delà de la question de l'efficacité économique, la question du lien entre les aides économiques locales et la fiscalité fait apparaître un paradoxe. Elle laisse en effet penser qu'il est possible d'accorder des aides économiques locales au moyen de la fiscalité, en accordant localement des avantages fiscaux. Cette idée est de prime abord déroutante en ce qu'il n'est guère évident que la notion d'avantage fiscal puisse seulement avoir un sens. Faut-il considérer qu'il y a quelque chose d'avantageux à payer un impôt ? Une entreprise reçoit-elle vraiment une aide économique locale lorsqu'elle doit s'acquitter de ses impôts ?

Des réponses négatives doivent être apportées à ces questions, sauf à considérer que reçoit un avantage fiscal (ou une aide économique de nature fiscale) le contribuable qui parvient à payer moins d'impôts ou, plus précisément, moins d'impôts que ce qui est normal. En quelque sorte, ce n'est pas le fait de payer l'impôt, mais le fait de payer un impôt inférieur à l'impôt normal qui est constitutif d'une aide fiscale. En ce sens, il sera relevé qu'en droit de l'Union européenne, est constitutif d'une aide d'Etat sous forme fiscale tout avantage fiscal sélectif : tel est le cas lorsque, par rapport à l'impôt normal ou au système fiscal de référence, une faible charge fiscale (critère de l'avantage) est réservée à certaines entreprises ou à certaines productions (critère de la sélectivité)[3].

Si elle a suscité d'importantes difficultés lorsqu'elle a commencé à être mise en œuvre au début des années 2000, l'application du droit des aides d'Etat en matière fiscale montre désormais que relèvent du contrôle européen, sur le fondement des articles 107 et suivants du Traité sur le fonctionnement de l'Union européenne, les avantages fiscaux sélectifs, c'est-à-dire les mesures fiscales qui remplissent quatre critères : le critère de l'avantage sans contrepartie, ce qui suppose une baisse de la charge fiscale ; le critère de l'origine étatique, qui est systématiquement rempli en matière fiscale y compris dans le cas des impôts locaux ; le critère de la distorsion de la

---

[3] CJUE (grande chambre), 19 décembre 2018, *Finanzamt B contre A-Brauerei*, aff. C-374/17.

concurrence et du risque d'affectation des échanges, qui est présumé être rempli dans le cas des avantages fiscaux ; et le critère de la sélectivité, ce qui suppose que l'avantage n'est accordé qu'à certaines entreprises ou certaines productions. Les contentieux actuels en matière de *rulings* fiscaux permettent d'éprouver ces critères[4]. Et l'étude de la pratique de la Commission européenne et de la jurisprudence de la Cour de justice met en évidence de nombreux exemples d'aides d'Etat sous forme fiscale : sont ainsi constitutives d'aides fiscales – dès lors que ces mesures sont sélectives – les réductions d'assiette, les exonérations, les taux réduits, les réductions et crédits d'impôt, ou encore les facilités de recouvrement et les remises de pénalités[5].

La contradiction théorique qui est inhérente à la notion d'aide fiscale n'étant qu'apparente, la question se pose, ensuite, de savoir si elle peut, en pratique, se décliner à l'échelle locale. La pertinence d'une telle question tient à ce qu'en France, les collectivités locales ne disposent pas des outils qui viennent d'être identifiés. En droit français, en effet, les réductions d'assiette, les exonérations, les taux réduits, les réductions et crédits d'impôt, ou encore les facilités de recouvrement, ne sont en principe accordés que par l'Etat. Cela

---

[4] La plus médiatisée des affaires est l'affaire Apple, qui oppose ce groupe de sociétés à la Commission européenne sur une question dont l'enjeu financier est de 14,5 milliards d'euros. Cette question est de savoir si, en accordant des *rulings* sans l'autorisation préalable de la Commission, l'administration fiscale irlandaise a accordé à Apple une aide d'État sous forme fiscale devant faire l'objet d'une récupération (sur cette question, V. Comm. UE, communiqué n° IP/2016/2923, 30 août 2016, au sujet de la décision SA 38373 contre laquelle un recours enregistré sous le numéro T-778/16 a été formé). Apple n'est pas le seul groupe de sociétés confronté à la difficile question de la compatibilité des *rulings* fiscaux avec le droit européen des aides d'État, puisque d'autres groupes multinationaux de sociétés ont fait l'objet de décisions similaires à celle qui a été notifiée à Apple : il s'agit de Fiat (V. décision SA.38375, puis l'arrêt Trib. UE (septième chambre élargie), 24 septembre 2019, *Grand-Duché de Luxembourg et Fiat Chrysler Finance Europe c/ Commission européenne*, aff. T-755/15 et T-759/15) et de Starbucks (V. décision SA.38374, puis Trib. UE (septième chambre élargie), 24 septembre 2019, *Royaume des Pays-Bas et Starbucks Corp., Starbucks Manufacturing Emea BV c/ Commission européenne*, aff. jointes T-760/15 et T-636/16). D'autres procédures en cours concernent Amazon (affaire SA.38944), Engie (affaire SA.44888) et Ikea (affaire SA.46470).

[5] Sur cette question, V. Maitrot de la Motte (Alexandre), *Droit fiscal de l'Union européenne*, Bruylant, coll. Traités, 2e éd. 2016, n° 192 à 270.

signifie-t-il que le sujet « Les aides économiques locales et la fiscalité » est dépourvu de toute portée ?

Au regard du cadre constitutionnel, il n'est pas exclu de répondre positivement à cette question. En premier lieu, parce que les collectivités locales ne peuvent pas décider de créer ou de supprimer quelque impôt : plus précisément, si certaines taxes facultatives sont prévues par le Code général des collectivités territoriales ou par le Code général des impôts, elles sont marginales[6]. Par ailleurs, il faut se souvenir qu'en vertu de l'article 72-2 de la Constitution, les collectivités locales ne disposent que d'un pouvoir de modulation des assiettes et des taux des impôts qui sont créés par l'Etat et dont le produit leur est affecté, à condition toutefois que la loi le permette[7]. En pratique, il apparaît que les collectivités locales disposent surtout d'un pouvoir de taux : elles l'exercent en votant (dans les conditions et

---

[6] Parmi les taxes facultatives mentionnées au sein du Code général des collectivités territoriales, il est possible de citer la taxe de séjour (article L2333-26), la taxe locale sur la publicité extérieure (article L2333-6), la taxe communale sur les entreprises exploitant des engins de remontées mécaniques (article L2333-49), le prélèvement sur le produit des jeux dans les casinos (article L2333-54), le versement destiné au financement des services de mobilité (article L2333-64), la redevance d'accès aux sites nordiques aménagés pour les loisirs de neige non motorisés (article L2333-81), la redevance de stationnement (article L2333-87), la taxe sur les déchets réceptionnés dans une installation de stockage de déchets ménagers et assimilés ou un incinérateur de déchets ménagers (article L2333-92), et la taxe de balayage (article L2333-97). Pour sa part, le Code général des impôts prévoit que quatre taxes sont facultatives : outre la taxe de balayage (article 1528), il s'agit de la taxe sur les cessions de terrains devenus constructibles (article 1529), de la taxe sur les friches commerciales (article 1530), et de la taxe de gestion des milieux aquatiques et prévention des inondations (article 1530 bis).

[7] L'article 72-2 de la Constitution dispose que « Les collectivités territoriales bénéficient de ressources dont elles peuvent disposer librement dans les conditions fixées par la loi. / Elles peuvent recevoir tout ou partie du produit des impositions de toutes natures. La loi peut les autoriser à en fixer l'assiette et le taux dans les limites qu'elle détermine. / Les recettes fiscales et les autres ressources propres des collectivités territoriales représentent, pour chaque catégorie de collectivités, une part déterminante de l'ensemble de leurs ressources. La loi organique fixe les conditions dans lesquelles cette règle est mise en œuvre. / Tout transfert de compétences entre l'Etat et les collectivités territoriales s'accompagne de l'attribution de ressources équivalentes à celles qui étaient consacrées à leur exercice. Toute création ou extension de compétences ayant pour conséquence d'augmenter les dépenses des collectivités territoriales est accompagnée de ressources déterminées par la loi. / La loi prévoit des dispositifs de péréquation destinés à favoriser l'égalité entre les collectivités territoriales ».

les limites prévues par la loi) les taux des impositions connues sous le nom des « quatre vieilles » – à savoir les deux taxes foncières, la taxe d'habitation dont la disparition est programmée, et la contribution économique territoriale – qui constituent l'essentiel de leurs ressources fiscales. Outre l'obligation de respecter les conditions et les limites prévues par la loi, il leur faut alors, en principe, appliquer les mêmes taux à tous les contribuables. Peu d'exonérations, à l'exception de celles qui sont de nature sociale[8], peuvent être accordées. Et, enfin, le recouvrement de ces impôts est effectué par l'Etat. Dans ces conditions, l'octroi d'aides économiques locales au moyen d'avantages fiscaux portant sur l'assiette, les taux ou les modalités de recouvrement des impôts dont elles sont affectataires est *a priori* impossible pour les collectivités locales françaises.

Il en va différemment dans de nombreux autres Etats, parmi lesquels se trouvent les Etats régionaux et les Etats fédéraux dont les constitutions reconnaissent l'existence d'un pouvoir fiscal local. Dans certains Etats fédéraux, il arrive que le principe soit celui de la compétence fiscale des Etats fédérés, et que la compétence fiscale de l'Etat fédéral soit strictement encadrée[9]. Tant les Etats fédéraux que les Etats régionaux dont les constitutions dotent les régions de compétences fiscales et d'un pouvoir fiscal[10] peuvent alors se

---

[8] En matière de taxe d'habitation notamment, par le jeu des abattements facultatifs.

[9] V. par exemple le XVIe amendement de la Constitution des Etats-Unis d'Amérique.

[10] Tel est par exemple le cas de l'Espagne, dont les régions autonomes peuvent en fin de compte être considérées comme dotées d'une partie de la souveraineté fiscale. Contrairement aux présupposés les plus courants, et malgré ce qu'une expression employant le mot « souveraineté » peut maladroitement faire croire, la « souveraineté fiscale » ne désigne pas la souveraineté appliquée au droit fiscal, et ne correspond pas davantage à ce que signifierait l'accolement du nom « souveraineté » et de l'adjectif « fiscal ». Comme nous avons déjà eu l'occasion de l'indiquer de manière plus développée (V. Maitrot de la Motte (Alexandre), *Souveraineté fiscale et construction communautaire – Recherche sur les impôts directs*, LGDJ, collec. Bibl. de Science Financière, vol. 44, 2005, pp. 21-39 et Maitrot de la Motte (Alexandre), *Droit fiscal de l'Union européenne*, Bruylant, collec. Traités, 2e éd., 2016, note n° 1, p. 9), la souveraineté fiscale ne regroupe en effet, d'un point de vue notionnel, qu'une compétence et un pouvoir, alors que la souveraineté désigne la compétence de la compétence et le pouvoir du pouvoir, c'est-à-dire, d'une part, la compétence d'exercer des compétences normatives ou de les attribuer librement à une autorité et les lui reprendre, et, d'autre part, la puissance permettant d'exercer des pouvoirs ou de les conférer à une autorité et les lui

reprendre. D'un point de vue matériel, et contrairement à la souveraineté qui n'appartient par principe qu'à l'État et dont il est incontestable qu'elle est indivisible, la souveraineté fiscale peut par ailleurs être partagée entre l'État et une autre entité, voire être transférée à cette autre entité, de sorte que le titulaire de la souveraineté (politique) et celui de la souveraineté fiscale ne coïncident pas nécessairement (en ce sens, V. Berlin (Dominique), *Droit fiscal communautaire*, Presses Universitaires de France, coll. « Droit Fondamental », 1988, p. 55. – Cartou (Louis), *Droit fiscal international et européen*, Dalloz, 1981, pp. 14-15. - et Tixier (Gilbert) et Gest (Guy), *Droit fiscal international*, Presses Universitaires de France, coll. « Droit Fondamental », 2e édition, 1990, p. 16). Lorsque la notion même de souveraineté fiscale n'est pas contestée (pour une contestation méritant d'être discutée, V. Kallergis (Andréas), *La compétence fiscale*, Dalloz, coll. Nvelle Bibl. des Thèses, 2018, vol. 175, 1036 p.), toutes les définitions doctrinales de la souveraineté fiscale reposent ainsi sur les notions de pouvoir fiscal et de compétence fiscale. En dehors de la doctrine universitaire, qui emploie en langue anglaise les expressions « tax sovereignty » et « fiscal sovereignty » (V. Rocha (Sergio André) et Christians (Allison), dir., *Tax Sovereignty in the BEPS Era*, Kluwer, Series on International Taxation, Volume 60, 2017. – Douma (Sjoerd), *Optimization of Tax Sovereignty and Free Movement*, International Bureau of Fiscal Documentation, collec. Doctoral Series, Volume 21, 2011 - ou Jansen (Sjaak), dir., *Fiscal Sovereignty of the Member States in an Internal Market. Past and Future*, Kluwer Law International, collec. Eucotax, 2010, 272 p.- V. également Blokland, « Inaugural Lecture by Prof. Dr D.M. Weber : In Search of a (New) Equilibrium between Tax Sovereignty and the Freedom of Movement in the EC », *European Taxation*, 2007, n° 2, pp. 69-72. – Cruz Barreiro Carril (María), « National Tax Sovereignty and EC Fundamental Freedoms : The Impact of Tax Obstacles on the Internal Market », *Intertax*, 2010, n° 2, pp. 105-113. – Peeters (Bruno), « Tax Sovereignty of EU Member States in View of the Global Financial and Economic Crisis », *EC Tax Review*, 2010, n° 6, pp. 236-237. – Traversa (Edoardo), « Tax Incentives and Territoriality within the European Union : Balancing the Internal Market with the Tax Sovereignty of Member States », *World Tax Journal*, 2014, n° 3. – Van Apeldoorn (Laurens), "BEPS, tax sovereignty and global justice", *Critical Review of International Social and Political Philosophy*, 2018, 21 :4, 478-499. – Vanistendael (Frans), « The ECJ at the Crossroads : Balancing Tax Sovereignty against the Imperatives of the Single Market », *European Taxation*, 2006, n° 9, pp. 413-420. – Vanistendael (Frans), « Denkavit Internationaal : The Balance between Fiscal Sovereignty and the Fundamental Freedoms ? », *European Taxation*, 2007, n° 5, pp. 210-213. – Ou Weber (Dennis), « In Search of a (New) Equilibrium between Tax Sovereignty and the Freedom of Movement within the EC », *Intertax*, 2006, n° 12, pp. 585-616), la notion de « souveraineté fiscale » est souvent utilisée dans le cadre du droit de l'Union européenne. Les Avocats généraux et les Etats membres recourent parfois à cette notion lorsqu'ils font valoir leurs positions devant la Cour de justice (notion fonctionnelle), sans toutefois la définir. La Cour est moins encline à l'utiliser d'office, même si cinq cas peuvent être mentionnés : CJCE (première chambre), 7 juin 2007, *Commission des Communautés européennes c/ République hellénique*, aff. C-156/04, ECLI :EU :C :2007 :316. – CJUE (troisième chambre), 5 juillet 2012, *Michel Bourgès-Maunoury et Marie-*

caractériser par une compétition fiscale entre les entités locales, dont certaines mènent une véritable politique fiscale consistant par exemple à aider les entreprises locales au moyen de la fiscalité. Parfois, ces entités locales entendent être attractives au moyen d'une politique fiscale adéquate : si celle-ci peut être un gage d'efficacité, elle peut également les conduire à la ruine. Dans une perspective théorique et comparative, ces exemples doivent ne pas être négligés.

S'il est ainsi acquis qu'en France, seul l'Etat peut – contrairement à ce qu'il est possible de constater ailleurs[11] – utiliser l'outil fiscal pour accorder des aides économiques locales, la question se pose de savoir si cet acquis doit ne pas être reconsidéré. En matière d'aides économiques, la fiscalité est un outil de l'Etat ; mais ne doit-elle pas devenir – aussi – un outil des collectivités locales ?

Pour répondre à cette question, il conviendra d'appréhender la réalité contemporaine, qui est celle de la fiscalité locale comme outil de l'Etat (I). Puis il faudra s'intéresser aux perspectives, qui peuvent être celles de la fiscalité locale comme outil des collectivités locales (II).

I. Une réalité : la fiscalité locale comme outil de l'Etat en matière d'aides économiques locales

En France, les dispositions constitutionnelles et les lois de décentralisation réservent tant les compétences fiscales que le pouvoir fiscal à l'Etat, y compris en matière de fiscalité locale. Partant, à l'exception des collectivités d'outre-mer, l'Etat est le seul titulaire de la souveraineté fiscale. Toutefois, cette souveraineté fiscale ne s'exerce pas en dehors de tout cadre juridique. Si elle est presque

---

Louise Heintz, épouse Bourgès-Maunoury c/ Direction des services fiscaux d'Eure-et-Loir, aff. C-558/10, ECLI :EU :C :2012 :418. – CJUE (deuxième chambre), 2 septembre 2015, *Groupe Steria SCA c/ Ministère des Finances et des Comptes publics*, aff. C-386/14, ECLI :EU :C :2015 :524. – CJUE (première chambre), 23 novembre 2017, *A Oy*, aff. C-292/16, ECLI :EU :C :2017 :888. – Et CJUE (deuxième chambre), 14 mai 2020, *B e.a. c/ Administration des contributions directes*, aff. C-749/18, ECLI :EU :C :2020 :370.

[11] Sur les spécificités françaises au sein de l'OCDE, V. Avis du Conseil économique, social et environnemental présenté par Deschamps (Jean-Karl) et Gardinal (Didier), rapporteurs au nom de la section de l'économie et des finances, *Pour une réforme globale de la fiscalité locale*, avril 2018, pp. 25 et s.

exclusivement régie par l'Etat, la fiscalité locale est ainsi un outil qui, en matière d'aides économiques locales, doit être confronté tant au droit européen des aides d'Etat (A) qu'au principe constitutionnel de libre administration des collectivités locales (B).

A) Un outil confronté au droit européen des aides d'Etat

La fiscalité locale peut être utilisée par l'Etat dans une perspective économique, dans le but d'accorder des aides à vocation locale à certaines entreprises. A l'échelle du marché pertinent, il existe alors un risque de distorsion de concurrence entre les entreprises aidées et les entreprises non aidées. C'est ce qui explique que lorsqu'elle est destinée à mener des politiques locales au moyen d'impôts locaux ou nationaux, l'action économique de l'Etat est encadrée par le droit européen des aides d'Etat.

Lorsque leur sélectivité géographique est établie, des avantages fiscaux créés par l'Etat doivent être autorisés par la Commission européenne, dès lors qu'il s'agit d'aides d'Etat qui entrent dans le champ de l'article 107 du Traité sur le fonctionnement de l'Union européenne. Tel est le cas, par exemple, d'une loi nationale prévoyant l'absence d'impôt régional en Sicile[12], ou d'une exonération de taxes locales au profit d'établissements d'enseignement catholique en Espagne sur le fondement d'un accord international avec le Vatican[13]. Il arrive, cependant, que la sélectivité géographique et la sélectivité matérielle peinent à être distinguées, comme le montre un arrêt controversé rendu au sujet d'avantages fiscaux accordés aux sociétés *offshore* établies à Gibraltar et exerçant leur activité réelle sur une partie des territoires espagnol et portugais[14].

---

[12] V. Communiqué de la Commission européenne n° IP/07/159 du 8 février 2007. – Comp. CJCE, 17 novembre 2009, *Presidente del Consiglio dei Ministri c/ Regione Sardegna*, aff. C-169/08, Rec., p. I-10821, au sujet de l'exonération d'une taxe en Sardaigne.

[13] CJUE (grande chambre), 27 juin 2017, *Congregación de Escuelas Pías Provincia Betania c/ Ayuntamiento de Getafe*, aff. C-74/16. S'agissant d'une exonération de taxes locales accordée aux entreprises du secteur de la défense, V. CJUE (septième chambre), 9 octobre 2014, *Ministerio de Defensa, Navantia SA c/ Concello de Ferrol*, aff. C-522/13, ECLI :EU :C :2014 :2262.

[14] CJUE, 15 novembre 2011, *Commission européenne c/ Government of Gibraltar et Royaume-Uni de Grande-Bretagne et d'Irlande du Nord* et *Royaume d'Espagne c/*

La circonstance que ces avantages fiscaux soient accordés par l'Etat au moyen de ressources qui ne sont pas véritablement les siennes est alors indifférente. Les arrêts *Açores*[15] et *Travailleurs de la Rioja*[16] montrent en effet que l'autonomie fiscale des collectivités locales ne s'oppose pas à ce qu'une aide remplisse le critère de l'origine étatique d'un avantage, et peut seulement conduire à ce que sa sélectivité ne soit pas reconnue[17]. A cet égard, la Cour est peu encline à reconnaître que le critère de la sélectivité n'est pas rempli. Dans l'affaire *Açores*, il a en effet été dit pour droit que « pour apprécier la sélectivité d'une mesure adoptée par une entité infraétatique et visant, telle que la mesure en cause, à fixer, dans une partie seulement du territoire d'un État membre, un taux d'imposition réduit par rapport au taux en vigueur dans le reste dudit État membre, il convient (...) d'examiner si ladite mesure a été prise par cette entité dans l'exercice de pouvoirs suffisamment autonomes par rapport au pouvoir central et, le cas échéant, de rechercher si elle s'applique effectivement à toutes les entreprises établies ou à toutes les productions réalisées sur le territoire relevant de la compétence de cette entité »[18]. Au-delà de la compétence, la question de savoir si « elle assume, en outre, les conséquences politiques et financières d'une telle mesure », doit également être prise en compte[19]. Autrement dit, « pour l'appréciation du caractère sélectif d'une mesure, il est tenu compte de l'autonomie institutionnelle, procédurale et économique dont jouit l'autorité qui adopte cette mesure »[20].

Government of Gibraltar et Royaume-Uni de Grande-Bretagne et d'Irlande du Nord, aff. jointes C-106/09 P et C-107/09 P, ECLI :EU :C :2011 :732.

[15] CJCE, 6 septembre 2006, *Portugal c/ Commission*, aff. C-88/03, Rec., p. I-7115.

[16] CJCE, 11 septembre 2008, *Unión General de Trabajadores de La Rioja e. a.*, aff. jointes C-428/06 à 434/06, Rec, p. I-6747.

[17] De la même manière, une violation des libertés de circulation est imputable à un Etat alors même que la mesure fiscale en cause a été prise par une collectivité autonome espagnole : V. CJUE (deuxième chambre), 3 septembre 2014, *Commission européenne c/ Royaume d'Espagne*, aff. C-127/12, ECLI :EU :C :2014 :2130.

[18] CJCE, 6 septembre 2006, *Portugal c/ Commission*, aff. C-88/03, Rec., p. I-7115, point 62.

[19] CJCE, 6 septembre 2006, *Portugal c/ Commission*, aff. C-88/03, Rec., p. I-7115, point 68.

[20] CJCE, 11 septembre 2008, *Unión General de Trabajadores de La Rioja e. a.*, aff. jointes C-428/06 à 434/06, Rec, p. I-6747.

Dans ces conditions, des aides fiscales locales ne peuvent être accordées par l'Etat qu'à condition qu'elles aient été autorisées par la Commission européenne ou qu'elles entrent dans le champ d'un règlement d'exemption. En d'autres termes, il n'est pas totalement interdit à l'Etat de mener une politique d'aménagement du territoire grâce à l'outil fiscal, notamment en accordant des exonérations d'impôts locaux, pourvu qu'il respecte les règles procédurales prévues par le Traité sur le fonctionnement de l'Union européenne.

Au regard des articles 107 et 108 de ce Traité, toutes les aides ne sont pas prohibées. Seules les aides que la Commission juge incompatibles avec le bon fonctionnement du marché intérieur doivent en effet ne pas être mises en œuvre par les Etats, étant précisé que le paragraphe 3 de l'article 107 dispose que « Peuvent être considérées comme compatibles avec le marché intérieur : a) les aides destinées à favoriser le développement économique de régions dans lesquelles le niveau de vie est anormalement bas ou dans lesquelles sévit un grave sous-emploi, ainsi que celui des régions visées à l'article 349, compte tenu de leur situation structurelle, économique et sociale, (…), c) les aides destinées à faciliter le développement de certaines activités ou de certaines régions économiques, quand elles n'altèrent pas les conditions des échanges dans une mesure contraire à l'intérêt commun ». Par ailleurs, le dernier paragraphe de l'article 108 et l'article 109 du Traité sur le fonctionnement de l'Union européenne prévoient que la Commission européenne peut décider d'exemptions par voie règlementaire. A la suite de lignes directrices, les règlements d'exemption par catégories qui se sont succédé depuis 2008[21] ont toujours contenu des dispositions relatives aux aides locales, lesquelles peuvent prendre une forme fiscale.

En la matière, la France sait agir conformément au droit de l'Union européenne. De nombreux avantages fiscaux locaux sont régulièrement créés en se référant à la carte européenne des aides d'Etat, comme en témoignent le cas des zones franches urbaines, l'exemple des zones franches rurales, l'existence de dispositifs

---

[21] V. Règlement général d'exemption par catégorie n° 800/2008 du 6 août 2008. – Puis Règlement n° 651/2014 du 17 juin 2014 « déclarant certaines catégories d'aides compatibles avec le marché intérieur en application des articles 107 et 108 du traité », JOUE L 187 du 26 juin 2014, p. 1.

spécifiques à la Corse, ou encore les régimes particuliers qui sont en vigueur Outre-mer.

Les impôts locaux peuvent ainsi, dans le respect du droit européen des aides d'Etat, être utilisés par l'Etat pour accorder des aides économiques locales. Mais parce que ces impôts sont aussi, et avant tout, des ressources financières des collectivités locales, l'emploi de cet outil peut alors se heurter au principe de libre-administration des collectivités locales.

B) Un outil confronté au principe de libre administration des collectivités locales

La possibilité, pour l'Etat, d'octroyer des aides au moyen des impôts locaux doit être doublement confrontée au principe constitutionnel de libre administration des collectivités locales. D'une part, parce que les ressources propres des collectivités locales - qui sont essentiellement fiscales - doivent constituer une part déterminante de leurs ressources totales. Et, d'autre part, parce que les collectivités locales sont en partie libres de décider de l'emploi de ces ressources budgétaires.

Le principe de libre administration des collectivités territoriales est constitutif d'une limite aux politiques d'octroi d'avantages fiscaux par l'Etat au moyen d'impôts locaux, même si ces avantages peuvent être dans l'intérêt local dès lors qu'ils rendent un territoire attractif. Il ressort en effet du troisième alinéa de l'article 72-2 de la Constitution que « Les recettes fiscales et les autres ressources propres des collectivités territoriales représentent, pour chaque catégorie de collectivités, une part déterminante de l'ensemble de leurs ressources », ce qui suppose que la part des ressources propres de chaque catégorie « ne peut être inférieure au niveau constaté au titre de l'année 2003 »[22]. Consécutivement, le montant des avantages accordés par l'Etat au moyen d'une réduction des impositions locales dont les contribuables sont passibles est limité.

---

[22] V. l'article LO 1114-3 du Code général des collectivités territoriales, issu de la loi organique n° 2004-758 du 29 juillet 2004 prise en application de l'article 72-2 de la Constitution relative à l'autonomie financière des collectivités territoriales.

Une nuance doit toutefois être apportée à cette affirmation dès lors que cette limitation ne protège pas chacune des collectivités territoriales françaises, mais l'ensemble des collectivités d'une même catégorie. L'article 72-2 de la Constitution n'offre en effet pas une protection particulière, mais une protection globale aux trois catégories de collectivités identifiées par l'article LO 1114-1 du Code général des collectivités territoriales[23]. Dans ce contexte, la suppression annoncée de la taxe d'habitation risque toutefois de laisser peu de marges de manœuvre à l'Etat en matière d'aides économiques prenant la forme d'avantages fiscaux.

La liberté d'emploi de ces ressources budgétaires constitue ensuite une seconde limite à l'exclusivité de l'action de l'Etat en matière d'aides économiques locales. Déclinant également le principe de libre administration des collectivités territoriales, le premier alinéa de l'article 72-2 de la Constitution dispose en effet que « Les collectivités territoriales bénéficient de ressources dont elles peuvent disposer librement dans les conditions fixées par la lo*i* ». Parce qu'elles sont en partie libres de choisir leurs dépenses[24], les collectivités territoriales peuvent donc se servir des ressources fiscales pour financer des aides économiques locales[25].

---

[23] Issu de la loi de la loi organique n° 2004-758 du 29 juillet 2004 prise en application de l'article 72-2 de la Constitution relative à l'autonomie financière des collectivités territoriales, l'article LO 1114-1 du Code général des collectivités territoriales dispose que « Les catégories de collectivités territoriales mentionnées au troisième alinéa de l'article 72-2 de la Constitution sont : 1° Les communes ; 2° Les départements auxquels sont assimilées la collectivité départementale de Mayotte, la collectivité territoriale de Saint-Pierre-et-Miquelon et les collectivités à statut particulier issues de la fusion d'une ou plusieurs communes et d'un département ; 3° Les régions et la collectivité territoriale de Corse auxquelles sont assimilées les collectivités d'outre-mer régies par l'article 74 de la Constitution autres que celles mentionnées au 2°, les collectivités à statut particulier issues de la fusion de départements et de régions et les collectivités mentionnées au dernier alinéa de l'article 73 de la Constitution ».

[24] Cette liberté n'est que partielle dès lors que les collectivités territoriales ont l'obligation d'inscrire à leur budget (et d'exécuter) des « dépenses obligatoires », dans les conditions prévues par les articles L 1612-15, L 2321-2, L 3321-1 et L 4321-1 du Code général des collectivités territoriales.

[25] Sur ce point, ce sont l'ensemble des impôts locaux qui financent l'ensemble des dépenses, dès lors que conformément au principe d'universalité budgétaire, les impôts locaux ne sont pas affectés (sous réserve de l'existence d'une section de fonctionnement et d'une section d'investissement). Il en résulte une conséquence positive pour les collectivités locales : celle qui tient à ce que si l'aide est « illégale »

Allant plus loin, la question de pose de savoir s'il ne serait pas possible, pour une collectivité territoriale, d'être très attractive en accordant des aides qui ne seraient pas couvertes par des recettes fiscales. Pour les entreprises concernées, l'avantage serait double, puisqu'il consisterait à bénéficier d'aides (directes ou indirectes, *via* les dépenses des collectivités) sans être soumis à l'impôt. Toutefois, dans les mesures où, contrairement à l'Etat, les collectivités locales ne peuvent pas voter et exécuter des budgets déficitaires[26], une réponse négative doit être donnée à cette question.

Dans ces conditions, sous réserve de ce qu'elle permet de financer des aides économiques dans le respect des exigences constitutionnelles et européennes, la fiscalité est un outil inexistant pour les collectivités locales. La question se pose de savoir s'il pourrait en aller autrement : cette question est celle des perspectives, qu'il convient d'étudier.

II. Des perspectives : la fiscalité comme outil des collectivités locales en matière d'aides économiques locales

S'interroger sur la fiscalité comme outil des collectivités locales en matière d'aides économiques locales conduit à ne plus raisonner en termes de concurrence entre les bénéficiaires des aides, mais à appréhender la concurrence fiscale entre les collectivités qui les octroient. Dans cette perspective, la question se pose de savoir si l'outil fiscal doit être promu au niveau local, aux fins d'octroyer des aides. Sans doute faut-il alors répondre de manière nuancée à cette question : entre les mains des collectivités locales, la fiscalité est un

---

au regard du droit européen des aides d'Etat, cette « illégalité » ne contamine pas l'impôt local qui la finance, et qui ne doit donc pas être remboursé au contribuable qui s'en est acquitté (sur les relations entre les aides illégales et les taxes qui les financent, V. CJCE, 13 janvier 2005, *Streekgewest Westelijk Noord-Brabant (SWNB) c/ Staatssecretaris van Financiën*, aff. C-174/02 et *F. J. Pape*, aff. C-175/02, Rec., p. I-85. – CJCE, grande chambre, 22 décembre 2008, *Sté Régie Networks*, aff. C-333/07, Rec., p. I-10807. – ou CJUE, 1re chambre, 10 novembre 2016, *DTS Distribuidora de Televisión Digital SA*, aff. C-449/14 P).

[26] En cas de déficit prévu ou constaté s'appliquent les procédures prévues par le articles L 1612-1 et suivants du Code général des collectivités territoriales. L'interdiction des déficits est double : elle concerne le budget global et sa section de fonctionnement, dont l'excédent éventuel permet donc de financer la section d'investissement à due concurrence.

outil intrinsèquement limité (A) qui peut se révéler être dangereux (B).

A) Un outil intrinsèquement limité

Si les collectivités locales françaises disposent de compétences fiscales limitées, ces dernières ne sont pas inexistantes. D'une part, parce que les collectivités locales peuvent, dans les limites fixées par la loi, fixer les taux applicables en matière de taxes foncières et de contribution économique territoriale, ce qui leur permet théoriquement d'aider les entreprises en ayant recours à des taux bas. Et, d'autre part, parce qu'elles peuvent renoncer à plusieurs taxes facultatives dans les conditions prévues par le Code général des collectivités territoriales (neuf taxes ou redevances) ou le Code général des impôts (quatre taxes)[27].

Ceci étant, il faut constater qu'en pratique, ces facultés sont peu utilisées par les collectivités territoriales françaises. S'agissant des « quatre vieilles », la concurrence par les taux est relativement faible. Et peu de collectivités renoncent à percevoir les taxes auxquelles le Code général des collectivités territoriales et le Code général des impôts confèrent un caractère facultatif. Ceci s'explique, entre autres, par la nécessité d'adopter et d'exécuter des budgets en équilibre et par le fait que les entreprises ont peu d'attentes en matière de taxes facultatives. Selon le Conseil des prélèvements obligatoires, les entreprises sont davantage attachées à la qualité des infrastructures et des services publics qu'aux exonérations de taxes facultatives[28].

Cette demande des entreprises serait-elle différente si la marge de manœuvre laissée par loi aux collectivités locales était plus importante, notamment en ce qui concerne les impôts de production ? La fiscalité locale deviendrait-elle un outil enfin adapté si la France suivait le modèle d'Etats régionaux tels que la Belgique, l'Italie ou l'Espagne, où les collectivités locales disposent d'un plus grand pouvoir fiscal et peuvent mener de véritables politiques fiscales, reposant entre autres sur des aides fiscales ?

---

[27] Sur ce point, V. *supra*, note n° 6.

[28] V. Deltour-Becq (Laure), « Fiscalité locale et entreprises - Attractivité des territoires et fiscalité locale des entreprises », *Conseil des prélèvements obligatoires*, janvier 2014, pp. 22 et suiv.

De prime abord, l'idée peut sembler séduisante. Toutefois, si les arguments relatifs à l'accroissement de l'autonomie fiscale des collectivités locales sont nombreux, ce dernier doit ne pas être idéalisé. D'une part, parce qu'il existe des limites constitutionnelles tenant notamment au principe d'égalité entre les contribuables. Et d'autre part, parce que le contrôle européen des aides fiscales serait maintenu. Même locales, les aides économiques doivent ne pas perturber la concurrence entre les entreprises[29], pas plus qu'elles ne doivent constituer un instrument de concurrence fiscale dommageable entre les collectivités publiques[30].

Aussi la question se pose-t-elle de savoir si, dans la perspective des aides économiques, la fiscalité ne serait pas un outil finalement inutile pour les collectivités locales.

B) Un outil finalement inutile ?

L'outil fiscal semble de prime abord très intéressant aux fins d'octroyer des aides économiques. Il doit alors ne pas être appréhendé isolément, mais s'inscrire dans une logique budgétaire. Dans ce contexte, deux stratégies peuvent en théorie être mises en œuvre par les collectivités qui entendent accorder des aides. Respectueuse du principe d'équilibre budgétaire, la première stratégie repose sur des dépenses importantes financées par des impositions tout aussi importantes. Plus attractive pour les entreprises mais plus périlleuse pour les finances locales, la seconde stratégie repose sur l'octroi d'avantages fiscaux sans renoncer aux dépenses. Pour chacune de ces stratégies, des limites sérieuses existent.

L'outil fiscal peut tout d'abord être utilisé selon sa finalité première, qui est de procurer des ressources aux collectivités

---

[29] V. notamment CJCE, 6 septembre 2006, *Portugal c/ Commission*, aff. C-88/03, Rec., p. I-7115. – Et CJCE, 11 septembre 2008, *Unión General de Trabajadores de La Rioja e. a.*, aff. jointes C-428/06 à 434/06, Rec, p. I-6747.

[30] Sur ce point, V. notamment les conclusions de l'Avocat général Niilo Jääskinen prononcées le 7 avril 2011 (ECLI :EU :C :2011 :215) dans l'affaire ayant donné lieu à l'arrêt CJUE, 15 novembre 2011, *Commission européenne c/ Government of Gibraltar et Royaume-Uni de Grande-Bretagne et d'Irlande du Nord* et *Royaume d'Espagne c/ Government of Gibraltar et Royaume-Uni de Grande-Bretagne et d'Irlande du Nord*, aff. jointes C-106/09 P et C-107/09 P, ECLI :EU :C :2011 :732.

publiques. Dans la perspective de financer de nombreuses aides économiques, les collectivités locales peuvent alors mener une stratégie reposant sur une pression fiscale forte.

Cette stratégie présente toutefois deux limites. La première est celle de l'attractivité fiscale, dès lors que les entreprises qui entendent limiter leurs coûts fiscaux, qui sont suffisamment mobiles et que ne sont pas bénéficiaires d'aides risquent, face à une telle stratégie, de délocaliser leur activité. A terme, une collectivité peu attractive au plan fiscal ne peut que connaître des difficultés en termes d'emplois et de ressources fiscales, en raison de l'érosion de l'activité économique qui constitue leurs bases. Pour sa part, la seconde limite tient aux mécanismes de péréquation horizontale : existant dans tous la plupart des systèmes fiscaux y compris les moins centralisés[31], ils rendent inutile toute collecte trop importante d'impôts locaux, dès lors que leur produit est redistribué entre les collectivités.

Aussi les collectivités locales peuvent-elles être tentées, à l'inverse, d'employer l'outil fiscal dans une perspective de concurrence fiscale. La stratégie menée est alors celle de l'attractivité fiscale : reposant sur une faible fiscalité, elle consiste à attirer les contribuables et à augmenter la matière imposable totale.

---

[31] Parmi les Etats régionaux, la Belgique, le Royaume-Uni, l'Italie et l'Espagne mettent en œuvre des mécanismes de péréquation financière. Ainsi, en Belgique, la péréquation financière entre les communes est organisée par le fonds des communes. La répartition de ce fonds et les critères de répartition de ce fonds sont décidés par les régions, qui sont compétentes en la matière depuis 1989. Une autre forme de péréquation financière, plus novatrice et plus complexe, est également organisée au niveau des régions, mais elle est fortement critiquée par la région flamande au nom de l'autonomie des régions belges. Au Royaume-Uni, les dotations globales sont également attribuées dans un souci de péréquation, en vue de couvrir la prise en charge des compétences nouvellement transférées par l'État. Par ailleurs, les dotations spécifiques sont de plus en plus nombreuses, en vue d'orienter les dépenses des collectivités vers des secteurs que l'État juge prioritaires. En Espagne, enfin, la péréquation est la conséquence du principe constitutionnel de solidarité. Il ressort en effet de l'article 138 de la Constitution espagnole que « l'État garantit la réalisation effective du principe de solidarité (...) veillant à l'établissement d'un équilibre économique adéquat et juste entre les diverses parties du territoire espagnol, en tenant en particulier compte de l'insularité ». La mise en œuvre de ce principe a abouti à la création du Fonds de Compensation Interterritorial, dont l'action doit permettre de corriger les déséquilibres économiques à travers les dépenses d'investissement.

Si la concurrence fiscale peut sembler bénéfique dès lors qu'elle conduit les collectivités à rechercher l'efficacité, ses conséquences globales peuvent toutefois être dommageables. En ce sens, s'il peut sembler nécessaire, pour des collectivités publiques, d'être fiscalement attractives, et s'il peut sembler bienvenu, pour les contribuables, que chacune d'entre elles limite la pression fiscale qu'elle exerce, la concurrence fiscale qui les oppose possède aussi des effets néfastes. Parmi ceux-ci se trouvent le risque de moins-disant fiscal et l'impossibilité de financer les dépenses publiques grâce à l'impôt : il en résulte soit un endettement important puis insupportable, soit une renonciation des collectivités à l'exercice de certaines missions de service public ou de leurs prérogatives de puissance publique[32]. Aussi faut-il se féliciter de ce que le Code général des collectivités territoriales ne permette pas de mener une politique de concurrence fiscale.

Par ailleurs, et surtout, la concurrence fiscale entre les collectivités locales porterait atteinte au principe d'égalité entre les contribuables et remettrait en cause de l'unité de l'Etat. Face à ces risques, et parce que ces principes sont essentiels, l'emploi de l'outil fiscal par les collectivités locales doit donc rester mesuré. Dans un Etat unitaire décentralisé, les compétences fiscales et le pouvoir fiscal des collectivités locales doivent être cantonnés, et ce d'autant plus qu'en matière d'interventionnisme économique, l'outil fiscal est l'un des moins performants. Comme le montre la stratégie menée par l'Etat

---

[32] C'est la thèse de l'abandon de la souveraineté au marché. S'agissant des Etats, elle a été présentée comme suit par la Commission européenne : si « elle doit être vue en soi comme un phénomène bénéfique pour les citoyens et un moyen d'exercer une pression à la baisse sur les dépenses publiques (…), une concurrence incontrôlée ayant pour enjeu des facteurs mobiles peut rendre les systèmes fiscaux pénalisants pour l'emploi et entraver la réduction méthodique et structurée de la charge fiscale globale. Elle réduit aussi la marge de manœuvre pour atteindre d'autres objectifs communautaires (…). De plus, la concurrence fiscale peut gêner les efforts de réduction des déficits budgétaires. (…) L'intégration des marchés, si elle ne s'accompagne pas d'une coordination fiscale, restreint de plus en plus la liberté des États membres de choisir la structure fiscale la plus adaptée, notamment en élargissant la base d'imposition et en élargissant les taux » (Commission des Communautés européennes, Communication de la Commission européenne au Conseil et au Parlement européen, « Un ensemble de mesures pour lutter contre la concurrence fiscale dommageable dans l'Union européenne », 5 novembre 1997, COM (97) 564 final, p. 2). Cette analyse est transposable aux collectivités infra-étatiques.

dans la perspective de la crise économique qui s'annonce à l'issue de la crise sanitaire[33], les collectivités locales françaises sont, en matière de fiscalité, plus aidées budgétairement qu'elles ne peuvent aider économiquement.

[33] Les deux premières lois de finances rectificatives pour 2020 (loi n° 2020-289 du 23 mars 2020 de finances rectificative pour 2020. – et loi n° 2020-473 du 25 avril 2020 de finances rectificative pour 2020) montrent que l'Etat entend apporter un soutien inédit aux entreprises et ne sollicite pas des collectivités locales qu'elles complètent ses efforts. Plus avant, le projet de troisième loi de finances rectificative pour 2020 comporte des aides de 4,5 milliards d'euros à leur profit.

TROISIEME PARTIE :

LE CONTRÔLE JURIDICTIONNEL

« La Cour de justice de l'Union européenne et les aides publiques locales »

Laure Clément-Wilz,
Professeur à l'Université Paris-Est Créteil

Il n'existe pas véritablement de droit européen des aides *locales* d'autant que ce contentieux semble assez peu important quantitativement en France[1]. Le droit des aides d'Etat vise en effet toute activité économique qui définit l'entreprise bénéficiaire de l'aide, laquelle reçoit une large définition[2], de même que le critère de l'affectation du commerce entre les Etats membres. De plus, l'entité publique pourvoyeur de l'aide peut être une autorité centrale, mais également une collectivité locale[3]. Le droit des aides d'Etat ne s'adresse donc pas spécifiquement aux collectivités territoriales mais vise aussi les collectivités territoriales. Celles-ci sont masquées par l'Etat, seul interlocuteur de la Commission puis seul requérant privilégié devant les juridictions européennes. Au niveau européen, le régime juridique des aides locales se confond donc largement avec le droit des aides d'Etat[4], lequel occupe d'ailleurs la majorité du contentieux français des aides publiques.

Le droit des aides d'Etat revêt deux caractéristiques : il est procéduralisé et centralisé. En effet, il est régi par une obligation de notification à la Commission de toute aide d'Etat au sens de l'article 107, paragraphe 1, TFUE, pour autant qu'elle n'entre pas dans le

---

[1] Jouve (Denis), *Le juge national et le droit des aides d'Etat : étude de droit comparé franco-espagnol*, thèse, Université Grenoble 2, 2015, p. 35 (disponible sur https ://tel.archives-ouvertes.fr/tel-01200764).

[2] CJCE, 23 avril 1991, *Höfner*, C-41/90.

[3] CJUE, 14 octobre 1987, *Allemagne c/ Commission*, 228/84.

[4] Il ne se trouve pas dans le droit de la commande publique dans la mesure où l'aide économique se définit par l'absence de contrepartie, ce qui n'exclut pas la conditionnalité. En droit des marchés publics, la collectivité définit un besoin et l'entreprise organisme bénéficiaire d'un soutien économique y répond. Le prix payé par la collectivité est la contrepartie directe de la prestation.

champ d'application d'un Règlement d'exemption[5]. Sont ainsi exemptées de l'obligation de notification les aides à finalité régionale, les aides aux infrastructures locales ou les aides pour la protection de l'environnement, pour autant que la condition de non-distorsion de la concurrence soit respectée. La procédure des aides d'Etat met en scène quatre acteurs principaux.

Tout d'abord, l'Etat, membre de l'Union et responsable devant elle, se présente comme le seul débiteur de l'obligation de notifier une aide[6] et comme l'interlocuteur exclusif et le seul destinataire des décisions de la Commission. C'est lui qui engage sa responsabilité vis-à-vis des entreprises bénéficiaires, des contribuables débiteurs de l'aide ou des entreprises concurrentes. La matière des aides d'Etat crée des « relations privilégiées entre la Commission et les Etats membres »[7]. Le deuxième acteur est justement la Commission, auprès de qui les aides nouvelles doivent être notifiées. Celle-ci mène une véritable politique des aides d'Etat, à travers ses lignes directrices ou communications comme la Communication *State Aid Modernisation* de 2012[8], qui explique clairement les aides qu'elle entend favoriser ou en s'appuyant sur la conditionnalité en droit des aides d'Etat[9]. Ainsi, « beaucoup de politiques communes se réalisent par les décisions « aides d'État » ou mieux (ou pire...) par les lignes directrices publiées par la Commission, qui annoncent les conditions à satisfaire pour obtenir son feu vert »[10].

Troisième acteur principal, le juge national, qui peut être saisi à tout moment d'une demande visant à faire constater que l'Etat a manqué à son obligation de notification d'une mesure instaurant un régime d'aide ou d'une demande tendant à faire constater que l'obligation de ne pas mettre à exécution un régime d'aide avant la

---

[5] Règlement (UE) n ° 651/2014 de la Commission du 17 juin 2014 déclarant certaines catégories d'aides compatibles avec le marché intérieur en application des articles 107 et 108 du traité.

[6] Art. L 1511-1-1 CGCT.

[7] Lenaerts (Koen), « Préface » *in* Kepenne (Jean-Paul), *Guide des aides d'Etat en droit communautaire*, Bruylant, 1999, p. 630.

[8] COM/2012/0209 final ; V. égal. Communication de la Commission, Encadrement temporaire des mesures d'aide d'État visant à soutenir l'économie dans le contexte actuel de la flambée de COVID-19, (2020/C 91 I/01).

[9] Péjout (Olivier), *La conditionnalité en droit des aides d'Etat*, Dalloz, Nouvelle Bibliothèque des thèses, 2019.

[10] Grard (Loïc), « Préface » *in* Péjout (Olivier), *La conditionnalité en droit des aides d'Etat, op. cit.*

décision (de compatibilité) de la Commission n'a pas été respectée ou qui peut être saisi du contentieux de la récupération de l'aide[11]. Ceci tient à l'effet direct reconnu à l'article 108, paragraphe 3 TFUE[12] ce qui le conduit à se prononcer sur la qualification d'aide. Le juge national en tire toutes les conséquences en demandant la récupération, en indemnisant les entreprises concurrentes ou en engageant la responsabilité de l'Administration. Son rôle est devenu prépondérant avec l'existence des règlements d'exemption[13]. Le juge national subit désormais des tensions particulièrement vives puisqu'il peut être saisi par l'ensemble des acteurs du droit des aides d'Etat[14].

Si la Cour de justice n'apparaît pas d'emblée comme l'acteur principal du contrôle des aides d'Etat, elle joue tout de même un rôle majeur. En tant qu'interprète privilégié des dispositions du droit primaire, la Cour de justice a apporté des éléments d'interprétation utiles d'une notion d'aides d'Etat définie de manière incomplète dans les traités[15]. Les occasions de saisine de la Cour sont diverses. Un recours en annulation peut être formé par l'entreprise bénéficiaire de l'aide, en cas par exemple d'annulation et/ou de récupération de l'aide ou, dans certaines circonstances, par les entreprises concurrentes contre la décision d'octroi d'aides[16]. Leurs recours devront être adressés au Tribunal. Les Etats peuvent également attaquer certaines décisions de la Commission en matière d'aides, lorsqu'ils contestent une décision constatant leur illégalité, demandant leur récupération ou déclarant leur incompatibilité. En tant que requérant privilégié, leur requête devra être adressée devant la Cour de justice. Également, le recours en manquement peut être initié par la Commission en matière d'aides d'Etat, dans l'hypothèse où un Etat ne respecte pas la réglementation pertinente. La Cour peut alors être saisie directement par la Commission, sans formulation d'un avis préalable[17]. Enfin, en raison justement du rôle primordial du juge national, la Cour de justice peut être saisie de questions préjudicielles portant sur l'interprétation

---

[11] CJUE, 16 juillet 1998, *Oelmühle Hamburg AG*, C-298/96.

[12] Article 108, par. 3 TFUE ; CJCE, 15 juillet 1964, *Costa c/ Enel,* C-6/64 ; CJCE, 11 décembre 1973, *Lorenz c/ Allemagne,* C-120/7 .

[13] Kepenne (Jean-Paul), *op.cit.*

[14] Jouve (Denis), *op.cit.*, p. 13.

[15] Dony (Marianne), Renard (François) et Smits (Caroline), *Contrôle des aides d'État,* Éditions de l'Université de Bruxelles, 2007, p. 15.

[16] CJCE, 28 janvier 1986, *Cofaz e.a. c/ Commission*, 169/84, pts 22 à 25.

[17] Article 108, §2 TFUE. V. Kepenne (Jean-Paul), *Guide des aides d'Etat en droit communautaire*, Bruylant, 1999, p. 630.

du droit de l'Union concernant la notion d'aide d'Etat ou sur l'interprétation de règlements d'exemption par exemple, ou de questions sur la validité d'une décision de la Commission.

Principalement en raison l'ouverture du contentieux aux particuliers, le droit des aides d'Etat a pris une place importante dans le droit de l'Union[18] et s'est judiciarisé[19]. Jouant un rôle décisif sur les politiques économiques nationales, il constitue une véritable politique européenne dont le but est de renforcer l'intégration entre les économies nationales. Il met les acteurs en présence en forte tension[20]. L'appréciation, par la Cour de justice, de la notion d'aide d'Etat, de sa légalité, de sa compatibilité et des possibilités d'exemption de notification apparaît donc comme particulièrement sensible, d'autant que la juridiction européenne dispose d'une marge de manœuvre importante.

Il a déjà été démontré que la Cour a pendant longtemps été l'alliée de la Commission et qu'elle tend à s'en éloigner dans certaines hypothèses, comme la définition des ressources d'Etat, l'un des critères de la notion d'aide d'Etat, la Cour retenant une approche plus restrictive que la Commission[21]. Cette contribution cherche à prolonger cette réflexion en se concentrant sur le cas particulier des aides locales. Le droit des aides d'Etat et le droit des collectivités locales ont pour point commun de partager un même objectif, celui de la maîtrise de la dépense publique[22]. Des questions spécifiques aux aides locales se posent. Parmi les questions de principe, se pose le problème du respect de l'autonomie locale et régionale, posée par l'article 4 TUE, notamment lorsque la fiscalité locale est en cause. Les aides locales posent aussi des questions concernant la notion d'aide et

---

[18] Lenaerts (Koen), « Préface » *in* Kepenne (Jean-Paul), *Guide des aides d'Etat en droit communautaire, op. cit.*, p. 630.

[19] Voisset (Michèle), « L'Europe et les aides aux entreprises : aides européennes et contrôle des aides nationales », *LPA* 8 nov. 2000, p. 55.

[20] De Béchillon (Denis), « Les aides d'État - Entretiens du Palais Royal », *Concurrences*, 2008.

[21] Cartier-Bresson (Anémone), « La notion d'aide d'Etat » *in* Clément-Wilz (Laure), *Le rôle politique de la Cour de justice de l'Union européenne*, Bruylant, 2019, p. 245.

[22] Godiveau (Grégory), « Les collectivités locales face au droit européen des aides d'État : des sujets par procuration en voie d'émancipation » *in* Potvin-Solis (Laurence), dir., *Les effets du droit de l'Union européenne sur les collectivités territoriales*, L'Harmattan, 2013, p. 215 à 274.

le champ d'application de l'aide. Sur le terrain contentieux, se pose le problème de l'accès au juge de l'Union des collectivités territoriales et celui de la récupération de l'aide, qui apparaît comme particulièrement complexe lorsqu'une collectivité territoriale est en cause. La critique de l'atteinte à la liberté d'action des Etats[23] prend en outre des proportions particulières lorsqu'elle vise la liberté des entités locales, qui protègent aussi leur autonomie vis-à-vis de l'Etat central. C'est dans ce contexte que l'on peut apprécier le rôle de la Cour de justice concernant les aides locales. Elle retient une approche englobante (I) reconnaît de manière exceptionnelle une forme de spécificité locale (II).

I. L'approche englobante de la Cour de justice en matière d'aides locales

La banalisation des collectivités territoriales par la Cour de justice dans le droit des aides d'Etat (A) ne correspond pas à l'approche des autres institutions de l'Union (B).

A) Côté Cour : les aides locales, des aides d'Etat comme les autres

Les aides locales sont considérées comme des aides d'Etat comme les autres à deux égards. Premièrement, la répartition interne des compétences n'influe pas sur l'exclusivité du rôle de l'Etat comme interlocuteur de la Commission. La Cour de justice de justice refuse la répartition des compétences entre l'Etat et ses démembrements comme justification à l'impossibilité de récupérer l'aide[24], de la même manière qu'elle refuse cette justification dans le cadre des recours en manquement. Egalement, l'Etat reste le seul interlocuteur de la Commission concernant la notification de l'aide même si l'aide est locale. Par conséquent, l'organisation territoriale de chaque Etat doit permettre que les aides locales puissent effectivement être notifiées par les administrations centrales, ce qui ne va pas sans poser de

---

[23] Koenig (Christian), "Where is State Aid Law heading to ?", *European State Aid Law Quarterly*, 2014, n° 4, p. 611.

[24] CJCE, 11 juillet 1984, *Commission c/ Italie*, C-130/83 ; CJCE, 25 mai 1982, *Commission c/ Belgique*, C-77/79 ; CJCE, 13 décembre 1991, *Commission c/ Italie*, C-70/89.

difficultés pratiques[25]. Face à la complexité et à la diversité des aides locales en France, la Région joue un rôle de chef de file : elle doit coordonner sur son territoire les actions de développement économique des collectivités territoriales, établir un rapport annuel sur les aides et régimes d'aide mis en oeuvre au cours de l'année civile et remettre son rapport au préfet de région qui l'adresse au ministère de l'Intérieur, lequel le fait suivre au SGAE[26]. C'est d'ailleurs l'occasion pour l'Etat de s'assurer, préalablement à la notification à la Commission, de la compatibilité de ces aides avec les stratégies de développement de l'Etat[27]. Si l'aide n'entre pas dans le champ d'un régime d'exemption, la collectivité territoriale doit adresser une demande de notification au représentant de l'Etat avant de prendre la délibération qui institue l'aide envisagée. Ensuite, « cette demande est transmise par le préfet de région, assortic dc son avis, au ministère de l'intérieur et de l'aménagement du territoire (bureau des interventions économiques et de l'aménagement du territoire de la direction générale des collectivités locales) qui l'adresse au SGAE chargé de coordonner l'ensemble des notifications qui lui sont proposées par les ministères compétents, y compris pour les aides mises en œuvre au plan local »[28]. Comme ce fut précisé par circulaire du Premier ministre, « en raison de la lourdeur de cette procédure, il importe de veiller à utiliser en priorité les possibilités offertes par les régimes d'aides approuvés existants et les règlements d'exemption, le recours à la procédure de notification étant à réserver à des cas dûment justifiés »[29]. Ce système, nécessairement complexe, ne permet pas toujours de respecter le droit des aides, « de nombreuses aides ne sont pas notifiées alors qu'elles auraient dû l'être »[30].

---

[25] Pour un aperçu comparé, V. Berger (Christian), « How to Ensure State Aid Compliance at Local and Regional Level?", *European State Aid Law Quaterly*, 2017, 3, p. 476-481.

[26] Colly (François), « Aides publiques locales et contrôles de l'État » *in* Combeau (Philippe), *Les contrôles de l'État sur les collectivités territoriales aujourd'hui*, L'Harmattan, 2007, p. 222.

[27] Art. L1511-1-1 du CGCT.

[28] Circulaire du 26 janvier 2006 relative à l'application au plan local des règles communautaires de concurrence relatives aux aides publiques aux entreprises, pt 2.2.

[29] Circulaire du 26 janvier 2006 relative à l'application au plan local des règles communautaires de concurrence relatives aux aides publiques aux entreprises, pt 3.3.

[30] Jouve (Denis), *op.cit.*, p. 95.

Deuxièmement, la Cour n'applique pas de raisonnement particulier concernant les aides locales. La construction du droit des aides d'Etat par la jurisprudence de la Cour concerne toutes les collectivités. Cette approche englobante des aides locales repose sur une appréciation large de la condition d'affectation des échanges entre Etats membres. Dès lors que l'aide à une activité locale dépasse les seuils « de *minimis* » et qu'elle a pour conséquence de diminuer les chances d'entreprises établies dans d'autres États membres de fournir la même prestation, il y a affectation des échanges[31]. Ainsi, concernant la politique menée par la municipalité de Londres de réserver l'utilisation des couloirs de bus seuls taxis londoniens « black cabs », règle sanctionnée par le paiement d'une contravention par les chauffeurs de VTC, la Cour a jugé qu'il n'était pas nécessaire que les entreprises bénéficiaires soient impliquées dans le commerce intra-communautaire pour que le critère d'affectation des échanges soit rempli. Elle a affirmé qu' « il ne saurait être exclu que la politique relative aux couloirs de bus ait pour effet de rendre moins attrayante la fourniture de services par les VTC à Londres, avec pour conséquence que les chances des entreprises établies dans d'autres États membres de pénétrer ce marché en soient diminuées »[32]. Par cet arrêt, la Cour confirme qu'elle préfère mobiliser la condition d'affectation des échanges au sens du droit du marché intérieur[33]. Cette présomption d'affectation des échanges[34] retenue par la Cour aboutit à des cas d'obligation de notification d'aides régionales versées à des petites entreprises de transports routiers exerçant le plus souvent au moyen d'un seul véhicule[35]. Toutefois, cette appréciation de la Cour ne correspond ni à la logique des seuils de *minimis* posés par le droit dérivé ni à la prise de position de la Commission[36] ou de l'Autorité française de la concurrence dans des affaires similaires[37]. Il apparaît

---

[31] CJCE, 24 juillet 2003, *Altmark*, C-280/00, pt 77.

[32] CJUE, 14 janvier 2015, *Eventech*, C-518/13, pt 70.

[33] Soloshchenkov (Artem), « La notion d'aide d'État : entre rigidité et flexibilité - à propos de l'arrêt CJUE 14 janv. 2015, aff. C-518/13, *Eventech Ltd* », *RTDE*, 2015, p. 757.

[34] Conclusions Wahl, sous CJUE, 14 janvier 2015, *Eventech*, C-518/13, pt 85.

[35] TPICE, 4 avr. 2001, *Région Friuli c/ Commission*, T-288/97, pt 47.

[36] Décis. 733/2000, 25 avril 2001, *Interventi regionali per la riqualificazione del servizio di trasporto pubblico di taxi*, JOCE 2004, n° C 67, p. 9

[37] Aut. conc., avis n° 09-A-4 du 29 juill. 2009 relatif au projet de mise en oeuvre d'un service régulier de transport de personnes par navettes fluviales sur le bief de Paris.

donc que la logique de la Cour ne rencontre pas toujours celles des institutions de l'Union.

B) Côté institutions : aides locales échappant au droit des aides d'Etat

L'administration française en convient : pour les collectivités territoriales, il vaut mieux utiliser les règlements d'exemption que de recourir à la procédure de notification, en raison de la lourdeur de cette procédure[38]. Les règlements d'exemption permettent effectivement aux aides locales d'échapper à l'obligation de notification. Le Règlement n°1407/2013, fixe le montant des aides dites « de *minimis* » à 200 000 euros par entreprise sur trois exercices fiscaux, à condition de respecter certaines règles de transparence[39]. De même, le Règlement d'exemption 651/2014, relatif aux aides compatibles au marché intérieur vise notamment les aides en faveur des infrastructures locales.

La Commission, quant à elle, considère que l'un des critères constitutifs de l'aide d'Etat, l'affectation du commerce entre Etats membres, est de moins en moins rempli concernant les aides locales, lorsque la mesure ne produit d'effets qu'à l'échelon local[40]. Comme le montre Anémone Cartier-Bresson, la position de la Commission a évolué à ce sujet[41]. Au départ, le critère d'affectation du commerce était toujours considéré comme rempli, sauf dans de rares cas, comme une subvention versée à une piscine municipale, à un musée local ou encore à un journal local d'information. Depuis le programme SAM (*State Aid Modernisation*), la Commission a cherché à concentrer son action sur les aides qui ont un impact le plus décisif sur le marché intérieur, dans la ligne de la déclaration *« big on big, small on small »* du précédent président de la Commission européenne Jean-

---

[38] Circulaire du 26 janvier 2006 relative à l'application au plan local des règles communautaires de concurrence relatives aux aides publiques aux entreprises. V. aussi Le Commissariat général à l'égalité des territoires, circulaire adoptée le 14 septembre 2015, relative à l'application du règlement n°1407/2013.

[39] Règlement (UE) n ° 1407/2013 de la Commission du 18 décembre 2013 relatif à l'application des articles 107 et 108 du traité sur le fonctionnement de l'Union européenne aux aides de minimis, article 3.

[40] Braconnier (Stéphane), *Droit public de l'économie*, PUF, 2e ed., 2017, p. 398.

[41] Cartier-Bresson (Anémone), « Aides économiques, Notion – Typologie », *JCl. Administratif*, pt 50.

Claude Junker[42]. Elle y recommande le traitement simplifié des aides dans des affaires présentant un caractère plus local et dont l'impact sur les échanges serait limité[43]. Dans sa communication de 2016 relative à la notion d'aide d'État[44], elle donne plusieurs exemples d'aides à des activités locales pour lesquelles le critère d'affectation des échanges n'était pas rempli, dans la mesure où les activités des entreprises aidées étaient destinées essentiellement à la population locale et peu susceptibles d'attirer des visiteurs ou des investisseurs d'autres États membres. Il s'agissait d'aides à des installations sportives et de loisirs, à des hôpitaux locaux, à des petits ports et aéroports ou à certains événements culturels. La Commission met également en avant le fait que, « compte tenu des faits d'espèce propres à chaque affaire, [elle a] considéré que la mesure ne produisait ses effets qu'à un échelon purement local et n'affectait donc pas les échanges entre États membres ». Elle précise que « dans de tels cas, [...] le bénéficiaire fourn[it] des biens ou des services à une zone limitée d'un État membre et [est] peu susceptible d'attirer des clients d'autres États membres, et que l'on ne pouvait pas prévoir que la mesure aurait un effet plus que marginal sur les conditions d'investissement ou d'établissement transfrontières[45]. Ainsi, la Commission se réfère au caractère local des marchés concernés pour considérer que l'aide peut avoir un effet marginal[46].

La Commission semble désormais poser deux nouvelles conditions à la qualification d'aide : une forme d'attraction transfrontière et la possibilité d'un investissement ou d'un établissement transfrontière[47]. Dans la mesure où l'on ne retrouve pas ses conditions dans la

---

[42] Junker (Jean-Claude), « A new start for Europe : My Agenda for Hobs, Growth, Fairness, and Democratic Change », Discours devant le Parlement européen, 15 juillet 2014.
[43] COM(2012) 209.
[44] Communication de la Commission relative à la notion d'«aide d'État» visée à l'article 107, paragraphe 1, du traité sur le fonctionnement de l'Union européenne, C/2016/2946, pt 197.
[45] Communication de la Commission relative à la notion d'«aide d'État» visée à l'article 107, paragraphe 1, du traité sur le fonctionnement de l'Union européenne, C/2016/2946, pt 196.
[46] V. Commission, communiqué de presse n° IP/16/3141, 21 septembre 2016.
[47] Biondi (Andréa) et Stefan (Oana), "The Notice on the Notion of State Aid : Every Light Has Its Shadow" *in* Nascimbene (Bruno) et Di Pascale (Alessia), dir., *The modernisation of state aid for economic and social development*, Springer, p. 43.

jurisprudence de la Cour, on peut s'interroger sur le devenir de ces deux nouvelles conditions. Elle pourrait ne pas véritablement avoir d'impact, dans la mesure où la Cour de justice reste, en dernier lieu, l'interprète des dispositions du droit primaire. Au contraire, elle pourrait prospérer si la Cour choisissait de reconnaître la spécificité locale en droit des aides d'Etat, voie sur laquelle elle s'est engagée, mais de manière très timide.

II. La reconnaissance exceptionnelle d'une spécificité locale en matière d'aides d'Etat

La Cour reconnaît une spécificité locale en matière fiscale (A). Sur le terrain contentieux, les collectivités locales parviennent à accéder au juge de l'annulation si certaines conditions sont remplies (B).

A) La sélectivité de l'aide et l'identité locale

Seules les aides sélectives, c'est-à-dire visant certaines entreprises ou certaines productions, sont interdites par l'article 107, paragraphe 1, TFUE. Pour identifier la sélectivité de l'aide, la Cour établit une cadre de référence afin de vérifier si les situations comparables à l'intérieur de ce cadre sont traitées de manière similaire. Vient ensuite le temps de la justification de ce traitement différencié. La notion d'aide d'État ne vise pas les mesures étatiques introduisant une différenciation entre entreprises et, partant, a priori sélectives, lorsque cette différenciation résulte de la nature ou de l'économie du système de charges dans lequel elles s'inscrivent. En revanche elle vise la décision de prévoir un taux d'imposition spécifique pour une région donnée[48]. Avec l'arrêt *Portugal c/ Commission*, dit « arrêt des Açores », la Cour de justice a jugé qu' « il ne saurait [...] être déduit qu'une mesure est sélective [...] au seul motif qu'elle ne s'applique que dans une zone géographique limitée d'un État membre »[49]. Le critère d'appréciation est celui de l'autonomie de l'entité infra-étatique dont le taux d'imposition est plus bas que celui de l'État. Ainsi, un régime fiscal favorable limité à une collectivité territoriale n'est pas sélectif selon la Cour, si le cadre de référence pour déterminer le taux

[48] CJCE 6 septembre 2006, *Portugal c/ Commission*, C-88/03 et CJCE 11 septembre 2008, *Ugt-Rioja*, C-428/06 à 438/06.
[49] CJCE, 6 septembre 2000, *Portugal c/ Commission*, C-88/03, pt. 60.

d'imposition normal est la collectivité territoriale elle-même, et non l'État. Pour qu'une mesure fiscale locale échappe à la qualification d'aide, la Cour exige la réunion des critères suivants : le statut constitutionnel et politique distinct de l'État, permettant à l'entité infra-étatique d'élaborer sa politique fiscale sans intervention gouvernementale, un régime s'appliquant aux seules entreprises locales et l'absence de compensation des réductions fiscales par le pouvoir central. Il faut que l'entité infra-étatique assume donc le coût de sa mesure fiscale.

Malgré l'importance de cet arrêt, il ne faut pas en surévaluer la portée pour les collectivités territoriales françaises[50]. Si l'État fixe lui-même des taux différents selon les collectivités territoriales, cela peut suffire à établir la sélectivité de la mesure, qui sera qualifiable d'aide géographique. Cet arrêt témoigne tout de même de la prise en compte de l'autonomie politique et fiscale et d'un meilleur respect des identités nationales des États, lequel doit être mise en balance avec le souci d'éviter le contournement du doit des aides d'Etat[51]. Critiquée par certains[52], cette jurisprudence est vue par d'autres comme un problème d'imputabilité et non de sélectivité[53]. Il serait en effet peut-être plus simple de reconnaître qu'une mesure adoptée par une entité suffisamment autonome n'est pas imputable à l'Etat.

B) Les collectivités locales dispensatrices de l'aide et l'accès au juge

Le droit des aides d'Etat appliqué aux aides locales se confronte à l'un des paradoxes du système institutionnel européen. Alors que les collectivités territoriales sont, au même titre que les Etats, soumises au droit de l'Union, elles ne disposent pas des mêmes droits, que ce soit

---

[50] Communication de la Commission relative à la notion d'aide d'État visée à l'article 10761 du TFUE, JOUE n° C 262/40, 19 juill. 2016, pt 142 à 144.
[51] Conclusions Kokott, sur CJCE, 1 septembre 2008, UGT-rioja, C-428/06, pt 54 à 57.
[52] Conclusions Saggio sur CJCE, ord., 16 fév. 2000, C-400/97, point 35 ; G.GODIVEAU, *op.cit.*, p. 179.
[53] Vautrot-Schwarz (Charles), « Appréciation de la sélectivité d'une mesure fiscale régionale », *Droit fiscal*, 2008, n°48, p. 38 à 42.

au niveau institutionnel ou contentieux[54]. Les collectivités ne figurent pas parmi la liste des requérants privilégiés, c'est-à-dire les requérants qui n'ont pas à démontrer un intérêt à agir, contrairement aux Etats. Or, les collectivités territoriales agissent aussi de façon autonome, indépendamment des Etats. De plus, les collectivités doivent supporter les conséquences financières des condamnations qui pourraient résulter pour l'Etat de l'exécution tardive ou incomplète des décisions de récupération des aides dont elles sont la dispensatrice[55]. Alors que l'Etat est le seul interlocuteur de la Commission, la récupération de l'aide ne se fait pas sans difficultés[56] montrant les limites du système européen, ancré dans le droit international[57].

Pendant longtemps, le juge national ne pouvait être saisi que par le préfet d'une demande d'annulation du refus de la collectivité de prendre un ordre de reversement. Il semble que désormais, « le juge administratif peut être saisi par un concurrent afin d'enjoindre à l'État d'utiliser son pouvoir de substitution à une collectivité territoriale défaillante dans son obligation de récupération »[58]. Dans ce cas, « il suffirait [...] pour le requérant d'établir l'absence de récupération et de demander au juge national d'enjoindre au représentant de l'État de mettre en demeure la collectivité en cause de récupérer l'aide, afin de faire partir le délai d'un mois à partir duquel la substitution est possible. Bien qu'il semble qu'aucune action de ce type n'ait été engagée, elle aurait de bonnes chances de prospérer étant donné que l'article L 1511-1-1 du CGCT ne laisse aucune marge de manœuvre au représentant de l'État dans l'exercice de la substitution »[59]. Le droit

---

[54] Sur ce sujet, V. not. Colloque « Les collectivités territoriales face au droit de l'Union européenne, quelle responsabilité ? » (Tours, 14 et 15 octobre 2013), *Revue de l'Union européenne*, 2015, p. 102 s.

[55] Art. 1511-1-1 al. 2CGCT. Circulaire du 26 janvier 2006 relative à l'application au plan local des règles communautaires de concurrence relatives aux aides publiques aux entreprises, *JORF*, 31 janvier 2006, p. 1602. La circulaire précise que les collectivités qu'elles doivent supporter « les conséquences financières des condamnations qui pourraient résulter pour l'État de l'exécution tardive ou incomplète des décisions de récupération d'aides prononcées par la Commission » (pt 3.6).

[56] Jouve (Denis), *op.cit.*, p. 485.

[57] Mayeur-Carpentier (Coralie), « Le statut des collectivités infra-étatiques devant les institutions de l'Union européenne », *RFDA*, 2010, p. 1035.

[58] Jouve (Denis), *op.cit.*, p. 485.

[59] *Ibid.*

national de récupération des aides est également encadré par les principes d'équivalence et effectivité. Le principe demeurant celui du rôle prépondérant du juge national et de l'application des droits nationaux, le système reste assez inefficace. Comme le souligne l'avocat général Ruiz-Jarabo, la restitution de l'aide illégale intervient trop tard et est peu efficace[60]. Or l'absence de récupération effective d'aides illégales fragilise l'ensemble du droit des aides d'Etat. Une des solutions réside dans l'harmonisation des règles procédurales[61].

Le contentieux devant les juridictions de l'Union connaît également d'autres limites. Il a trait au statut des collectivités territoriales en tant que requérants. A la suite d'un recours en annulation, formé par la Région Nord Pas de Calais, contre une décision ordonnant la récupération d'une aide d'Etat illégale dont cette Région était la dispensatrice, le Tribunal a jugé que « la procédure administrative en matière d'aides d'État est seulement ouverte à l'encontre de l'État membre concerné et que « les entités infra-étatiques qui octroient les aides, telles que les requérantes, tout comme les entreprises bénéficiaires des aides et leurs concurrents sont uniquement considérés comme étant des intéressés dans cette procédure ». Ainsi « seul l'État membre concerné, en tant que destinataire de la décision attaquée, peut donc se prévaloir de véritables droits de la défense »[62]. Par ailleurs, les « Etats membres », en tant que requérants privilégiés, ne visent que les autorités gouvernementales[63]. Les collectivités territoriales doivent, comme tout requérant ordinaire, démontrer l'existence d'un lien direct et individuel avec l'acte contesté en annulation. Toutefois, la Cour a jugé que, dès lors que la décision de la Commission exerce une influence sur les compétences propres de la collectivité requérante ou qu'elle est l'organe dispensateur de l'aide, cela suffit pour qualifier le lien individuel[64]. La Cour a reconnu que « la décision attaquée affecte directement et individuellement la

---

[60] Conclusions Ruiz-Jarabo Colomer sur CJCE, 5 oct. 2006, *Commission c/ France*, C-232/05, pt 111.
[61] *Ibid.*
[62] Trib. UE, 12 mai 2011, *Région Nord Pas de Calais et Communauté d'agglomération du Douaisis c/ Commission*, T-267/08 et T-279/08.
[63] CJCE, ord., 21 mars1997, *Région Wallonne c/ Commission*, C-95/97.
[64] CJCE, 11 juillet 1984, *Commune de Differdange c/ Commission*, 222/83 ; CJCE, 8 mars 1988, *Exécutif régional wallon et SA Glaverbel c/ Commission*, 62 et 72/87 ; TPICE, 30 avril 1998, *Het Vlaamse Gewest (Région flamande) contre Commission*, T-214/95, pt 28

position juridique de la Région flamande. En effet, elle l'empêche directement d'exercer comme elle l'entend ses compétences propres, consistant en l'espèce en l'octroi de l'aide litigieuse, et l'oblige à modifier le contrat de prêt qu'elle avait conclu[65]. Si la légitimation active suit la légitimation passive, comme ce fut le cas concernant le Parlement européen, il n'est pas impossible que les collectivités locales se voient reconnaître davantage de prérogatives à l'avenir.

[65] *Ibid.*, pt 29.

« Le contrôle des aides économiques locales par le juge administratif »

Laetitia Janicot,
Professeur à l'Université de Cergy-Pontoise

Si le dialogue entre le Conseil d'Etat et la Cour de justice de l'Union européenne a été fragilisé par la condamnation de la France, par la Cour, le 4 octobre 2018, pour non-renvoi d'une question préjudicielle par le Conseil d'Etat[1], il y a bien un domaine dans lequel ce dernier fait preuve d'une « large ouverture »[2] à l'égard du droit de l'Union européenne, c'est le contentieux des aides économiques[3]. Dans ce domaine, le juge administratif doit assurer le respect d'un ensemble de règles issues tant du droit interne que du droit de l'Union.

Le juge administratif doit, tout d'abord, veiller au respect de nombreuses règles et principes issus du droit interne, tels que le droit de la commande publique, le droit de la concurrence, le droit de propriété publique, les règles du Code général des collectivités territoriales (CGCT) propres à certaines aides économiques locales et même, certaines règles du droit des sociétés, dans l'hypothèse où l'entreprise bénéficiaire de l'aide est une entreprise en difficulté.

Ces règles de droit interne encadrent également les modalités d'attribution de l'aide. Certaines sont propres aux collectivités territoriales, comme, par exemple, celles relatives à la collectivité ou à l'organe compétent pour attribuer l'aide. D'autres s'appliquent à toutes les personnes publiques, telles que la décision d'attribuer l'aide par la voie d'un contrat ou d'un acte unilatéral.

---

[1] CJUE 4 oct. 2018, C 416/17, *Commission c./ France*, Note S. Gervasoni, AJDA 2018, p. 150.

[2] Pour reprendre une expression de Genevois (Bruno), « L'application du droit communautaire par le Conseil d'État », *RFDA* 2009, p. 202.

[3] V. sur cette question, la thèse très complète de Jouve (Denis), *Le juge national et le droit des aides d'Etat. Etude comparé de droit franco-espagnol*, 2013.

Outre ces règles de droit interne, le juge administratif doit également assurer le respect des règles issues du droit de l'Union européenne qui fixent le régime des « aides d'Etat ».

En effet, l'article 107 du Traité sur le fonctionnement de l'Union européenne (TFUE) déclare, incompatibles avec le droit de l'Union européenne, sous réserve de certaines dérogations, les aides d'Etat, c'est-à-dire les aides dispensées par l'Etat ou au moyen de ressources d'Etat, qui procurent un avantage sélectif, qui affectent les échanges entre États membres et qui faussent ou qui menacent de fausser la concurrence en favorisant certaines entreprises ou certaines productions.

Pour assurer le respect de ce principe, l'article 108§3 du TFUE prévoit, tout d'abord, un dispositif de contrôle préventif, fondé sur un système d'autorisation préalable combinant une double obligation : une obligation de notification préalable des projets d'aides ou des régimes d'aides et une obligation de suspension de l'octroi de l'aide jusqu'à ce que la Commission se soit prononcée sur sa compatibilité avec le marché intérieur.

A ce mécanisme préventif s'ajoute un dispositif de sanction. Toute aide, qui a été octroyée sans avoir été notifiée préalablement ou sans attendre la décision de la Commission, est illégale. Cette illégalité est sanctionnée par l'obligation pour le bénéficiaire de l'aide de verser les intérêts dus au titre de la période d'illégalité. Si l'aide s'avère incompatible avec les stipulations du traité, elle doit en outre être récupérée auprès du bénéficiaire.

Les aides économiques locales n'échappent pas à cette réglementation[4]. Toutefois, l'Etat doit notifier les projets d'aides ou régimes d'aides des collectivités territoriales, dès lors qu'il est le seul interlocuteur des institutions européennes (art. L 1511-1-1, al. 1 du CGCT). De même, si l'Etat est le seul à répondre des manquements aux règles issues du droit de l'Union européenne, il revient aux collectivités territoriales de procéder sans délai à la récupération des

[4] CJCE 14 oct. 1987, *Allemagne c/ Commission*, aff. 248/84 : « les aides accordées par les entités régionales et locales des États membres, quels que soient le statut et la désignation de celles-ci sont soumises à l'examen de conformité prévu à l'article [87] ». V. également art. L 1511-1-1, al. 4 du CGCT : « Les obligations résultant de la procédure prévue à l'article 88-1 du traité instituant la Communauté européenne et de la mise en œuvre des règlements d'exemption pris en application de l'article 89 dudit traité s'imposent aux collectivités territoriales et à leurs groupements lorsqu'elles concernent leurs dispositifs d'aide aux entreprises ».

aides qu'elles ont accordées à une entreprise, si une décision de la Commission européenne ou un arrêt de la Cour de justice des Communautés européennes l'enjoint, à titre provisoire ou définitif (article L 1511-1-1, al. 2 du CGCT). Les collectivités territoriales supportent également les conséquences financières des condamnations qui pourraient résulter pour l'Etat de l'exécution tardive ou incomplète des décisions de récupération (art. L 1511-1-1, al. 3 du CGCT), ainsi que la charge financière décidée à la suite des contrôles nationaux ou de la Commission ou par des arrêts de la Cour de justice de l'Union européenne.

S'il y a contentieux et contrôle du juge administratif, c'est qu'une collectivité territoriale a commis une illégalité, soit en octroyant une aide illégale, soit en refusant illégalement d'octroyer une aide, soit en retirant ou en abrogeant illégalement une aide. Seul le contentieux relatif à l'octroi d'une aide locale illégale sera ici étudié. « Au carrefour » du droit interne et du droit de l'Union européenne[5], ce contentieux s'avère, en effet, spécifique à plusieurs égards.

Tout d'abord, lorsque le droit de l'Union est en jeu, la compétence du juge administratif doit être articulée avec celle de la Commission, sous le contrôle du juge de l'Union européenne. C'est l'un des rares domaines du contentieux économique dans lequel la Commission a un pouvoir de décision qui exclut, en partie, la compétence du juge administratif. Juge plein et entier de la légalité lorsque le droit interne est méconnu, le juge administratif ne l'est plus, lorsque le droit de l'Union est violé.

Ensuite, le respect du droit de l'Union conduit le juge administratif à s'octroyer des pouvoirs inédits, ou au contraire, à écarter l'application de certaines règles du contentieux administratif. Ce phénomène d'adaptation ou de modification des règles de droit interne sous l'influence du droit de l'Union est certes connu, mais il revêt une dimension particulière en matière d'aides économiques, souvent d'ailleurs au détriment des droits et des intérêts des bénéficiaires des aides économiques[6].

---

[5] Pour reprendre une expression de Berlin (Dominique), « Le contrôle des aides d'Etat. Au carrefour des droits », *Mélanges L. Dubouis*, Dalloz, 2002, p. 251, spéc. p. 292.

[6] Eckert (Gabriel), « La récupération des aides d'Etat illégales et incompatibles et les transformations du droit public interne », *Rev. UE* 2015, p. 370.

Enfin, l'une des spécificités du contrôle du juge administratif en matière d'aides économiques locales réside dans sa double dimension. En assurant le respect du droit de l'Union, le juge est aussi conduit à se prononcer sur les rôles respectifs, en droit interne, de l'Etat et des collectivités territoriales. L'Etat n'est pas ici seulement contrôleur, il est un acteur essentiel de la mise en œuvre du droit de l'Union, dès lors qu'il lui revient de notifier les aides et qu'il est aussi le seul destinataire des décisions prises par la Commission européenne. Les collectivités territoriales, quant à elles, octroient les aides illégales et/ou incompatibles et sont désormais en charge de la récupération des aides illégales. Les sanctions susceptibles d'être prononcées en cas de violation du droit de l'Union concernent, tout à la fois, l'Etat dans ses rapports avec les institutions de l'Union, et les collectivités dans leur rapport avec l'Etat.

Ainsi, l'étendue du contrôle du juge administratif et de ses pouvoirs en matière d'aides économiques locales diffère selon le droit méconnu. Cette distinction des illégalités se manifeste tant au stade de l'appréciation de la légalité (I.) qu'à celui des conséquences à tirer d'une illégalité (II.).

I. L'appréciation de la légalité de l'aide

Alors qu'il est plein et entier lorsqu'il porte sur le respect du droit interne, le contrôle du juge administratif est limité à la seule illégalité des aides lorsque le droit de l'Union est en jeu (A). De même, la régularisation admise en cas de violation de règles de forme ou de procédure imposées par le droit interne ne paraît pas, en revanche, envisageable, en cas d'aide illégale au sens du droit de l'Union (B).

A) Le contrôle du juge limité à la seule illégalité d'une aide d'Etat au sens du droit de l'Union européenne

Le juge administratif contrôle le respect de l'ensemble des règles de droit interne, qu'il s'agisse des règles de forme, de procédure ou de fond. Il en va différemment lorsque le droit de l'Union européenne est en jeu.

Il revient en effet à la Commission et à elle seule d'apprécier, sous le contrôle du juge, si une aide d'Etat est compatible avec le droit de l'Union[7]. Si le juge administratif ne peut contrôler la compatibilité de l'aide, il est en revanche compétent pour apprécier son illégalité, c'est-à-dire vérifier si l'aide constitue une aide d'Etat, dans l'affirmative, si l'obligation de notification préalable s'impose et si elle a bien été respectée, et enfin, si l'aide n'a pas été octroyée avant la décision de la Commission[8]. Il lui revient aussi de tirer toutes les conséquences de la violation de ces obligations, comme par exemple, ordonner la suspension du versement de l'aide jusqu'à la décision de la commission[9]. Il s'est également reconnu compétent pour contrôler le refus de l'Etat de notifier un projet d'aide ou une aide déjà accordée, et donc illégale, alors même que la théorie des actes de gouvernement aurait pu s'y opposer[10]. Le juge administratif se fait ici le bras armé de la Commission, en étendant l'obligation de notification bien au-delà de ce qu'exige le droit de l'Union européenne.

Le contrôle du juge sur le refus de l'Etat de notifier une aide locale pourrait toutefois rencontrer une limite importante, qui est propre aux aides économiques locales et qui trouve son origine dans le droit interne. L'article L 1511-1-1, alinéa 1 du CGCT dispose en effet que « l'État notifie à la Commission les projets d'aides et les aides des collectivités et leurs groupements, *sous réserve de leur compatibilité avec les stratégies de développement de l'État*, telles qu'elles sont arrêtées en comité interministériel d'aménagement et de compétitivité des territoires »[11]. Il est probable que le juge refuse d'exercer un contrôle approfondi sur la compatibilité du projet de la collectivité avec de telles stratégies. L'Etat pourrait ainsi refuser discrétionnairement de notifier une aide, et par voie de conséquence,

---

[7] CJCE 11 juill. 1996, *SFEI e.a.*, aff. C-39/94 : « dans le cadre du contrôle du respect par les États membres des obligations mises à leur charge par les articles [87] et [88] du traité, les juridictions nationales et la Commission remplissent des rôles complémentaires et distincts » ; CE 23 décembre 2010, *Mutuelle centrale des finances*, n° 310775.
[8] CJCE 22 mars 1977, *Steinike et Weinling*, aff. C-78/76
[9] V. en ce sens, sur un tel pouvoir, CE, ord., 28 juillet 2009, *Société Air France*, n° 329819.
[10] CE Ass. 7 novembre 2008, *Comité national des interprofessions des vins à appellations d'origine*, n° 282920. Sur cet arrêt, V. Collet (Martin), « Le juge administratif et le contrôle des aides d'Etat : de la réception à l'instrumentalisation du droit communautaire », *RDP* 2009, n° 5, p. 1311 ; chron. Geffray et Liéber, *AJDA* 2008, p. 2384.
[11] C'est nous qui soulignons.

s'opposer à son octroi s'il la juge inopportune, usant d'une forme de pouvoir de tutelle administrative, devenu pourtant exceptionnel depuis la décentralisation.

Ainsi, le contrôle du juge administratif porte sur la seule « légalité procédurale de l'aide » lorsque le droit de l'Union européenne est en jeu. De même, la régularisation, que le juge a admise en cas de violation de règles de forme ou de procédure imposées par le droit interne, ne paraît pas envisageable pour corriger l'illégalité d'une aide d'Etat au sens du droit de l'Union européenne.

B) La régularisation, une faculté exclue en cas d'illégalité d'une aide d'Etat au sens du droit de l'Union

Le juge administratif a admis récemment la faculté pour les collectivités territoriales de régulariser une subvention illégale en cas de violation de règles de forme ou de procédure imposées par le droit interne. Dans un arrêt de Section du 1er juillet 2006, *Commune d'Emerainville*, n° 363047[12], le Conseil d'Etat a en effet jugé que l'administration n'est pas tenue de récupérer une telle aide si elle adopte une nouvelle décision d'attribution d'une subvention, cette fois-ci légale.

Une telle régularisation ne paraît pas envisageable, en revanche, lorsque l'illégalité de l'aide réside dans le défaut de notification préalable à la Commission. Certes, dans un arrêt du 12 février 2008, CELF[13], la Cour de justice des Communautés européennes a jugé que l'aide non notifiée, mais considérée comme compatible ne pouvait pas être régularisée[14]. Mais, elle a ajouté, dans le même temps, que le juge national n'était pas tenu dans ce cas d'ordonner le remboursement de l'aide, mais qu'il devait en revanche ordonner au bénéficiaire le

---

[12] Dutheillet de Lamothe (Louis) et Odinet (Guillaume), « La régularisation, nouvelle frontière de l'excès de pouvoir », *AJDA* 2016, p. 1859.

[13] Aff C.-199/06, *DA* 2008, comm. 50, Cartier Bresson (Anémone). Cet arrêt infirme notamment l'arrêt de la CJCE du 21 novembre 1991, *Fédération nationale du commerce extérieur des produits alimentaires*, aff. C-354/90.

[14] « La décision finale de la Commission n'a pas pour conséquence de régulariser, *a posteriori*, les actes d'exécution qui étaient invalides du fait qu'ils avaient été pris en méconnaissance de l'interdiction visée par cet article. Toute autre interprétation conduirait à favoriser l'inobservation, par l'État membre concerné, du paragraphe 3, dernière phrase, de l'article 88 CE et le priverait de son effet utile » (§40).

paiement des intérêts dus au titre de la période d'illégalité. Que peut-on déduire de cet arrêt s'agissant du sort d'une aide illégale, mais déclarée compatible par la Commission ou par la Cour de justice de l'Union européenne ? Est-il possible de considérer qu'elle est régularisée *a posteriori* ? La réponse est loin d'être évidente. Implicitement mais nécessairement, en imposant le remboursement des seuls intérêts légaux, la Cour n'admet pas la correction *a posteriori* et rétroactive de l'illégalité de l'aide versée. Si l'illégalité était régularisée, le bénéficiaire de l'aide ne devrait pas, en effet, être tenu de payer des intérêts. Ceux-ci correspondent à ceux qu'il aurait dû acquitter s'il n'avait pas bénéficié de l'aide et s'il avait dû emprunter ce montant dans l'attente de la décision de la Commission. Lui imposer de payer ces intérêts revient à considérer que l'aide n'a jamais été versée. L'illégalité ne semble donc pas être corrigée pour le passé.

L'origine de la règle qui a été méconnue, issue du droit interne ou du droit de l'Union européenne, est donc déterminante dans l'appréciation portée par le juge sur la légalité de l'aide. Il en va de même lorsqu'il tire les conséquences de l'illégalité de l'aide, comprise dans un sens large.

II. Les conséquences de l'illégalité de l'aide

Une fois l'aide jugée illégale, le juge doit en tirer toutes les conséquences. Celles-ci peuvent être de deux ordres. D'une part, il doit veiller à la récupération de l'aide (A). D'autre part, il peut être conduit à se prononcer sur la responsabilité de l'administration (B). Dans ces deux cas, l'office du juge n'est pas identique selon que le droit interne ou le droit de l'Union européenne a été méconnu.

A) La récupération de l'aide d'Etat, une obligation au détriment des règles du contentieux administratif

Le contentieux de la récupération relève dans tous les cas du juge administratif, que le droit interne ou le droit de l'Union européenne soit en jeu.

Ce contentieux est en principe régi par les principes du droit administratif français, conformément au principe de l'autonomie procédurale. Pourtant, cette autonomie est souvent battue en brèche au nom de l'effectivité du droit de l'Union européenne. En effet, aucune règle de contentieux administratif ne doit faire obstacle à l'obligation européenne de récupération d'une aide d'Etat incompatible. Le contentieux de l'annulation du titre de perception est à ce titre exemplaire, dans la mesure où il est régi par des règles différentes selon que la décision d'octroi de l'aide méconnaît le droit interne ou le droit de l'Union.

Tel est le cas, tout d'abord, des règles relatives au délai de retrait des actes créateurs de droits illégaux, inscrites désormais dans le Code des relations entre le public et l'administration, qui ne peuvent être invoquées pour faire échec à l'obligation de récupération d'une aide incompatible[15].

Dans le même sens, l'effet suspensif qui est traditionnellement attaché aux actions en contestation exercées contre des titres exécutoires est écarté lorsqu'il s'agit de récupérer une aide d'Etat incompatible avec le droit de l'Union européenne[16].

Seules les illégalités formelles pouvant être régularisées par l'émission d'un nouveau titre de perception, peuvent enfin être soulevées devant le juge pour contester un titre exécutoire ayant pour objet la récupération d'une aide contraire au droit de l'Union européenne[17]. Tel est le cas, par exemple, du défaut de motivation ou du non-respect de la procédure contradictoire[18]. Toute autre illégalité

---

[15] Notamment, CE 29 mars 2006, n° 274923, *Centre d'exportation du livre français [CELF], Ministre de la culture et de la communication.*

[16] CJCE 5 octobre 2006, *Commission c./ République française*, n° C 232/05, § 51, 55 et 56.

[17] CJUE, 20 mai 2010, *Scott SA et Kimberly Clark SAS*, aff. C-210/09 ; CE, 22 juillet 2015, *SAS Halliburton Manufacturing*, n° 367567, RJF 15/11 n° 976 : « le titre de perception litigieux ne satisfaisait pas aux exigences de motivation de l'article 81 du décret du 29 décembre 1962 ; que, toutefois, ce vice peut être régularisé par l'émission d'un nouveau titre de perception ; qu'ainsi, les dispositions de l'article 14, paragraphe 3, du règlement (CE) du 22 mars 1999, qui impliquent de concilier le respect des procédures prévues par le droit national avec l'exigence de permettre l'exécution effective et immédiate de la décision de la Commission, ne font pas obstacle, contrairement à ce que soutient le ministre, à l'annulation du titre de perception litigieux ; que, dès lors, le ministre du budget, des comptes publics et de la réforme de l'Etat n'est pas fondé à se plaindre de ce que, par le jugement attaqué, le tribunal administratif de Pau a annulé ce titre de perception ».

[18] Par exemple, CE section, 13 mars 2015, *ODEADOM*, n° 364612 : « considérant que les dispositions combinées des articles 1er de la loi du 11 juillet 1979 et 8 du

ne peut être invoquée par le bénéficiaire de l'aide pour contester un titre exécutoire. Cette jurisprudence aboutit ainsi à situation paradoxale dans laquelle le juge « n'accepte de juger que s'il est assuré que son jugement n'aura pas d'incidence sur le fond »[19].

Ces spécificités contentieuses se retrouvent encore dans l'étendue des pouvoirs du juge de l'exécution. Dans l'arrêt du 15 avril 2016, n° 393721, *Association Vent de colère ! Fédération nationale*[20], le Conseil d'Etat a écarté sa jurisprudence Vindevogel, en vertu de laquelle l'annulation d'un acte réglementaire n'implique pas nécessairement que l'administration revienne sur les mesures individuelles prises sur le fondement de cet acte. De manière dérogatoire, le juge de l'exécution doit donc, en cas d'annulation d'un acte réglementaire instituant une aide en méconnaissance de l'obligation de notification préalable à la Commission européenne, « prescrire, sur le fondement de [l'article L 911-5] du code de justice administrative, les mesures d'exécution impliquées par l'annulation de cet acte réglementaire ». Plus précisément, il doit enjoindre, sous astreinte, à l'Etat de recouvrer auprès des bénéficiaires de l'aide le paiement des intérêts dus au titre de la période d'illégalité. Avec cet arrêt, l'effectivité du droit de l'Union européenne l'emporte, « par-dessus tout », sur une règle classique du contentieux administratif[21].

---

décret du 28 novembre 1983, en tant qu'elles imposent que la décision de reversement d'une aide agricole indûment versée en application d'un texte de l'Union européenne soit motivée et précédée d'une procédure contradictoire écrite conduite avec le bénéficiaire de l'aide, constituent une garantie pour ce dernier ; que ces dispositions trouvent à s'appliquer de manière identique à la récupération d'aides indûment versées sur le fondement de dispositions du droit national ; qu'elles n'ont pas pour effet de rendre pratiquement impossible ou excessivement difficile la récupération des sommes octroyées, dès lors qu'il appartient à l'administration de veiller au respect de la procédure qu'elles instituent et qu'il est loisible à celle-ci, en cas d'annulation d'une décision de reversement irrégulière, de prendre une nouvelle décision, sous réserve du respect des règles de prescription applicables ; que, dès lors, il n'y a pas lieu d'écarter l'application de ces dispositions afin d'assurer la pleine efficacité du droit de l'Union ».

[19] Dutheillet de Lamotte (Louis) et Odinet (Guillaume), *AJDA* 2016, p. 1178.

[20] *Chron. préc.*

[21] Pour reprendre la formule des auteurs de la chron. préc.

Ainsi, lorsque le droit de l'Union européenne est méconnu, les possibilités pour les bénéficiaires de l'aide illégale de s'opposer à sa récupération sont très restreintes[22].

B) La voie indemnitaire, une action à la portée très limitée pour les bénéficiaires d'une aide d'Etat illégale

Leurs chances d'engager, devant le juge administratif, la responsabilité des pouvoirs publics, du fait de l'attribution d'une aide d'Etat illégale, sont également limitées[23].

Certes, la protection des droits des particuliers et la garantie du plein effet du droit de l'Union imposent en principe la réparation effective de tout préjudice résultant de la violation suffisamment caractérisée du droit de l'Union européenne par un Etat membre[24]. Le bénéficiaire de l'aide devrait à ce titre pouvoir obtenir réparation du préjudice qu'il a subi du fait de l'octroi d'une aide d'Etat illégale. Mais, une telle action rencontre, dans sa mise en œuvre, un certain nombre d'obstacles et de contraintes.

Le premier obstacle auquel le requérant est confronté, et qui joue seulement lorsque le droit de l'Union est en jeu, est lié à l'imputabilité de la responsabilité[25].

Lorsque l'aide a été accordée par une collectivité territoriale en violation d'une règle de droit interne, l'identification de la personne publique responsable ne soulève aucune difficulté et ne présente aucune particularité. La collectivité qui a octroyé l'aide illégale est seule responsable du préjudice qui pourrait en résulter pour l'entreprise bénéficiaire.

---

[22] V. en ce sens, Disant (Mathieu), « Le juge administratif et l'obligation communautaire de récupération d'une aide incompatible », *RFDA* 2007, p. 547.

[23] V. sur l'action en indemnité engagée par les tiers concurrents du bénéficiaire, la thèse précitée de Jouve (Denis), plus spécifiquement, p. 568 et s.

[24] CJCE 19 novembre 1991, *Francovich et Bonifaci c/ Italie*, aff. C-6/90, AJDA 1992, p. 143, note Le Mire.

[25] La question de l'imputabilité de la responsabilité pour retard ou incomplétude de la récupération de l'aide pourrait également se poser, dans la mesure où si les collectivités territoriales sont tenues de procéder sans délai à la récupération de l'aide, le représentant de l'Etat dispose, en cas d'inaction de celles-ci, d'un pouvoir de substitution d'action, après une mise en demeure restée sans effet dans un délai d'un mois à compter de sa notification. Il doit y procéder d'office (en vertu de l'art. L 1511-1-1, al. 2 du CGCT).

Il en va différemment lorsque l'aide locale a été accordée en violation des règles du droit de l'Union. Dans ce cas, le requérant est confronté à la délicate question de savoir qui de l'Etat, de la collectivité locale attributaire ou de la région est responsable. La réponse est loin d'être évidente et n'a pas encore été réglée par le juge administratif, à notre connaissance. Deux hypothèses peuvent être envisagées.

La première hypothèse est celle dans laquelle l'aide d'Etat est illégale, mais jugée compatible. Dans ce cas, l'origine de l'illégalité résulte du défaut de notification qui incombe à l'Etat seul. Mais, celui-ci pourrait toutefois faire valoir qu'il n'a pas été informé de ce projet d'aide. L'illégalité de l'aide pourrait également résider dans l'octroi de l'aide, par la collectivité territoriale, avant même que la Commission ne se soit prononcée. Dans ce cas, la collectivité devrait être la seule responsable, car elle aura du mal à opposer le fait qu'elle n'a pas été informée de la notification préalable de l'aide.

La seconde hypothèse est celle où l'aide est à la fois illégale et incompatible. Dans ce cas, le juge administratif devra encore une fois identifier la part respective de l'Etat et des collectivités territoriales attributaires. Ce qui est loin d'être évident. Il est en effet possible de considérer soit que l'illégalité trouve son origine dans le fait qu'elle n'a pas été notifiée, soit, au contraire, que l'incompatibilité de l'aide est indépendante de sa notification préalable.

Le second obstacle à l'engagement de la responsabilité, en cas de violation du droit de l'Union européenne, réside dans la difficulté pour le bénéficiaire d'identifier les préjudices indemnisables.

Le juge administratif a en effet considérablement restreint les chefs de préjudice indemnisables. Dans un arrêt du 7 juin 2017, *Muselet Valentin, Société le Muselet Valentin*[26], il a en effet jugé, d'une part, que « la somme devant être acquittée par une société, résultant uniquement d'une décision de la Commission européenne déclarant qu'un avantage dont elle a bénéficié est constitutif d'une aide d'Etat illicite et prescrivant sa récupération, ne peut constituer un préjudice indemnisable dès lors que l'Etat est tenu de procéder à la récupération de l'aide en mettant à la charge du bénéficiaire une somme correspondant au montant de l'avantage illégalement accordé ». Cette première précision s'explique aisément, dans la mesure où

[26] n° 386627, AJDA 2017, p. 1445, chron. Roussel et Odinet.

« l'indemnisation ne peut être conçue comme une voie détournée lui permettant de récupérer l'aide restituée »[27]. D'autre part, le Conseil d'Etat juge, dans ce même arrêt, que « l'obligation de payer les intérêts communautaires, […], ne saurait engager la responsabilité de l'Etat, dès lors que ces intérêts communautaires ont pour seul objet de garantir l'effet utile du régime des aides d'Etat en compensant l'avantage financier et concurrentiel procuré par l'aide illégale entre l'octroi de celle-ci et sa récupération, y compris en cas de retard de l'Etat à la récupérer ». Cette solution apparaît beaucoup plus contestable, surtout s'agissant du retard de l'Etat à récupérer l'aide.

Le bénéficiaire se trouve donc dans une situation particulièrement difficile, dès lors qu'il doit démontrer un préjudice différent de celui causé par la récupération de l'aide illégale qui ne peut, en tant que tel, être indemnisé[28].

Il devrait pouvoir, dans ces conditions, obtenir la réparation des préjudices qui ne seraient pas survenus si l'aide n'avait pas été accordée. Mais il éprouvera, sans aucun doute, de grandes difficultés à démontrer qu'il a subi un préjudice certain du fait qu'il s'est vu octroyer une aide à laquelle il n'avait pas droit au regard du droit de l'Union européenne.

Il n'est pas certain, en revanche, que le bénéficiaire de l'aide puisse obtenir réparation des préjudices induits par la récupération, notamment des frais financiers et administratifs, découlant de l'obligation de remboursement de l'aide illégalement attribuée, tels que, par exemple, l'insuffisance d'actif net ayant conduit au placement en liquidation judiciaire d'une entreprise, la perte de chance pour cette dernière de poursuivre une activité concurrentielle rentable, le coût de la mise en oeuvre des procédures de licenciement induites par la liquidation ou encore les frais financiers découlant de l'emprunt contracté en vue de rembourser l'aide de l'État. Si dans l'arrêt *Muselet*, précité, le Conseil d'Etat semble admettre une telle possibilité

---

[27] Jouve (Denis), *thèse préc.*, p. 558.

[28] V. sur ce point, Charbit (Nicolas), Note sous CAA Paris, 23 janvier 2006, *Société groupe Salmon Arc-en-ciel*, *AJDA* 2006, p. 1143 ; TA Clermont-Ferrand, 23 septembre 2004, *SA Fontanille,* n° 0101282 ; Disant (Mathieu), « Le juge administratif et l'obligation communautaire de récupération d'une aide incompatible », *art. préc.*, p. 547.

d'indemnisation[29], il a jugé, au contraire, dans un arrêt du 30 mai 2018, n° 402174, *S[té] Mandataires Judiciaires Associés,* que ces préjudices n'entretenaient de lien direct qu'avec la décision de récupération des sommes versées et des intérêts communautaires afférents, qui n'est pas fautive et non avec la faute ayant consisté à verser une aide incompatible et illégale[30] et a, par voie de conséquence, rejeté la demande tendant à la condamnation de l'Etat.

S'alignant sur la jurisprudence de la Cour de justice de l'Union européenne, le juge administratif n'hésite pas non plus à atténuer la responsabilité des pouvoirs publics en opposant au bénéficiaire son imprudence fautive, son absence de comportement diligent sur le fondement du principe de confiance légitime[31].

Alors que l'Etat et/ou les collectivités territoriales ont manqué à leurs obligations européennes, ce sont, en définitive, les entreprises bénéficiaires « qui supportent les conséquences de ces manquements »[32]. Le niveau de protection de ces entreprises au regard des impératifs de sécurité juridique apparaît donc particulièrement faible en cas de violation du droit de l'Union européenne, alors même que les conditions d'engagement de la responsabilité n'ont paradoxalement pas pour effet de dissuader les pouvoirs publics de contrevenir à leurs obligations européennes.

En conclusion, dans le cadre du contentieux des aides économiques locales, il n'y a pas un juge administratif. Celui-ci, en réalité, se dédouble : il est tantôt juge de droit interne, tantôt juge de droit commun de l'Union. Dans ce dernier cas, le juge administratif, dont le contrôle est limité, écarte les règles du contentieux administratif qui sont susceptibles de faire obstacle à l'effectivité du droit des aides d'Etat. Appliquant avec rigueur le droit de l'Union européenne, le

---

[29] Cons. 5 : « En troisième lieu, c'est par une appréciation souveraine exempte de dénaturation des pièces du dossier que la cour a, d'une part, jugé que la société requérante n'apportait aucun élément de nature à justifier de la réalité et de l'étendue du *préjudice complémentaire* dont elle demandait réparation, relatif à la disparition de ses capacités d'autofinancement *causée par le paiement des sommes récupérées* ».

[30] *AJDA* 2018, p. 164 ; Muller (Etienne), note, *RTD eur.* 2018, p. 839.

[31] Par exemple, CJUE 8 décembre 2011, *France Telecom c./ Commission*, aff C81/10.

[32] Disant (Mathieu), *art. préc.*, p. 547.

juge administratif limite également l'efficacité de la voie indemnitaire au détriment des intérêts des bénéficiaires d'une aide illégale.

« Le contrôle des aides économiques locales par les juridictions financières »

Matthieu Conan,
Professeur agrégé de droit public à l'Ecole de Doit de la Sorbonne
Directeur du département des Masters de Droit public
Co-directeur du département Sorbonne Fiscalité & Finances publiques de l'Institut de recherche juridique de la Sorbonne (IRJS)
Université Paris 1 Panthéon-Sorbonne

La Cour des comptes avait pu nous habituer par le passé à la publication de rapports publics thématiques ou particuliers très incisifs sur la question des aides économiques locales, ayant eu un certain retentissement au regard des critiques négatives qu'ils généraient. Il convient de se souvenir du rapport publié en 1996 intitulé *Les interventions des collectivités territoriales en faveur des entreprises*[1], suivi de celui de 2007 intitulé *Les aides des collectivités territoriales au développement économique*[2]. Le premier rapport s'en tenait principalement aux constatations, pour signifier tout d'abord « un développement des aides aux entreprises »[3], pour dégager ensuite « les problèmes d'application du régime juridique »[4], pour poser enfin « la question de l'efficacité des interventions »[5]. Le second rapport, dix ans plus tard, se voulait, pour sa part, vraiment sans appel dans l'évocation des dérives inhérentes aux pratiques en vigueur, en dénonçant successivement « des dispositifs éclatés, complexes et peu coordonnés »[6] de prime abord, « des aides à la portée limitée »[7] à la suite, et « une évaluation et un suivi insuffisants »[8] *in fine*.

---

[1] *Rapport public particulier*, 1996, La Documentation française.
[2] *Rapport public thématique*, 2004, La Documentation française.
[3] Titre donné à la première Partie, p. 6.
[4] Titre donné à la deuxième Partie, p. 20.
[5] Titre donné à la troisième et dernière Partie, p. 40.
[6] Titre donné au Chapitre I, p. 5.
[7] Titre donné au Chapitre II, p. 43.
[8] Titre donné au Chapitre III et dernier du rapport, p. 55.

Ce bilan coïncidait, d'un point de vue chronologique, avec les rapports réalisés au niveau local par les chambres régionales et territoriales des comptes (CRTC) s'inscrivant dans le prolongement et la lignée de ce rapport de la Cour de 2007. En 2007 en effet, la CRC Ile-de-France rendait un premier rapport d'observations définitives *Aides au développement économique et à l'emploi octroyées par la région*[9], très en phase avec les critiques formulées au niveau national. Un second rapport de la même CRC Ile de France *Suivi de recommandations région Ile de France – Aides au développement économique*, devait intervenir en 2015[10]. Quelques jours avant, un autre rapport d'observations définitives émanant de la CTC Polynésie française et intitulé *Interventionnisme économique et aides aux entreprises*[11], avait pu intervenir, se voulant « très à charge » à l'égard des pratiques mises en œuvre par le gouvernement polynésien de l'époque. Pour être cependant parfaitement objectif quant au panorama dressé par les juges financiers en la matière au niveau local, il conviendra aussi de se référer au rapport d'observations définitives que la CRC Pays de la Loire a consacré en 2013 aux « politiques locales d'aides économiques aux entreprises et de développement économique sur le territoire du pays Yon et Vie » en des termes beaucoup plus positifs[12].

Force est pourtant de constater que, durant ces dernières années, la thématique des aides économiques locales n'a plus fait véritablement l'objet de travaux d'envergure conduits ainsi par la Cour des comptes : si cette dernière a multiplié ceux-ci en termes d'aides publiques appréhendées dans et sous toutes leurs formes[13], la dernière contribution significative que la juridiction va consacrer au sujet remonte précisément encore à cette année 2015 : il faut cependant bien convenir qu'en se contentant d'établir un bilan des seules

---

[9] En date du 6 février 2007 et relatif aux exercices 2000 à 2006.

[10] En date du 7 juillet 2015 et relatif cette fois aux exercices 2011 à 2014.

[11] En date du 22 juin 2015 et relatif aux exercices 2004 à 2013.

[12] En date du 25 novembre 2013 et relatif aux exercices 2007 à 2011.

[13] Le rapport public annuel 2020, par exemple, s'intéresse ainsi aux *Aides personnelles au logement : des évolutions insuffisantes, une réforme à mettre en œuvre*, premiers travaux présentés par le tome I *Finances, politiques et gestion publiques*, p. 75 et s.

conventions de revitalisation[14], elle n'a pu ainsi couvrir que très partiellement la sphère considérée car il s'agissait surtout de réaliser une enquête dans le cadre d'une demande formulée par la commission des finances de l'Assemblée nationale aux termes de l'article 58 – 2° de la LOLF[15]. Est-ce à dire que la thématique des aides économiques locales n'intéresse plus les juridictions financières ? Voici un pas que nous ne nous autoriserons peut-être pas à franchir trop rapidement non plus, dans la mesure où, à l'examen des travaux des juridictions financières ces cinq dernières années, deux autres approches méritent par ailleurs d'être considérées.

La première de ces deux approches se veut directement en rapport avec la thématique, puisqu'elle concerne les contrôles de nature juridictionnelle à proprement parler réalisés par le juge financier en matière d'aides économiques locales – et non pas les contrôles de type administratif comme il n'a pour l'instant pu qu'être exclusivement question –. Un examen précis et détaillé de la jurisprudence financière dans le cadre du jugement des comptes du comptable public aux termes des articles L 111-1 du Code des juridictions financières (CJF), fait bien ressortir quelques affaires concernant les aides économiques locales : elles ne sont pas nécessairement très nombreuses sur la dernière décennie, mais pour autant elles ne peuvent être totalement écartées ; c'est la raison pour laquelle nous évoquerons là, l'expression d'un simple ***contrôle résiduel*** pour le juge financier à considérer l'ensemble – très relatif par conséquent – des affaires sur lequel s'exerce son contrôle et en comparaison de l'importance du contrôle juridictionnel des aides économiques locales classiquement conduit par le juge administratif (I.).

La seconde de ces deux approches renoue certes encore une fois avec le contrôle administratif de la gestion des collectivités locales et de leurs démembrements par les CRC qui semble avoir pris une

---

[14] Cour des comptes, *Bilan des conventions de revitalisation*, Communication à la commission des finances, de l'économie générale et du contrôle budgétaire de l'Assemblée nationale, décembre 2015.

[15] « La mission d'assistance du Parlement confiée à la Cour des comptes par le dernier alinéa de l'article 47 de la Constitution comporte notamment : …
2° La réalisation de toute enquête demandée par les commissions de l'Assemblée nationale et du Sénat chargées des finances sur la gestion des services ou organismes qu'elle contrôle. Les conclusions de ces enquêtes sont obligatoirement communiquées dans un délai de huit mois après la formulation de la demande à la commission dont elle émane, qui statue sur leur publication ; ».

nouvelle consistance ces derniers temps à la lecture de différents rapports d'observations définitives réalisés principalement depuis les changements opérés dans la répartition des compétences entre collectivités dans la cadre de la loi NOTRe du 7 août 2015[16] affectant tout spécialement la dimension économique de leurs interventions. Ce contrôle pourra cette fois être qualifié de ***contrôle indirect*** : parce que, tout d'abord, le régime d'aide économique locale ne se veut plus l'objet central du contrôle car intégré dans les nouvelles politiques régionales de développement économique ; ensuite, parce que ce sont les structures de regroupement ou de démembrement créés à dessein, attributaires ou bénéficiaires de l'argent public qui sont ici souvent visées ; enfin, parce que les éventuelles irrégularités ou infractions constatées à l'occasion dans ce cadre du contrôle de la gestion par le juge financier sont de nature à générer par la suite, des actions de nature juridictionnelle devant la Cour de discipline budgétaire et financière (CDBF) ou encore devant le juge pénal : dépassant par conséquent l'élaboration de rapports publics caractéristiques de l'activité administrative du juge financier et d'une Cour des comptes « qui contribue à l'information des citoyens »[17] principalement (II.).

I. Un contrôle *résiduel* des aides économiques locales dans le cadre de l'activité juridictionnelle du juge financier

« La Cour des comptes juge les comptes des comptables publics, sous réserve de la compétence que les dispositions du présent code attribuent, en premier ressort, aux chambres régionales et territoriales des comptes ». L'alinéa premier de l'article L 111-1 du CJF « qui ouvre le code, définit la mission originelle de la Cour des comptes : juger les comptes des comptables publics »[18]. Cette mission originelle de la Cour instituée en 1807 n'est plus certes la mission première qui occupe les magistrats financiers à l'heure actuelle ; elle n'en constitue pas moins le socle fondateur permettant d'asseoir en tant que juridiction indépendante, ses autres missions de nature administrative :

---

[16] Loi n°2015-991 portant nouvelle organisation territoriale de la République, *JORF* du 8 août 2015, p. 13705.

[17] Article 47-2 de la Constitution du 4 octobre 1058.

[18] Cabannes (Xavier), Conan (Mathieu), Poujade (Bernard), Renouard (Louis), Vachia (Jean-Philippe) et Vallernaud (Louis), *Code des juridictions financières – Annotations, commentaires, jurisprudences,* 4e édition décembre 2018, éditions Le Moniteur, p. 13.

à commencer par la traditionnelle et bien connue mission de contrôle de la gestion des ordonnateurs[19], se matérialisant dans la publication régulière des très nombreux rapports publics dont il a déjà pu être fait état. L'organisation des juridictions financières repose sur la sacro-sainte règle de séparation selon laquelle « les fonctions de l'ordonnateur et du comptables sont incompatibles »[20], qui fait que la Cour des comptes n'a pas juridiction sur les ordonnateurs sauf en cas de gestion de fait[21] : elle laisse cette fonction juridictionnelle à la CDBF, juridiction qui lui est « associée » aux termes du Livre III du CJF[22] et créée plus récemment en 1948. La jurisprudence récente en termes d'aides économiques locales est symptomatique du manque d'intérêt généralisé ambiant affectant la matière : peu de jugements de CRC ou d'arrêts de la Cour susceptibles d'engager la responsabilité personnelle et pécuniaire du comptable public dans le cadre du paiement de telles aides, mais pour autant tout de même existants – cinq affaires a priori recensées sur le site de la Cour sur la décennie – qui vont donc mériter d'être étudiés dans un premier temps (A) ; un seul arrêt rendu en 2018 par la CDBF entraînant une condamnation des ordonnateurs qui va, dans un second temps, susciter toute l'attention (B), à considérer la production d'arrêts de la juridiction année après année : ainsi, « le nombre d'arrêts s'établit à neuf en 2018 »[23]...

A) Le contrôle juridictionnel des comptes des comptables publics en termes d'aides économiques locales par les CRC et la Cour des comptes

L'étude de la jurisprudence récente des juridictions financières met en lumière deux types de problématique propres à cette question des aides économiques locales et entraînant par conséquent la mise en débet du comptable public : ce dernier, via un jugement de CRTC ou un arrêt de la Cour, se voit condamner à remettre la caisse publique en

[19] Article L 111-2 du CJF.

[20]Alinéa premier de l'article 9 du décret n°2012-1246 du 7 novembre 2012 portant gestion budgétaire et comptable publique.

[21]Article L 131-2 du CJF.

[22] *Code des juridictions financières – Annotations, commentaires, jurisprudences, op.cit.*, articles L 311-1 et s. p. 771 et s.

[23] Cour de discipline budgétaire et financière, *Rapport au Président de la République 2019*, p. 11.

l'état, c'est-à-dire à restituer, sur ses deniers personnels, la somme correspondant au montant de l'aide économique locale qu'il aura malencontreusement versée au regard des conditions de régularité non réunies qu'exigeait l'opération de paiement. La responsabilité personnelle et pécuniaire du comptable public[24] est ici engagée, soit parce qu'il a procédé au versement de la subvention de la collectivité au titre de l'aide économique locale alors même que font défaut des pièces justificatives ou la convention elle-même (1.), soit parce que les versements de cette subvention vont faire l'objet de mauvaises imputations comptables (2.).

1. Absence de pièces justificatives ou de la convention de subvention d'aide économique locale elle-même

Les comptables publics locaux ont été respectivement constitués débiteurs par la CRC Provence-Alpes-Côte d'Azur pour les sommes de 212.713,15 € et 35.277,62 € augmentées des intérêts de la communauté d'agglomération Sud Sainte Baume en 2016 d'une part[25], et de la somme de 1.150.000 € augmentée des intérêts de la commune de La Valette du Var en 2018 d'autre part[26]. Dans un cas comme dans l'autre, étaient en cause les manquements dans le contrôle préalable au versement de l'aide économique locale quant à la présence et à l'existence de certains documents autorisant le comptable à payer.

En 2016, l'aide financière était versée au nom d'une commune par la communauté d'agglomération à la chambre de commerce et d'industrie (CCI) du Var en sa qualité d'aménageur et ce, en vue de favoriser la promotion et la commercialisation d'une zone économique. Le paiement des sommes considérées était conditionné par la production de pièces justificatives permettant de déterminer le montant de l'aide à verser constituée de la part de la taxe professionnelle perçue sur la zone et versée annuellement : il était prévu en effet que la CCI établisse un plan d'emploi de cette somme, et soumette ce plan à acceptation par la commune ; chaque plan

---

[24] Cf. article 60 de la loi de finances du 23 février 1963.

[25] CRC PACA, 3e section, 23 juin 2016, n°2016-0034, *Communauté d'agglomération Sud Sainte Baume* (Var).

[26] CRC PACA, 3e section, 3 avril 2018, n°2018-0022, *Commune de La Valette du Var* (Var).

annuel devant comprendre les modalités de versement de la participation pour la commune, il ne devenait effectif qu'après service fait et sur justificatifs. Le juge financier a considéré ici qu'en l'absence des pièces justificatives requises, le comptable n'avait pu ni s'assurer de la validation de la créance, ni vérifier l'exactitude de sa liquidation.

En 2018, il s'agissait d'avances versées à une société d'économie mixte (SEM) et destinées à des programmes d'intérêt général liés à la promotion économique du territoire ou à la gestion des services communs aux entreprises conformément aux termes de l'article L 1523-7 du Code général des collectivités territoriales (CGCT). Pour autant, le paiement des avances par le comptable était, entre autres, conditionné ici par la présentation de pièces prévues par l'annexe I de l'article D. 1617-19 du CGCT[27], à savoir en l'espèce, un contrat comportant le tableau d'amortissement des avances et la convention entre le bénéficiaire et la collectivité relative à ces avances de trésorerie. Le juge financier a considéré qu'en n'exigeant pas la production de ces pièces, le comptable s'était ainsi soustrait à ses obligations autorisant le paiement de la dépense.

Le comptable public d'une façon générale ne saurait s'affranchir du formalisme exigé par la réglementation applicable et posé par l'article 19 du décret du 7 novembre 2012 relatif à la gestion budgétaire et comptable publique (GBCP) aux termes duquel « le comptable public est tenu d'exercer le contrôle :... 2° s'agissant des ordres à payer : a) de la qualité de l'ordonnateur ; b) de l'exacte imputation des dépenses au regard des règles relatives à la spécialité des crédits ; c) de la disponibilité des crédits ; d) de la validité de la dette dans les conditions prévues à l'article 20 ; e) du caractère libératoire du paiement ». L'article 20 pour sa part, vient préciser que « le contrôle des comptes publics sur la validité de la dette porte sur : 1° la justification du service fait ; 2° l'exactitude de la liquidation ; 3° l'intervention des contrôles préalables prescrits par la

[27] Rubrique 70 « *Avances et prêts* » au sein de la classe 7 « *Interventions économiques et financières* » initialement déterminée dans son annexe par le décret n°83-16 du 13 janvier 1983 portant établissement de la liste des pièces justificatives des paiements des communes, des départements, des régions et des établissements publics locaux, *JORF* du 14 janvier 1983, pp. 311 et 335-336. La rubrique suivante « *Subventions et primes de toute nature* » 71 procède de la même logique.

réglementation... », comme il se doit précisément[28]. Il est à noter que la perspective d'un contrôle sélectif et hiérarchisé de la dépense, contrôle d'un nouveau type impliquant un partenariat entre comptable et ordonnateur[29], ne change pas forcément les conditions dans lesquelles doit s'apprécier la responsabilité du comptable, puisque tel était le cas dans l'affaire *Commune de La Valette du Var* en 2018. L'intervention du juge financier constitue ici en soi une manière d'obliger la collectivité à respecter les règles imposées dans la mesure où l'absence de régularité dans la dépense va normalement entraîner un refus de paiement par le comptable sous peine de voir sa responsabilité personnelle et pécuniaire être engagée[30].

2. Mauvaises imputations comptables des subventions d'aide économique locale

La CRC Aquitaine (à l'époque), dans une affaire un peu plus ancienne datant de 2011, a pu constituer débiteur le comptable public du département du Lot-et-Garonne à hauteur de 127.912 €, 15.750 €, 4.494 €, 138.617,50 € et 344.284,87 € augmentés des intérêts[31]. Ces différents montants correspondaient à autant de mauvaises imputations comptables conduisant à ses mises en débet. Les sommes

---

[28] L'article 50 du décret GBCP du 7 novembre 2012 dispose que « les opérations de recettes, de dépenses et de trésorerie doivent être justifiées par des pièces prévues dans des nomenclatures établies, pour chaque catégorie de personnes morales mentionnées à l'article 1er, par arrêté du ministre chargé du budget. Toutefois, la liste des pièces justificatives des dépenses, des recettes et des opérations d'ordre des collectivités territoriales, de leurs établissements publics et des établissements publics de santé est fixée par décret. Lorsqu'une opération de dépense n'a pas été prévue par une nomenclature mentionnée ci-dessus, doivent être produites les pièces justificatives permettant au comptable d'opérer les contrôles mentionnés aux articles 19 et 20 ».

[29] Article 42 du décret GBCP du 7 novembre 2012 : de nature à remettre en cause par conséquent « *le principe fondamental* » de séparation de leurs fonctions précédemment évoqué.

[30] L'article 38 du décret GBCP du 7 novembre 2012 dispose en effet que « sans préjudice des dispositions prévues par le CGCT et par le Code de la santé publique, lorsqu'à l'occasion de l'exercice des contrôles prévus au 2° de l'article 19 le comptable public a constaté des irrégularités ou des inexactitudes dans les certifications de l'ordonnateur, il suspend le paiement et en informe l'ordonnateur. Ce dernier a alors la faculté d'opérer une régularisation ou de requérir par écrit la comptable public de payer ».

[31] CRC Aquitaine, 4 octobre 2011, n° 2011-0016, *Département du Lot-et-Garonne*.

considérées ici se voulaient être des subventions d'équipement versées à des personnes de droit privé dans le cadre de l'aide vinicole, mais qui servirent en réalité à financer des dépenses de fonctionnement : à assurer ainsi, et respectivement, le financement de dépenses de communication comme la participation à des foires et salons, celui d'un poste d'animatrice dans le cadre du développement touristique, celui de frais d'expertise, celui de prêts d'honneur dans le cadre d'aide apportée à des associations accompagnant créateurs et repreneurs d'entreprises et enfin celui d'annuités d'emprunt dans le cadre d'opérations de développement. Le juge financier considère en application alors de l'article 12 du décret du 29 décembre 1962 portant règlement général sur la comptabilité publique (de l'article 19 du décret GBCP aujourd'hui, voir *supra*), que le comptable public est tenu d'exercer, en matière de dépenses, le contrôle de l'exacte imputation de celles-ci sur tel ou tel chapitre et section budgétaire qu'elles concernent selon leur nature ou leur objet et, en cas d'imputations erronées, d'en suspendre le paiement.

Il en va exactement de même en 2013 dans une autre affaire *Syndicat mixte du pays de Saintonge Romane*, où la CRC devenue Aquitaine Poitou-Charentes décide de sa mise en débet à hauteur de 14.495 € augmentés des intérêts au regard de l'absence de pièces justificatives (situation précédemment exposée, voir *supra*), mais également, au regard de l'inexacte imputation de dépenses de fonctionnement sur des comptes d'investissement ; le juge décide de laisser à sa charge une somme irrémissible de 256,50 € en application des adaptations du régime de responsabilité du comptable ne lui permettant plus d'obtenir de la part de sa hiérarchie une remise gracieuse intégrale des sommes qui lui sont réclamées, en particulier en l'absence de tout préjudice financier pour la collectivité[32]. Le dispositif était là encore relatif à l'aide à l'investissement dans le cadre d'un développement de l'économie rurale : ce programme inscrit dans le cadre des conventions Etat-régions visait à apporter une aide aux projets d'investissement d'artisans et de commerçants désireux de moderniser ou d'agrandir leurs locaux, d'acquérir ou de mettre aux normes leur outil de travail ; le financement reposait sur le fonds d'intervention pour les services, l'artisanat et le commerce

[32] CRC Aquitaine Poitou-Charentes, 3e section, 15 octobre 2013, n°J2013-0019, *Syndicat mixte de Saintonge Romane* (département de Charente maritime).

(FISAC). Le contrôle de l'exacte imputation des dépenses aux chapitres budgétaires selon leur nature et leur montant aurait dû révéler la mauvaise imputation sur section de fonctionnement alors même qu'il s'agissait d'investissements et entraîner par conséquent la suspension du paiement des subventions par le comptable. Un tel manquement peut se révéler au final préjudiciable pour les finances de la collectivité publique : le juge financier prend bien soin en effet de considérer ici « que le manquement du comptable relatif à l'erreur d'imputation a généré une anomalie dans la fiabilité des comptes sans toutefois qu'un manquant en résulte, étant établi par ailleurs que les opérations dont il est question ne sont pas éligibles au FCTVA ; qu'il ne résulte pas pour le syndicat mixte de préjudice financier du fait du manquement du comptable du fait du contrôle de l'exacte imputation de la dépense ». Il apparaît que, si les dépenses réalisées TTC avaient pu être imputées en section d'investissement parce que correspondant bel et bien à des dépenses d'investissement, elles auraient pu faire l'objet auprès de l'Etat d'une demande de remboursement partiel de la TVA les ayant grevées dans le cadre du « fonds de compensation de la taxe sur la valeur ajoutée » : mais dans la mesure où les dépenses réalisées correspondaient bien à des dépenses de fonctionnement, aucun préjudice financier ne pouvait être constaté pour le syndicat mixte. L'on apprécie mieux dès lors au travers de ce cas précis, la portée de la révision du régime de responsabilité personnelle et pécuniaire opéré par la loi de finances rectificative pour 2011 modifiant l'article 60 de la loi de finances pour 1963[33] et laissant au comptable public quoiqu'il en soit – en particulier lorsque, comme ici, aucun préjudice financier n'apparaît – une somme même symbolique à sa charge – 256,50 € ici – pour sanctionner un manquement de sa part : jusqu'à présent, le système de remise gracieuse auprès du ministre en charge du budget permettait au comptable d'éviter le plus souvent la sanction financière vidant de son sens le régime de responsabilité et quelque part aussi l'office même du juge.

Il conviendra enfin d'indiquer que la Cour des comptes, en appel du jugement de la CRC d'Aquitaine Poitou-Charentes, a rendu le 15 mai 2014 un arrêt déboutant le comptable public débiteur du syndicat mixte du pays de Saintonge romane de ses demandes en lui laissant à sa charge la somme irrémissible de 265,50 € correspondant au plafond

[33] Article 90 de la loi n°2011-1978, *JORF* du 29 décembre 2011, p. 22510 et s.

réglementaire égal à 1,5 pour 1000 du montant de son cautionnement, arrêt important ici car venant confirmer les approches des CRC préalablement exposées[34].

B) Le contrôle juridictionnel des ordonnateurs en termes d'aides économiques locales par la Cour de discipline budgétaire et financière

« Le nombre d'arrêts notifiés s'établit à 12 en 2019. En deux ans, la Cour a rendu autant d'arrêts que lors des quatre années précédentes, hors questions prioritaires de constitutionnalité (QPC). Ce résultat très significatif ne tient pas compte de l'affaire qui a été audiencée au mois de décembre 2019 et qui sera jugée en 2020. Au total, la Cour a tenu 10 audiences en 2019. La moyenne glissante sur dix ans des arrêts rendus est passée de 4 en 2010 à 6,8 en 2019, soit une progression de 70 % »[35]. Au regard du dernier rapport d'activité de la CDBF et compte tenu surtout « du nombre relativement limité d'affaires » – certes en progression notable – traitées sur ces dernières années, la probabilité de pouvoir faire état d'un cas d'aide économique locale était quasiment nulle. Il s'avère pourtant que parmi les neuf affaires de l'année, la CDBF a rendu l'arrêt ici essentiel du 22 février 2018, *Société d'investissement de la filière pêche de l'archipel (SIFPA) de Saint-Pierre-et-Miquelon*[36].

Les infractions poursuivies dans cette espèce concernaient les règles d'exécution des dépenses et des recettes de l'Etat ou des collectivités publiques prévues à l'article L 313-4 du CJF[37], tout comme l'avantage injustifié procuré à autrui entraînant un préjudice pour le Trésor ou l'organisme intéressé évoqué à l'article L 313-6 du

---

[34] Cour des comptes, 4ème chambre 1ère Section, 15 mai 2014, n°70147, *Syndicat mixte du pays de Saintonge Romane.*

[35] Cour de discipline budgétaire et financière, *Rapport au Président de la République 2020*, p. 13.

[36] Arrêt n°218-749, *JORF* du 21 mars 2018 n°67 – Texte 112, Cour de discipline budgétaire et financière, *Rapport au Président de la République 2019*, pp. 25 à 29, Revue *Gestion & Finances publiques* n°4-2018 / juillet-août, Damarey (Stéphanie) et Vandendriessche (Xavier), Chronique de jurisprudence financière novembre 2017-avril 2018, p. 163.

[37] Voir *Code des juridictions financières – Annotations, commentaires, jurisprudences, op. cit.*, p. 791 et s.

CJF[38]. Les personnes incriminées étaient, d'une part, le président directeur de la SIFPA par ailleurs président du conseil territorial de la collectivité de Saint-Pierre-et-Miquelon, ainsi que les deux préfets qui s'étaient succédé au moment des faits. Ces faits renvoyaient précisément à la SIFPA, SEM locale aux parts détenues par la collectivité territoriale et par une société canadienne, qui avait été créée pour relancer l'exploitation d'une usine de transformation des produits de la pêche, activité somme toute essentielle à l'archipel. Une subvention de 1,76 M€ avait été attribuée par l'Etat à la collectivité pour assurer la mise aux normes et la modernisation de l'outil de production. Cette subvention était versée selon les conditions d'avancement des travaux, notamment sur présentation à la préfecture des preuves de la réalisation du projet, sous forme d'attestations de paiement des factures, certifiées conformes par le trésorier-payeur général. Il est apparu bien après les paiements de l'aide, que, nombre des factures produites par l'exploitant étaient fausses, que les matériels n'avaient pas été commandés ou mis en place, et, qu'au final, l'exploitant n'avait pu justifier l'utilisation de la subvention conformément à son objet qu'à hauteur de 505.000 €.

La découverte du détournement de l'objet de la subvention a conduit le dirigeant de la SIFPA ainsi que le préfet alors en poste, à procéder à un signalement au titre de l'article 40 du Code de procédure pénale auprès du procureur de la République, ce dont la CDBF a tenu compte en tant que circonstances atténuantes. En revanche, la juridiction a retenu comme circonstances aggravantes, le fait que les préfets étaient parfaitement informés de l'importance du dossier qui aurait dû légitimer de leur part une vigilance d'autant plus accrue. La CDBF a infligé une amende de 1.200 € au président-directeur de la SIFPA et une amende de 600 € à chacun des deux préfets. Si la juridiction a pu observer que la régularité formelle des paiements de l'aide n'était pas en cause, elle a pu également estimer à l'égard des préfets que le versement de la subvention n'avait l'objet d'aucun suivi ni d'aucune évaluation alors même que la réglementation le prescrivait expressément. La CDBF cite ainsi l'article 16 du décret du 16 décembre 1999 qui dispose que, d'une part, « L'autorité qui attribue la subvention effectue un suivi régulier

---

[38] Voir *Code des juridictions financières – Annotations, commentaires, jurisprudences, op. cit.*, p. 800 et s.

de la réalisation du projet et s'assure de la conformité de ses caractéristiques par rapport à la décision attributive » et que, d'autre part, « Cette autorité met en place un dispositif d'évaluation des projets réalisés »[39], pour considérer « que la bonne application de ces dispositions impliquait de vérifier, au-delà de la régularité formelle des documents présentés pour paiement de la subvention, la réalité des opérations correspondant à ces documents, notamment la disponibilité effective des matériels achetés » et engager ainsi la responsabilité des préfets : « Considérant qu'il ne ressort pas du dossier qu'un quelconque dispositif de suivi et d'évaluation du projet de modernisation de l'outil de production industrielle, objet de la subvention, ait été mis en place ; qu'un tel dispositif aurait pu permettre de détecter plus tôt les graves anomalies mentionnées ci-dessus, imputables à l'exploitant ; qu'ainsi les préfets, qui doivent être regardés comme l'autorité attributive de la subvention au sens du décret du 16 décembre 1999 cité ci-dessus, n'ont pas respecté les obligations qu'ils tenaient de ce décret ; que leur responsabilité de ce chef doit être mise en cause »[40].

L'on retiendra principalement ici, en même temps que les Professeurs Stéphanie Damarey et Xavier Vandendriessche, qu'« il incombe à l'autorité qui attribue une subvention de s'assurer que son utilisation correspond bien à son objet et d'en vérifier les conditions de mise en œuvre »[41] : il s'agit là d'une conclusion importante à apporter au crédit des juridictions financières ; l'on déplorera simplement le fait que le juge financier – et la CDBF en particulier – ne connaisse pas plus fréquemment, pour mieux les sanctionner, plus durement aussi, de ce type de déviances, à l'évidence plus nombreux que ne le laisse malheureusement supposer une jurisprudence « famélique » en termes d'aides économiques locales.

II – Un contrôle *indirect* des aides économiques locales dans le cadre de l'activité administrative du juge financier

« Par ses contrôles, la chambre régionale des comptes contrôle les comptes et procède à un examen de la gestio*n* ». Le contrôle des

[39] Décret n°99-1060 relatif aux subventions de l'Etat pour des projets d'investissement, *JORF* du 18 décembre 1999, p. 18875 et s.
[40] *JORF* du 21 mars 2018, n°67 – Texte 112, considérants n°27 et 28.
[41] Revue *Gestion & Finances publiques* n°4-2018, op. cit.

comptes et de la gestion réalisé par les CRC aux termes de l'alinéa premier de l'article L 211-3 du CJF « constitue une procédure dépourvue de tout caractère juridictionnel ou contentieux »[42]. Comme viennent le préciser les alinéas deuxième et troisième de ce même article, la CRC en effet « vérifie sur pièces et sur place la régularité des recettes et des dépenses décrites dans les comptabilités des organismes relevant de sa compétence. Elle s'assure de l'emploi régulier des crédits, fonds et valeurs. L'examen de la gestion porte sur la régularité des actes de gestion, sur l'économie des moyens mis en œuvre et sur l'évaluation des résultats atteints par rapport aux objectifs fixés par l'assemblée délibérante ou par l'organe délibérant. L'opportunité de ces objectifs ne peut faire l'objet d'observations ». Ces observations sont pourtant celles, toujours très redoutées des élus locaux concernés, que la chambre arrête sous la forme d'un rapport communiqué, entre autres, soit à l'ordonnateur de la collectivité territoriale qui a fait l'objet du contrôle (maire, président d'un conseil départemental ou d'un conseil régional), soit au dirigeant de l'établissement public contrôlé ; le rapport d'observations définitives peut être aussi transmis au représentant d'un organisme relevant de la compétence de la CRC dès lors que ce dernier aura bénéficié d'un concours financier de plus de 1.500 € et, le cas échéant, à l'ordonnateur de la collectivité qui lui aura apporté ce concours[43]. La CRC étant aux termes de l'article L 211-8 du CJF habilitée à connaître des comptes de tout organisme ayant par conséquent reçu un tel concours d'une collectivité[44], il y a tout lieu de penser que la sphère des aides économiques locales sous forme de subventions directes principalement, est de nature à constituer une des cibles privilégiées de contrôle. Elle a pu l'être en effet autrefois comme le propos introductif l'indique ; elle l'a moins été par la suite, avant que la loi NOTRe du 7 août 2015 ne procède à une redistribution des compétences au profit des régions, impliquant alors l'appréciation du juge financier local. Le contrôle pratiqué par les CRC à l'égard de telles aides s'est manifesté d'une double manière : au travers du contrôle de la gestion des politiques régionales de développement

---

[42] *Code des juridictions financières – Annotations, commentaires, jurisprudences, op.cit.*, p. 359.

[43] Article L 234-4 du CJF, voir *Code des juridictions financières – Annotations, commentaires, jurisprudences,* op.cit., p. 616 et s.

[44] Voir *Code des juridictions financières – Annotations, commentaires, jurisprudences,* op.cit., p. 372 et s.

économique remodelées du fait de la nouvelle donne législative (A), d'une part ; au travers du contrôle de la gestion des structures ad hoc attributaires ou bénéficiaires de l'argent public (B), d'autre part. S'il ne se veut certes pas juridictionnel, un tel contrôle est de nature à générer pourtant des conséquences indirectes importantes en notre matière.

A) Le contrôle par les CRC de la gestion des politiques régionales de développement économique

Le grand mérite de la loi NOTRe repose sur le fait qu'elle « renforce sensiblement le rôle de la région en créant l'article L 4251-12 du CGCT »[45] en disposant que « la région est la collectivité territoriale responsable, sur son territoire, de la définition des orientations en matière de développement économique ». Le Professeur Sophie Nicinski rappelle ici, qu'il existe une primauté de la région en matière d'octroi d'aides économiques locales aux entreprises (article L 1511-2 du CGCT), que la région peut également accorder des garanties d'emprunt sous conditions (article L 4253-1 du CGCT), et qu'elle peut attribuer pour le compte de l'Etat les aides financières que celui-ci accorde aux investissements des entreprises concourant au développement régional et à l'emploi (article L 4211-1, 7e du CGCT) ; et qu'enfin « la loi NOTRe élargit la possibilité pour les régions de participer au capital de toute société commerciale » (article L 4211-1, 8e bis du CGCT)[46]. Toutes ces logiques ont été appréhendées dans leur globalité par les juges financiers dans le cadre de l'harmonisation des politiques publiques résultant de la mise en œuvre concomitante de la loi du 16 janvier 2015 réorganisant la carte des régions[47] : va dès lors être lancée une série de contrôles s'inscrivant « dans le cadre d'une enquête nationale menée par la Cour des comptes et quatorze chambres régionales des comptes sur les nouvelles régions » et appréciant notamment les conditions

[45] Nicinski (Sophie), *Droit public des affaires*, LGDJ, 7e édition 2019, LGDJ, p. 88, n°122.
[46] *Op. cit.*, p. 89, n°125 et 126.
[47] Loi n°2015-29 relative à la délimitation des régions, aux élections régionales et départementales et modifiant le calendrier électoral, *JORF* du 17 janvier 2015 p. 777.

« d'exercice des nouvelles compétences en matière de développement économique »[48].

Le contrôle par les différentes CRC des aides économiques locales va indirectement s'opérer au regard de l'appréciation qui est faite de la stratégie déployée au sein de chaque schéma régional de développement économique, d'innovation et d'internationalisation (SRDEII) que la région est désormais dans l'obligation d'adopter aux termes de l'article L 4251-13 du CGCT et qui a normalement valeur prescriptive pour les autres collectivités. La CRC Haut-de-France va précisément dénoncer le caractère « peu prescriptif » en termes du SRDEII de la région[49], quand la CRC Bretagne place, pour sa part, « la stratégie en matière d'aides économiques »[50] au centre du nouveau dispositif de développement économique, et quand la CRC Grand-Est recommande, quant à elle, de « rationaliser l'organisation des agences locales en vue de la constitution d'un réseau régional structuré et lisible » : les agences départementales de développement économique n'ont, en l'espèce, du fait de la loi NOTRe, « plus vocation à se maintenir au sein de structures en charge du développement économique » dont il apparaît par ailleurs que « la région n'a pas défini clairement les responsabilités qu'elle entend exercer » ; le juge financier fait pourtant le constat que « plus d'une trentaine de dispositifs d'intervention régionale répondant à l'action « Cibler les aides directes aux entreprises » du SRDEII… ont été adoptés par le conseil régional en juin et novembre 2017 »[51].

B) Le contrôle par les CRC de la gestion de structures ad hoc attributaires ou bénéficiaires de l'argent public

La même CRC Grand-Est avait pu, quelque temps avant, rendre un autre rapport d'observations définitives à l'égard de la communauté de

---

[48] CRC Hauts-de-France, *Rapport d'observations définitives Région Hauts-de-France, Enquête « Les nouvelles régions » - Exercices 2015 et suivants*, 9 juillet 2019, p. 8.
[49] CRC Hauts-de-France, op. cit. p. 38.
[50] CRC Bretagne, *Rapport d'observations définitives Région Bretagne (Département d'Ille-et-Vilaine) - Exercices 2013 et suivants*, 26 mars 2019, p. 23.
[51] CRC Grand Est, *Rapport d'observations définitives Région Grand Est,* Tome I, 6 et 7 juin 2019, pp. 33 à 35.

communes des portes du Luxembourg[52]. Le contrôle s'inscrivait tout autant dans ce cadre de l'appréciation des comptes et de la gestion de structures publiques ou privées dont l'objet principal est de participer au développement économique local qu'elles soient attributaires ou bénéficiaires de l'argent public. D'une manière générale, trois types de structures ont pu prioritairement susciter l'intérêt du juge financier local : il s'agit donc, tout d'abord, des structures d'intercommunalité (1.), des structures associatives ensuite (2.), et enfin des sociétés d'économie mixte et autres structures commerciales privées de type sociétés (3.).

1. Le contrôle des comptes et de la gestion de structures intercommunales

Il est à noter que la loi NOTRe s'est voulue positive ici pour les intercommunalités qu'elle ne l'a été pour les régions : elle organise en effet de plein droit, en lieu et place des communes, le transfert obligatoire de compétences pour l'ensemble des zones d'activité économique aux communautés de communes (article L 5214-16 du CGCT) et d'agglomération (article L 5216-5 du CGCT) à compter du 1er janvier 2017. Vont se retrouver formulées ici les mêmes critiques que le juge financier local pouvait formuler à l'origine : la thématique du « non-respect du régime des aides »[53], en particulier sous l'angle de la réglementation européenne, va ainsi nourrir ce rapport d'observations de la CRC Grand-Est de 2018 comme il pouvait en être plus de dix ans auparavant pour les rapports de la CRC Ile-de-France évoqués en commençant cette étude[54] : « plusieurs dysfonctionnements » sont ici reprochés à la communauté de communes des portes du Luxembourg comme le versement d'aides dépassant les plafonds autorisés ou encore l'absence de notification pourtant obligatoire d'aides qui plus est « peu transparentes au sens du droit européen » ; au final, les délibérations de la communauté de communes « ne sont ni cohérentes ni compatibles avec les règles européennes dont elles se prévalent » et il

[52] CRC Grand Est, *Rapport d'observations définitives Communauté de communes des portes du Luxembourg,* 21 février 2018.
[53] *Rapport d'observations définitives Communauté de communes des portes du Luxembourg,* op. cit. p. 11.
[54] CRC Ile-de-France, *Rapport d'observations définitives Région Ile-de-France – Aides au développement économique et à l'emploi octroyées par la région (Exercices 2000 et suivants),* 6 février 2007, pp. 26-27.

en ressort « un manque de préparation et de contractualisation » entraînant « des conséquences financières négatives pour la collectivité »[55].

De lourds reproches se voient tout autant adressés par la CRC Bretagne à l'égard cette fois du pôle d'équilibre territorial et rural (PETR) du pays de Saint-Malo[56], dans le cadre de la gestion du programme européen « Leader »[57]. Sont dénoncées cette fois les carences de la région Bretagne victime d'une « décentralisation inaboutie » et entravée dans son action par des outils informatiques qui, au niveau national, n'ont pas été disponibles à temps : avec, au final, « des acteurs locaux déçus par les blocages dans la mise en œuvre du dispositif (qui) déclarent ne plus souhaiter se tourner vers des fonds européens. L'image de l'Europe paraît écornée alors que les responsabilités des retards sont au moins en partie nationales. La crédibilité du PETR est également entamée puisque après avoir promu le dispositif, il a été contraint de freiner les projets »[58].

2. Le contrôle des comptes et de la gestion de structures associatives

Cette même CRC Bretagne s'est voulue tout autant très active dans le contrôle des subventions versées au tissu associatif de développement économique et, en particulier, à *l'Association Côte d'Armor développement* née en 2013 de la fusion du comité départemental du tourisme et de l'agence de développement économique du département des Côtes-d'Armor : il va de soi que la perte de la compétence « développement économique » par le département devait (en principe) intégrer la perspective d'une réduction de son périmètre d'activité, mais que même ici, « l'action en faveur du développement touristique de son

---

[55] *Rapport d'observations définitives Communauté de communes des portes du Luxembourg, op. cit.*, p. 10 à 14.

[56] Les PETR aux termes de la loi du 27 janvier 2014 dite « loi MAPTAM » correspondent aux syndicats mixtes initialement constitués exclusivement d'établissements publics de coopération intercommunale à fiscalité propre et reconnus comme « pays » avant l'entrée en vigueur de la loi du 16 décembre 2010 de réforme des collectivités territoriales.

[57] « Liaison entre actions et développement de l'économie rurale ».

[58] CRC Bretagne, *Rapport d'observations définitives Pôle d'équilibre territorial et rural du pays de Saint-Malo (Ille-et-Vilaine) - Exercices 2013 et suivants*, 10 septembre 2018, p. 28.

territoire pose un problème particulier du fait de l'application de la loi NOTRe »[59]. Les subventions publiques (79 % de la totalité des produits perçus par l'association dont 75 % en provenance du département) ne diminuaient en effet quasiment pas (baisse de 6,17 % de 2013 à 2016)[60]. La CRC s'est également intéressée aux comptes et à la gestion de l'association *Bretagne commerce international*, la structure chargée par la région du développement à l'international des entreprises bretonnes. Le budget de l'association « est constitué pour l'essentiel de subventions publiques soit près de 4,3 M€ dont 3,5 M€ provenant de la région Bretagne », les autres aides financières provenant de la CCI régionale[61]. La chambre dénoncera dans son rapport, des activités qui impliquent une multiplicité d'acteurs parfois concurrents entre eux, et « source d'inefficacités et perturbante pour les entreprises », la difficulté persistante à mettre précisément à disposition de ces dernières un guichet unique, un système d'évaluation qui reste insuffisant, une gouvernance et une gestion à améliorer, sans compter des irrégularités à corriger notamment en termes d'achats publics[62].

La situation de ce dernier point de vue n'est en rien similaire à celle de l'association *Pôle des compétences aériennes Sud-Corse* dont les comptes et la gestion ont été examinés par la CRC Corse alors même qu'une procédure de liquidation judiciaire avait été engagée à son encontre par le tribunal de grande instance d'Ajaccio quelques mois avant, à la suite de la déclaration de cessation de paiements de son dirigeant en tout début d'année 2017[63]. Le juge financier a beau jeu ici de dénoncer « les risques inhérents à l'existence d'une association transparente » dont les recettes issues à 95 % de subventions publiques ne suffisent pas à couvrir les dépenses dédiées à 99 % au règlement de factures d'une société de droit irlandais, filiale de la société aérienne

---

[59] CRC Bretagne, *Rapport d'observations définitives Association Côtes-d'Armor développement - Exercices 2013 et suivants,* 15 mai 2017, p. 35.

[60] *Rapport d'observations définitives Association Côtes-d'Armor développement, op. cit.*, p. 16.

[61] CRC Bretagne, *Rapport d'observations définitives Association Bretagne commerce international (BCI) (Ille-et-Vilaine) - Exercices 2013 et suivants,* 14 juin 2018, p. 7.

[62] *Rapport d'observations définitives Association Bretagne commerce international,* op. cit. pp. 3-4.

[63] CRC Corse, *Rapport d'observations définitives Association Pôle de compétences aériennes Sud-Corse (PCASC) Département de la Corse-du-Sud - Exercices 2009 à 2016,* 11 octobre 2018, p. 3.

Ryanair : créée et contrôlée par la CCI d'Ajaccio et de la Corse du Sud, l'association est née du besoin de financer l'ouverture de nouvelles lignes sur l'aéroport de Figari, mais qui s'est limité en un soutien quasiment exclusif à la compagnie *low-cost* dans le cadre de l'exécution d'un contrat d'achat d'espaces publicitaires sur son site Internet. Le juge financier considère ici que « la responsabilité de la collectivité publique dont l'association transparente n'est qu'un démembrement ne ressortit donc pas de la compétence judiciaire mais à celle du juge administratif, dans le cadre d'une action engagée contre l'entité publique sur le fondement des règles générales régissant la responsabilité des personnes publiques »[64].

3. Le contrôle des comptes et de la gestion de SEM et autres structures commerciales privées

La CRC Bretagne, toujours elle, a par ailleurs procédé au contrôle de structures commerciales de droit privé dans le capital duquel les collectivités publiques possèdent des participations : celles-ci, en lien direct avec le développement économique de la région intègrent le dispositif mis en place par la compagnie maritime privée Bretagne – Angleterre – Irlande, plus connue sous son appellation commerciale de *Brittany Ferries* (*BF*) de manière à assurer le financement des navires exploités depuis les ports bretons dans le cadre du transport transmanche. La CRC a ainsi pu produire deux rapports d'observations définitives : le premier relatif à la *Société anonyme bretonne d'économie mixte d'équipement naval* (*SABEMEN*) détenue depuis sa création en 1982 à 70 % par la région et les départements bretons (66 % aujourd'hui, 34 % à la *BF*) et exploitant trois des sept bateaux appartenant à des sociétés contrôlées par les collectivités bretonnes ou normandes[65] ; le second relatif à la société par actions simplifiée *SOMABRET*, créée en 2002 et détenue à 75 % par la *SABEMEN,* sa maison mère (les 25 % restants par la BF)[66]. Le juge financier y effectue une analyse bilancielle classique, de l'actif, du passif, des cautionnements, de l'endettement, pour considérer que la situation

---

64 *Rapport d'observations définitives Association Pôle de compétences aériennes Sud-Corse* op. cit. p. 44.

65 CRC Bretagne, *Rapport d'observations définitives SABEMEN (Ille-et-Vilaine) - Exercices 2013 et suivants,* 19 juillet 2018.

66 CRC Bretagne, *Rapport d'observations définitives SOMABRET (Ille-et-Vilaine) - Exercices 2013 et suivants,* 19 juillet 2018.

financière des deux sociétés est satisfaisante[67] ; il le fait, non sans évoquer aussi, un financement et une exploitation des navires optimisés par des mécanismes fiscaux[68]...

La CRC Bretagne va également pouvoir s'intéresser enfin à une autre SEM dont l'objet correspond tout autant au développement économique certes un peu moins connu, mais localement très caractéristique car centrée autour de l'algue : le *Centre d'études et de valorisation des algues* (CEVA)[69]. Si le rapport d'observations définitives se veut très intéressant au regard de l'analyse financière qui y est faite des graves difficultés rencontrées par le CEVA (ouverture d'une procédure de sauvegarde en 2016 et plan de sauvegarde arrêté par le tribunal de commerce en 2017)[70], il se veut particulièrement illustratif des interactions susceptibles d'exister avec le juge judiciaire dans le contrôle des aides économiques locales. L'on y apprend effectivement que les difficultés financières du CEVA sont consécutives à un détournement d'aides directes dans le cadre de projets financés sur un programme cadre de recherche et de développement technologique ainsi que sur des crédits du fonds structurel européen FEDER à la suite d'une dénonciation de fraudes et faux en écriture par un ancien salarié du CEVA auprès de l'office de lutte contre la fraude (OLAF). Les suites judiciaires données à cette affaire ont débuté par un premier jugement rendu le 26 avril 2011, par lequel le tribunal de grande instance de Rennes a, d'une part, sur l'action publique, déclaré le CEVA et son ancien directeur coupables des faits de détournements de fonds publics, et infligé une amende de 80.000 € au premier et une peine de 18 mois de prison avec sursis au second ; a, d'autre part, sur l'action civile, condamné les intéressés à rembourser à la Commission européenne 303.631 € en réparation du préjudice matériel. La Cour d'appel de Rennes a, par un arrêt du 1er avril 2014, relaxé le CEVA et son ancien directeur de tous les chefs d'accusation. La Cour de

---

[67] *Rapport d'observations définitives SABEMEN, op. cit.*, p. 32 et *Rapport d'observations définitives SOMABRET, op. cit.*, p. 27.

[68] *Rapport d'observations définitives SABEMEN, op. cit.*, p. 18 et s. et *Rapport d'observations définitives SOMABRET, op. cit.*, p. 14 et s.

[69] CRC Bretagne, *Rapport d'observations définitives Société d'économie mixte « centre d'études et de valorisation des algues » (Département des Côtes-d'Armor) - Exercices 2013 et suivants,* 27 mars 2018.

[70] *Rapport d'observations définitives Société d'économie mixte CEVA, op. cit.*, p. 22 à 24.

cassation a, le 12 novembre 2015, annulé l'arrêt d'appel et, la Cour d'appel de Caen a finalement déclaré non coupable le CEVA en qualité de personne morale, tout en condamnant son ancien directeur à un an de prison avec sursis et 20.000 € d'amende dans un arrêt du 23 août 2017[71]. La découverte du détournement de fonds aurait parfaitement pu être ici le fait du juge financier comme c'est souvent le cas lorsqu'il procède à ses contrôles des comptes et de la gestion : « Si, à l'occasion de ses contrôles, les chambres régionales des comptes découvrent des faits de nature à motiver l'ouverture d'une procédure judiciaire, le ministère public en informe le procureur de la République ainsi que le procureur près la Cour des comptes qui avise le garde des Sceaux »[72]. Et auquel cas il ne serait pas question ici d'autre chose que d'un contrôle de type administratif du juge financier enclenchant un contrôle de nature juridictionnel du juge pénal de l'aide économique locale. De nature à illustrer quelque part dès lors un contrôle juridictionnel « indirect » du juge local des comptes en la matière…

[71] *Rapport d'observations définitives Société d'économie mixte CEVA, op. cit.*, p. 26.
[72] Alinéa premier de l'article R. 241-3 du CJF.

QUATRIEME PARTIE :

LES REGIMES SPECIFIQUES

« Les aides locales aux entreprises en difficulté »

Sébastien Ferrari,
Agrégé des Facultés de droit
Professeur de droit public à l'Université Grenoble Alpes
Centre de recherches juridiques (CRJ) EA 1965

En deux décennies le nombre d'entreprises en difficulté a plus que doublé. Au moment du lancement de la décentralisation, elles étaient 22700, pour l'année 1984, à être défaillantes[1]. En 2019, ce sont plus de 53500 entreprises, principalement petites et moyennes (PME ci-après), qui ont subi un même sort, ce qui représente environ 37300 emplois menacés[2]. Ce n'est pourtant là que la conséquence naturelle, mais impitoyable, de la loi du marché, que rappellent de manière itérative les autorités européennes. Le retrait des entreprises inefficaces est, à leurs yeux, une donnée normale du fonctionnement marché[3]. Seulement, ces entreprises, en particulier celles de taille petite et moyenne, constituent une source de richesses et d'emploi pour le bassin de vie local où elles se sont implantées. La tentation est alors forte pour les autorités publiques de protéger de telles entreprises, surtout lorsqu'elles sont en difficulté, afin d'éviter la dégradation du tissu industriel et commercial local[4]. De telles opérations de sauvegarde, voire de sauvetage, supposent néanmoins, pour les créanciers privés et publics de l'entreprise en difficulté, de consentir un certain nombre de sacrifices et, pour l'autorité publique locale en particulier, de recourir à des dispositifs d'aide économique.

---

[1] Rapp (Lucien), « Rapport de synthèse » *in* CREAM, *Les communes face aux entreprises en difficulté,* éd. CREAM 1985, p. 146.

[2] *Les Échos*, 30 oct. 2019, p. 5.

[3] Comm. UE., *Lignes directrices concernant les aides d'État au sauvetage et à la restructuration d'entreprises en difficulté autres que les établissements financiers* : JOUE n° C 249/1, 31 juill. 2014, pt. 6 et s.

[4] Boulot (Louis), « Les risques économiques et financiers » *in* CREAM, *op. cit.*, p. 65 ; Joye (Jean-François), *L'action économique territoriale,* L'Harmattan 2002, p. 201.

Dans ce contexte, ces opérations présentent surtout, du point de vue du droit public, un double enjeu institutionnel (1) et substantiel (2).

1) Longtemps, l'aide publique aux entreprises en difficulté est restée une « affaire d'État »[5], du moins jusqu'à la crise économique qui marqua la fin des Trente Glorieuses et permit l'émancipation naissante des collectivités territoriales dans ce domaine. Le lancement de la décentralisation en 1982 a ouvert à toutes les collectivités territoriales la possibilité de recourir aux aides économiques dans le cadre des services publics locaux facultatifs nouvellement créées du développement économique et de sauvegarde de l'emploi[6]. L'essor de ce « secourisme » local a été de nature moins économique que sociale[7], dans la mesure où il a surtout été utilisé comme un moyen de défense des intérêts de la population locale en cas de survenance de crises[8], comme la crise financière de 2008[9], plus anciennement de conflits armés, ou encore de phénomènes naturels exceptionnels, tels que les marées noires sur le littoral ou un manque d'enneigement exceptionnel en montagne[10].

L'action économique locale ne résulte donc pas toujours d'une démarche rationnelle et, plus encore, place les autorités locales face à un épineux dilemme. D'un côté, maintenir en vie une entreprise coûte cher, dès lors qu'il est nécessaire de financer tant son renflouement

---

[5] Joye (Jean-François), *loc. cit.* ; Llorens (François), « La responsabilité des collectivités locales du fait de leurs aides aux entreprises en difficulté » in *Études en l'honneur de J.-M. Auby,* Dalloz 1992, p. 413 ; Madiot (Yves) et Gousseau (Jean-Louis), dir., *Collectivités locales et développement économique,* Impr. Nat., 2002, p. 17-24 ; Nemery (Jean-Claude), « Le droit d'intervention directe des communes dans la loi du 2 mars 1982 » *in* CREAM, *op. cit.*, p. 19.

[6] Douence (Jean-Claude), dir., *L'action économique locale. Décentralisation et recentralisation,* Economica 1988, p. 23.

[7] Douence (Jean-Claude), dir., *op. cit.*, p. 28-29.

[8] Madiot (Yves) et Gousseau (Jean-Louis), dir., *op. cit.*, p. 71 ; Nemery (Jean-Claude), *art. préc.*, p. 20 ; C. Comptes, *Intervention des collectivités territoriales en faveur des entreprises*, rapp. part., éd. JO 1996, p. 8.

[9] Un dispositif temporaire exceptionnel a été instauré par la Commission européenne fin 2008 permettant l'octroi d'aides au sauvetage d'un montant maximal de 500.000 € pour les entreprises qui n'étaient pas en difficulté au 1er juillet 2008 jusqu'au 31 décembre 2010 (Com. UE, *Communication sur l'application des règles en matière d'aides d'État aux mesures prises en rapport avec les institutions financières dans le contexte de la crise financière mondiale* : JOCE n° C 270/01, 25 oct. 2008, p. 8). V. Colson (Jean-Philippe) et Idoux (Pascale), *Droit public économique,* LGDJ, 9e éd., 2018, n° 580.

[10] CAA Marseille, 18 mai 2015, n° 13MA05111, *Sté amén. Cheiron.*

que la relance de son activité économique[11]. Il se peut que les fonds publics ainsi engagés soient engloutis en pure perte, ce que dénonce régulièrement la Cour des comptes dans de multiples rapports consacrés aux aides économiques locales[12], en cas d'impossible retour à meilleure fortune et de disparition définitive de l'entreprise. D'un autre côté, l'action publique locale en faveur des entreprises en difficulté est source de multiples conflits d'intérêts. La disparition d'une entreprise signifie pour la collectivité territoriale une perte de ressources, notamment fiscales. Elle comporte aussi une menace d'effet « boule de neige » si des sous-traitants sont également implantés dans la région. Elle peut encore déboucher sur la migration de la population locale vers un autre bassin d'emploi[13], suscitant par là une concurrence insidieuse entre collectivités territoriales. Enfin, elle peut entraîner des difficultés électorales pour la collectivité pourvoyeuse en cas de contestation politique de l'action menée par les édiles en faveur de l'entreprise en difficulté. Ces différents éléments constituent autant de puissants motifs, plus ou moins avouables, pour la première de porter secours à la seconde.

Le bilan de ces actions menées par les collectivités territoriales dans le cadre, renouvelé par les lois de décentralisation, s'est avéré négatif, celles-ci s'étant souvent comportées comme des « pompiers pyromanes ». Les communes se sont montrées particulièrement dispendieuses en raison de nombreuses insuffisances, qu'il s'agisse de défaut de prévention et/ou de mesure des risques encourus, notamment du fait de la mauvaise connaissance du monde des entreprises[14]. En particulier, elles ont fréquemment consenti des garanties d'emprunt, indolores a priori, mais dangereuses pour les finances locales lorsqu'elles sont activées, dès lors qu'elles constituent des dépenses

---

[11] Boulot (Jean), *art. préc.*, p. 75 ; Jeantin (Michel) et Le Cannu (Paul), *Droit commercial : entreprises en difficulté*, Dalloz, 7e éd., 2007, n° 14 ; Douence (Jean-Claude), dir., *op. cit.*, p. 49.

[12] C. Comptes, rapp. pub. 1983, p. 84 ; rapp. pub. 1987, p. 193 et 199 ; rapp. pub. 1988, p. 119 ; *rapp. préc.*, 1996, p. 97.

[13] Boulot (Jean), *art. préc.*, p. 63.

[14] C. Comptes, rapp. préc. supra note 12. V. également Joye (Jean-François), *op. cit.*, p. 202 ; Madiot (Yves) et Gousseau (Jean-Louis), dir., *op. cit.*, p. 71 ; Ravanel (Jacques), « Les pouvoirs des collectivités territoriales en matière d'aides aux entreprises en difficulté », *EDCE* 1990, n° 41, p. 159.

obligatoires[15]. Aussi le législateur a-t-il rapidement réagi, dès 1988, en interdisant aux communes de continuer à attribuer des aides aux entreprises en difficulté[16]. Cette compétence a néanmoins été maintenue pour les départements et les régions, pour finalement être exclusivement réservée à ces dernières par la loi NOTRe[17]. Les autres collectivités, même lorsqu'elles sont directement concernées, n'ont plus à être consultées par la région et participent, aux mieux, au financement des actions décidées à l'échelon régional à travers une convention. L'État, quant à lui, demeure toujours présent en tant que pourvoyeur d'expertise à travers divers organismes dédiés[18].

2) Du point de vue de leur régime juridique, les aides locales aux entreprises en difficulté présentent une double spécificité tenant, d'une part, à l'importance primordiale de la prévention, qui est aussi une nécessité économique, des difficultés rencontrées par les entreprises et, d'autre part, au traitement différencié dont ces aides doivent faire l'objet[19] en raison de leur incidence importante sur le jeu de la concurrence. Bien que les opérations de sauvetage et de redressement des entreprises en difficulté par la puissance publique répondent à un intérêt public local, elles comportent, en elles-mêmes, les risques les plus élevés de distorsions de la concurrence, dès lors qu'elles conduisent artificiellement à une diminution du prix de revient proposé par l'entreprise en difficulté et corrélativement à une amélioration de sa position concurrentielle par rapport à celle des autres opérateurs sur le marché[20]. Il y a là aussi une immixtion publique dans les affaires privées qui porte nécessairement atteinte à la liberté du commerce et de l'industrie, comme à la liberté d'entreprendre[21].

---

[15] Nemery (Jean-Claude), *art. préc.*, p. 26 ; Colson (Jean-Philippe), « La décision d'intervention » *in* CREAM, *op. cit.*, p. 39.
[16] L n° 88-13, 5 janv. 1988, d'amélioration de la décentralisation, art. 9 et 10, JO 6 janv. 1988, p. 208.
[17] CGCT, art. L 1511-2.
[18] IGF, *Les aides d'État*, rapp. n° 2014-M-094-02, 2015, p. 8 ; Douence (Jean-Claude), dir., *op. cit.*, p. 31.
[19] Jeantin (Michel) et Le Cannu (Paul), *op. cit.*, n° 4.
[20] Pérochon (Françoise), *Entreprises en difficulté, instruments de crédit et de paiement :* LGDJ 2014, 10e éd., p. 118.
[21] L'une comme l'autre supposent la possibilité d'un échec de l'activité économique entreprise. V. Douence (Jean-Claude), dir., *op. cit.*, p. 61.

En conséquence, les aides locales aux entreprises en difficulté ont fait l'objet d'un contrôle strict et méfiant de la part de Commission européenne, avec un taux élevé de rejet des notifications, avoisinant 42 %[22]. Quant aux collectivités territoriales françaises, elles se sont également montrées hostiles à l'octroi d'aides aux entreprises en difficulté, ou à tout le moins parcimonieuses dans leur attribution[23]. En somme, alors même qu'elles s'avèrent essentielles à la vie économique, les aides aux entreprises en difficulté sont devenues les « mal aimées » du droit des aides d'État.

Elles le sont d'autant plus que dès lors qu'il s'agit de définir leur objet ou de les mettre en œuvre, de multiples difficultés surgissent. D'un côté, la notion même d'entreprise en difficulté exige de porter une appréciation, de nature économique, de faits complexes, de même qu'il n'est pas évident de choisir parmi les entreprises entrant dans sa définition celles à aider, de déterminer le type d'aide le mieux adapté, la politique à mener, mais aussi de mesurer les risques encourus pour la collectivité pourvoyeuse. De l'autre, la mise en œuvre de l'aide en faveur des entreprises en difficulté pose la question du moment où cette intervention peut être, encore, utile mais aussi de l'existence d'éventuels freins à celle-ci, tels le secret des affaires ou le secret professionnel des partenaires de l'entreprise ou la sous-traitance. Plus largement, la politique locale d'aide aux entreprises en difficulté doit également être articulée avec d'autres politiques publiques proches ou plus générales. Elle est aussi susceptible d'entrer en concurrence avec d'autres actions menées par différents acteurs publics.

À l'aune de ces multiples enjeux, l'évolution du droit local des aides aux entreprises en difficulté est ambivalente. Tandis que des incertitudes persistent sur le cadre qui lui est applicable (I.), une volonté récente de mieux maîtriser les risques inhérents à ce type d'intervention publique se dégage progressivement (II.).

---

[22] IGF, *rapp. préc.*, p. 9.

[23] Groud (Hervé), « Les aides locales et régionales aux entreprises en difficulté », *Dr. adm.* 2013, étude 11, n° 1 ; Douence (Jean-Claude), dir., *op. cit.*, p. 239.

I. Un cadre juridique fuyant

Les contours de la notion même d'aide aux entreprises en difficulté demeurent flous (A), de même que le régime qui leur est applicable est loin d'être uniforme (B).

A) La contingence des notions

La notion d'aide aux entreprises en difficulté, comme ses éléments de définition, demeurent tributaires des différences d'approche entre les droits français (1) et européen (2).

1) En droit français, il n'existe pas de définition textuelle de la notion d'aide aux entreprises en difficulté, sans doute pour ne pas entreprendre sur la liberté d'appréciation des autorités locales[24]. La jurisprudence et la doctrine administrative ont néanmoins isolé quelques éléments d'identification. L'entreprise en difficulté est celle dont la situation économique et financière rendrait sa liquidation inéluctable sans intervention des autorités publiques[25]. Pour caractériser une telle situation, il est fréquemment recouru à un faisceau d'indices qui conjugue des critères juridiques, économiques et administratifs[26]. Sont ainsi pris en considération au titre des premiers, l'état de cessation de paiement ou le dépôt de bilan déclaré par l'entreprise. Au titre des deuxièmes, une mise en chômage partiel des personnels ou la multiplication des licenciements pour cause économique sont autant de signes dont il peut être tenu compte. Enfin, l'établissement d'un plan de redressement de l'activité de l'entreprise avec les organismes publics compétents révèle indéniablement la situation difficile dans laquelle elle se trouve. En somme, la notion d'entreprise en difficulté relève d'une conception rétrospective. Pour être en difficulté, une entreprise doit avoir cessé de fonctionner[27] sans pour autant être déjà en situation de cessation de paiement. Cette manière d'appréhender la notion fait difficulté, car elle conduit

[24] Groud (Hervé), *art. préc.*, n° 2 ; Madiot (Yves) et Gousseau (Jean-Louis), dir., *op. cit.*, p. 72.
[25] CE, 26 juin 2006, n° 144803 *Dubus* : Leb. T. p. 842, *Rev. pr. coll.* 4/98, p. 369, obs. Soinne, *BDCF* 4/96, p. 21, concl. Loloum.
[26] Circ. Min. n° 82-102, 24 juin 1982, relative aux interventions des collectivités locales en faveur des entreprises en difficulté, *Mon. TP* 16 août 1982, p. 15.
[27] Jeantin (Michel) et Le Cannu (Paul), *loc. cit.* ; Vivant (Michel), *art. préc.*, p. 105.

souvent les autorités publiques à intervenir trop tard, à un stade où la situation de l'entreprise est très dégradée, voire irrécupérable[28].

Surtout, la notion d'entreprise en difficulté est formellement liée à la procédure en droit français[29], alors qu'en droit des aides publiques elle a une incidence substantielle. L'engagement d'une procédure de sauvegarde, de redressement judiciaire ou de liquidation judiciaire emporte la qualification, à l'exclusion des plans de sauvegarde et de redressement, dès lors que dans ces deux derniers cas, l'entreprise conserve la maîtrise de ses actifs, ainsi qu'une liberté de gestion. Nonobstant, il faut reconnaître la faible pertinence des outils d'appréciation, issus d'une circulaire qui n'avait du reste pas été faite pour ça, tout autant que de la notion elle-même, très descriptive et dont la consistance juridique est faible. Tout repose alors sur la suffisance des informations dont dispose la collectivité dispensatrice sur la situation financière et économique réelle de l'entreprise.

2) Le droit de l'Union européenne adopte, quant à lui, une définition à la fois plus précise et davantage économique. Une entreprise est en difficulté « lorsqu'il est pratiquement certain qu'en l'absence d'intervention de l'État [l'entreprise est] contrainte de renoncer à son activité à court/moyen terme »[30]. Les lignes directrices distinguent quatre cas pour identifier une telle situation. Il en ira ainsi lorsque la moitié du capital ou de ses fonds propres de l'entreprise a disparu, lorsqu'une procédure collective en insolvabilité[31] est lancée ou que l'entreprise remplit les conditions d'engagement d'une telle procédure au regard du droit national, ou encore à raison de déficits importants subis sur plusieurs exercices en fonction de ratios déterminés[32]. Plus économique, cette approche est plus simple, dans le sens où elle crée un effet de seuil pour évaluer la situation de l'entreprise. Néanmoins, le maniement des critères européens n'est

[28] Colson (Jean-Philippe), art. préc., p. 39.
[29] Vivant (Michel), *art. préc.*, p. 105.
[30] Com. UE, *Lignes directrices communautaires concernant les aides d'État au sauvetage et à la restructuration d'entreprises en difficulté* : JOCE n° C 244/2, 1er oct. 2004, p. 2.
[31] Cette notion recouvre, en droit français, les procédures françaises de sauvegarde, de redressement judiciaire et de liquidation judiciaire (Circ. CGET n° 68513, 14 sept. 2015, relative à l'application du règlement 1407/2013 de la Commission européenne du 18 décembre 2013, relatif à l'application des articles 107 et 108 du traité sur le fonctionnement de l'Union européenne aux aides *de minimis*, p. 13).
[32] Com. UE, Lignes directrices, 31 juill. 2014, préc., p. 6, pt. 20.

pas toujours évident, la Cour de Justice ayant pu juger que l'engagement d'une procédure collective n'emporte pas toujours la qualification d'entreprise en difficulté[33].

Au total, la notion d'aide aux entreprises en difficulté demeure tributaire d'un diagnostic économique et financier complexe, si bien que l'intervention des autorités locales demeure marquée par de grandes incertitudes, que la diversité des régimes qui lui sont applicables à cette catégorie d'aides ne contribue guère à réduire.

B) La diversité des régimes

Les frontières du régime applicable aux aides aux entreprises en difficulté ne sont pas plus nettes, dès lors que ce régime est tout à la fois stratifié et concurrencé.

1) Les aides locales aux entreprises en difficulté font l'objet d'un double encadrement, aux niveaux national et européen, avec un traitement particulier réservé aux PME.

Le droit français est moins exigeant que le droit de l'Union européenne. La licéité de l'octroi de l'aide locale aux entreprises en difficulté par le conseil régional est subordonnée à quatre conditions[34]. En premier lieu, l'autorité publique doit justifier d'un risque d'atteinte aux intérêts économiques et sociaux de la population pour attribuer une aide à une entreprise en difficulté, le seul intérêt de sauver cette dernière ou d'en faire bénéficier ses salariés n'étant pas suffisant[35].Toutefois, cette condition est ambivalente car le même risque est susceptible de commander, au contraire, l'abstention de la personne publique[36]. En deuxième lieu, l'attribution de l'aide doit donner lieu, à peine d'illégalité, à la signature d'une convention entre

---

[33] CJUE, 6 juill. 2017, aff. C-245/16, *Nerea SpA c/ Regione Marche*, pt. 39.

[34] CGCT, art. L 1511-2. V. Nicinski (Sophie), *Droit public des affaires,* Montchrestien, 7e éd., 2019, p. 289 ; Colson (Jean-Philippe) et Idoux (Pascale), *op. cit.*, n° 660.

[35] CE, 20 nov. 1985, n° 57139, *Cne Aigues-Mortes :* Leb. p. 330, *AJDA* 1986, p. 116, note Moreau (Jacques) ; CAA Bordeaux, 21 juin 1999, n° 97BX01661, *Ville de Royan.*

[36] Groud (Hervé), *art. préc.*, n° 30.

la collectivité pourvoyeuse et l'entreprise bénéficiaire [37]. En outre, l'aide attribuée doit faire l'objet de contreparties suffisantes[38] et d'un remboursement en cas de retour à meilleure fortune ou de reprise d'activité de l'entreprise. Ce régime peu exigeant est d'application limitée, dès lors qu'il ne concerne que les aides dont le montant est inférieur ou égal seuil *de minimis* européen fixé à 200.000 € sur trois exercices[39] pour les très petites entreprises (TPE ci-après) et les PME, y compris les entreprises publiques, à l'exclusion toutefois des prêts et garanties accordés lorsque l'entreprise fait l'objet d'une procédure collective d'insolvabilité[40].

Au-delà de ce seuil, l'octroi de l'aide est soumis au respect cumulé des règles française et européenne. Le régime européen est ici plus exigeant[41] en ce qu'il envisage la capacité de l'entreprise en difficulté à un retour à la viabilité comme condition à la compatibilité du versement de l'aide. Outre les critères d'appréciation des difficultés rencontrées par l'entreprise rappelés plus haut, les règles européennes soumettent également l'octroi de l'aide aux principes de proportionnalité et de non-récurrence. Le montant de l'aide doit être limité au strict minimum et celle-ci ne peut être attribuée qu'une fois par décennie. Durant cette période, il est fait interdiction à l'entreprise de recevoir d'autres aides au sauvetage et à la restructuration, de façon à éviter son maintien artificiel en vie. En outre, des mesures compensatoires du préjudice subi par les concurrents, telles des cessions d'actifs, ainsi qu'une contribution financière[42] de l'entreprise sont exigées. L'aide est enfin exclue pour les entreprises nouvellement créées, soit pendant les trois premières années de son entrée en activité. D'un autre côté, ces règles ont été adaptées aux entreprises en

---

[37] TA Grenoble, 23 mars 1983, n° 19798, *COREP Savoie c/ Cne St Rémy Maurienne*. V. Autin (Jean-Louis), « Présentation des techniques de contrôle » *in* CREAM, *op. cit.*, p. 116 ; Nemery (Jean-Claude), *art. préc.*, p. 28.

[38] Par ex., CE, Sect., 3 nov. 1997, n° 169473, *Cne Fougerolles*, Leb. p. 391, *RFDA* 1998, p. 12, concl. Touvet.

[39] Com. UE, Règlement n° 1407/2013, 18 déc. 2013, relatif à l'application des articles 107 et 108 du traité sur le fonctionnement de l'Union européenne aux aides *de minimis,* JOUE n° L 352, 24 déc. 2013, p. 1.

[40] Circ. CGET, 14 sept. 2015, préc., p. 13.

[41] Groud (Hervé), *art. préc.*, n° 10 ; Perochon (Françoise), *Entreprises en Difficulté,* LGDJ, 11e éd., 2019, p. 118.

[42] Un taux variable selon la taille de l'entreprise est appliqué, allant de 25 % du coût de la restructuration pour les PME, à 50 % pour les grandes entreprises (Comm. UE., Lignes directrices, 31 juill. 2014, *préc.*, p. 13).

charge d'un service d'intérêt économique général (SIEG), le montant de la compensation accordée à ce titre devant être prise en compte dans celui de l'aide accordée et les actifs nécessaires à l'exercice de la mission d'intérêt général en étant, à l'inverse, exclus.

Sur la base de ces règles, un régime d'aide au sauvetage, à la restructuration, et au soutien des entreprises en difficulté a été autorisé pour la France pour la période 2015-2020[43]. En cas de déclaration d'illégalité ou d'incompatibilité de l'aide, l'État membre a l'obligation d'ordonner la récupération de l'aide, en provoquant une procédure en insolvabilité de l'entreprise, voire en cas de reprise en la recherchant auprès des acquéreurs. Parfois, les collectivités territoriales vont plus loin en prévoyant des conditions supplémentaires à celles prévues par les droits français et européen. Ainsi, le schéma régional de développement économique d'innovation et d'internationalisation (SRDEII ci-après) de la Corse, dans le cadre du régime d'aide SFIDA[44], impose un objectif de retour à la viabilité de l'entreprise dans les deux années consécutives à l'octroi de l'aide, ainsi que son remboursement dans les cinq ans.

Le régime des relations financières propres aux entreprises publiques avec leur collectivité de rattachement, dont on sait qu'il relève du droit des aides et fait l'objet d'une attention particulière fait, quant à lui, l'objet d'un traitement spécifique[45]. Autant lorsque l'aide relève d'une intervention de la collectivité territoriale en tant qu'autorité de puissance publique, elle relève du cas général, autant lorsque celle-ci exerce son rôle d'actionnaire, les soutiens financiers, tels que les avances de trésorerie, prêts et augmentations de capital, sont en principe exclus[46]. Il n'en va autrement que lorsque le soutien envisagé, en cas de difficultés rencontrées par l'entreprise publique, satisfait au test forgé par la jurisprudence européenne du prêteur en économique de marché. Un tel soutien doit être attribué dans les

---

[43] Régime d'aides n° SA.41259, relatif aux aides au sauvetage et à la restructuration pour les PME en difficulté, approuvé par la Commission le 15 juillet 2015.

[44] *Sustegnu e finanzamentu di imprese in difficultà o in adattazione* créé par la délibération n° 16/175 AC de l'Assemblée de Corse du 29 juill. 2016.

[45] CE, 17 janv. 1994, n° 133837 et 133905, *Préf. Alpes-Haute-Provence,* Leb. p. 18, *AJDA* 1994, p. 470, note Devès (Claude), *RFDA* 1994, p. 900, note Douence (Jean-Claude). V. Chérot (Jean-Yves), *Droit public économique,* Economica, 2e éd., 2007, p. 972.

[46] CGCT, art. L 1522-1 et s.

conditions normales du marché[47], ce qui ne sera pas le cas en l'absence de rentabilité à moyen ou long terme pour le prêteur public[48].

2) Le régime spécifique des aides locales aux entreprises en difficulté est également concurrencé, en raison de la porosité des frontières avec d'autres dispositifs, que l'on songe aux aides communales à l'immobilier d'entreprise[49], aux garanties d'emprunts[50] ou encore aux aides départementales en cas de catastrophes naturelles[51] ou via la solidarité territoriale[52]. Il est souvent difficile, par exemple, de déterminer si le rachat de biens de l'entreprise ou l'octroi d'une garantie d'emprunt par la collectivité territoriale est assimilable à une aide au sauvetage de l'entreprise ou une simple aide à la reprise de l'entreprise. En outre, les différents dispositifs en vigueur permettent une intervention de la puissance publique à des stades antérieurs à la dégradation financière de l'entreprise[53]. Les difficultés de frontière et les concurrences éventuelles avec les aides aux entreprises en difficulté deviennent multiples.

Le cadre juridique gouvernant les aides locales aux entreprises en difficulté conserve de nombreuses « zones d'ombre », notamment parce qu'il est grevé par l'indétermination congénitale des notions qui en forment l'objet. Néanmoins, les collectivités territoriales se dotent progressivement des moyens de traiter les risques inhérents au sauvetage et au redressement des entreprises en difficulté.

II. Le traitement des risques amélioré

Le traitement des risques attachés au recours aux aides aux entreprises en difficulté s'est amélioré à un double égard. D'un côté,

---

[47] CJUE, 3 avr. 2014, aff. C-224/12, *Commission c/ Pays-Bas et ING Groep NV*, pt. 31.
[48] CJCE, 3 juill. 2003, aff. C-457/00, *Belgique c/ Commission*, pt. 30 ; CE, 10 nov. 2010, n° 313590, *Cté cnes Nord bassin Thau,* Leb. T. p. 653, *AJDA* 2011, p. 19, note Nicinski (Sophie), *BJCL* 2/11, p. 113, concl. Cortot-Boucher.
[49] CGCT, art. L 1511-3.
[50] CGCT, art. L 3231-4.
[51] CGCT, art. L 3231-3.
[52] CGCT, art. L 1111-10 et L 2251-3. V. Fromont (Michel) et Cartier-Bresson (Anémone), « Aides économiques. – Aides des collectivités territoriales », *Jcl. adm.* 2016, fasc. n° 258, n° 54 et s.
[53] En ce sens, Groud (Hervé), *art. préc.*, n° 24.

les stratégies de détection des entreprises en difficulté et les moyens de redressement de leur situation ont été perfectionnés (A). De l'autre, les responsabilités susceptibles d'être encourues à l'occasion du versement des aides aux entreprises en difficulté, nombreuses, sont désormais mieux circonscrites (B).

A) Des stratégies mieux définies

Depuis 2017, avec l'adoption des SRDEII, il revient à la région de mener la politique locale en matière d'aide aux entreprises en difficulté et de définir les régimes d'aides afférents. Toutefois, ces schémas « nouvelle génération » comportent peu de dispositions concrètes, le recours au contrat avec d'autres collectivités territoriales et leurs groupements, en particulier les métropoles, étant privilégié en pratique. Néanmoins, les SRDEII ont pour mérite d'avoir contribué à mieux définir les stratégies locales. Il convient de noter que la région Bourgogne, alors même que les défaillances d'entreprises excèdent de 10 % la moyenne nationale, n'a pas développé de politique spécifique en la matière. Hormis cette exception, les stratégies locales s'orientent vers une prévention renforcée des difficultés des entreprises (1) et un traitement plus ciblé de celles qui se retrouvent dans pareille situation (2).

1) Face à l'insuffisance des outils de prévention et d'analyse financière existants, les collectivités territoriales développent des moyens autonomes d'ingénierie financière, notamment en matière de détection des difficultés des entreprises.

Ces outils relèvent soit du droit des procédures collectives, en particulier avec la mise en place de cellules permanentes de prévention au sein des chambres de commerce et d'industrie[54], soit de dispositifs ad hoc. Dans le champ des collectivités territoriales, les institutions créées par l'État ont longtemps pesé en matière d'expertise économique et financière, qu'il s'agisse du comité départemental d'examen des problèmes de financement des entreprises (CODEFI) qui interviennent lors de l'examen des plans de redressement des entreprises de moins de 400 salariés ou encore du comité interministériel de restructuration industrielle (CIRI) dédié aux

---

[54] A. Jacquemont, Borga (Nicolas) et Mastrullo (Thomas), *Droit des entreprises en difficulté,* LexisNexis, 11e éd., 2019, n° 89.

entreprises de plus de 400 salariés. Les moyens de détection mis en place par les autorités étatiques se sont encore renforcés avec la création en 2018 des commissaires de restructuration et de prévention des difficultés (CRP) pour les entreprises de moins de 400 salariés, dont l'action se concentre surtout sur les entreprises industrielles de plus de 50 salariés[55].

Plusieurs collectivités territoriales s'en remettent encore à l'expertise de l'État dans leur gestion des aides aux entreprises en difficulté. La région Auvergne-Rhône-Alpes s'appuie sur l'action des CRP, tandis que la région Île-de-France a conclu un partenariat avec l'État qui prévoit notamment une offre coordonnée de soutien et la mise en place d'une cellule d'aide aux entreprises en difficulté et en restructuration et à leurs salariés[56]. Toutefois, le plus souvent, l'initiative des collectivités territoriales a été forcée, dès lors que le plan de redressement est établi en dehors d'elles, sous l'égide des autorités de l'État et de ses organismes experts[57]. Nonobstant, certaines collectivités territoriales ont pu, avec les SRDEII, développer leurs propres moyens d'information et d'accompagnement des entreprises en difficulté et ainsi recouvrer une autonomie plus grande. Ainsi la région Normandie a-t-elle créé une agence de développement économique qui sert de guichet unique pour les entreprises, tandis que les régions Corse et Occitanie ont créé des comités *ad hoc*.

2) Surtout, les régions se sont attachées à mieux définir les priorités et les instruments d'aide aux entreprises en difficulté de manière à développer un traitement plus ciblé.

D'un côté, elles reviennent à une logique sectorielle[58], la politique régionale en matière d'aides aux entreprises en difficulté se concentrant sur certains secteurs jugés sensibles ou stratégiques. Ainsi, la région Occitanie a fait le choix de cibler les TPE/PME de

---

[55] Circ. min., 29 juin 2018, Évolution du dispositif d'accompagnement des entreprises en difficulté (NOR : ECOI1817585C).

[56] Y sont associés, outre l'État et la région, la Banque de France, Bpifrance, la chambre de commerce et d'industrie de région (CCIR), la chambre régionale de métiers et de l'artisanat (CRMA), les établissements publics de coopération intercommunale (EPCI) et la Ville de Paris.

[57] Colson (Jean-Philippe), *art. préc.*, p. 44.

[58] Il s'agit là d'un retour aux origines, dans la mesure où le droit européen a adopté, au départ, une approche sectorielle de ce type d'aides.

moins de cinq ans, ainsi que la restructuration industrielle. La Corse a également orienté sa politique vers les TPE/PME, tandis que la région Provence-Alpes-Côte d'Azur (PACA) privilégie les PME et les *start-up*.

De l'autre, elles diversifient leurs instruments d'intervention. Certaines régions ont, par exemple, créé des fonds et des outils d'observation dédiés à la mise en œuvre de la politique définie en matière d'aide aux entreprises en difficulté. Tel est le cas de la plateforme SFIDA, citée plus haut, en Corse, de l'observatoire 2SE[59] en PACA ou de l'ARME[60] en Normandie. La région Pays de Loire, quant à elle, a créé un fonds dédié exclusivement aux investissements dans le capital des PME familiales. D'autres acteurs privilégient la création de sociétés d'économie mixte (SEM) patrimoniales et/ou privilégient la participation des EPCI aux fonds créés. Le moyen le plus courant demeure néanmoins le contrat du fait de la multiplication des acteurs publics susceptibles de concourir au sauvetage et au redressement des entreprises en difficulté.

C'est une véritable constellation d'organes de surveillance et d'expertise qui est en train de se former au niveau local, mais qui fait craindre que la nécessaire coordination entre les différents acteurs ne soit pas toujours assurée.

B) Des responsabilités circonscrites

L'intervention publique en faveur des entreprises en difficulté est, depuis l'origine, source de multiples responsabilités, même si la personne publique n'est pas en première ligne[61]. La première responsabilité demeure, en effet, celle de l'entrepreneur. Après quelques hésitations, le régime de responsabilité de la puissance publique, dessiné par une jurisprudence par ailleurs peu abondante, relève pour une large part du droit public, même si certaines zones d'ombre persistent. Il repose sur le principe selon lequel l'octroi d'une

---

[59] Solvabilité des entreprises et sauvegarde des emplois en Provence-Alpes-Côte d'Azur, associant le réseau des CCI de la région, les agences d'urbanisme de Marseille (Agam), d'Aix-en-Provence (AUPA) et de Toulon (AUDAT), ainsi que la ville de Marseille.

[60] Anticipation, Redressement et Mutations Économiques.

[61] En ce sens, Circ. premier min. 6 juill. 1982, relative à l'aide aux entreprises en difficulté : JO 8 juill. 1982, p. 2167.

telle aide est susceptible de conduire les autorités publiques locales à s'immiscer dans la gestion de l'entreprise bénéficiaire. C'est même la conséquence logique d'un tel mécanisme, la puissance publique ne pouvant s'abstenir de contrôler l'utilité de l'aide attribuée en vue d'un retour à la santé de l'entreprise[62]. La responsabilité s'apprécie alors en fonction du rôle joué par la collectivité dispensatrice de l'aide, mais aussi selon la nature du service public éventuellement en cause.

En cas d'abus éventuel, une action en comblement passif peut être engagée par un concurrent de l'entreprise en difficulté bénéficiaire pour faute de gestion[63]. Elle a été la voie le plus fréquemment empruntée pour engager la responsabilité de la collectivité territoriale dispensatrice. Cette responsabilité civile a pu être admise tant lorsqu'elle a agi en qualité de dirigeant de droit, notamment lorsqu'elle participe au capital de l'entité, ce que permet à nouveau la loi NOTRe[64], qu'en tant que dirigeant de fait[65]. Lorsque l'entreprise aidée est en charge d'un service public, le contentieux indemnitaire est réparti, selon la nature administrative et industrielle et commerciale de celui-ci, entre les juridictions administrative et judiciaire[66]. Outre la faute de gestion, le caractère abusif du soutien public peut consister en la prolongation artificielle de l'état de cessation de paiement de l'entreprise bénéficiaire[67].

Seulement, la responsabilité de la collectivité territoriale, en cas de faillite de l'entreprise bénéficiaire de l'aide, reste partielle dans la mesure où il est nécessaire d'apprécier le caractère fautif de son comportement. Or, dès lors qu'il s'agit de la puissance publique, le

---

[62] Vivant (Michel), « Les risques juridiques » *in* CREAM, *op. cit.*, p. 89.

[63] C. Com., art. L 651-2. V. Colson (Jean-Philippe) et Idoux (Pascale), *op. cit.*, n° 671 ; F. Pérochon, *loc. cit. ;* Madiot (Yves) et Gousseau (Jean-Louis), dir., *op. cit.*, p. 243.

[64] Cette possibilité a été rétablie pour les régions par la loi NOTRe à condition de s'inscrire dans un SRDEII (Colson (Jean-Philippe et Idoux (Pascale), *op. cit.*, n° 650 ; Joye (Jean-François), *op. cit*, p. 204).

[65] TC, 20 nov. 2006, n° 3570, *SEM Olympique d'Alès en Cévennes c/ Cne Alès, RJDA* 2007, p. 119, concl. Chauvaux.

[66] TC, 15 nov. 1999, n° 03513, *Comité expansion Dordogne* : Bull. Civ., n° 35, *AJDA* 1999, p. 992, chr. Fombeur et Guyomar, *BJCP* 2000, p. 440, concl. Arrighi de Casanova ; Cass. Civ. 1ère, 11 févr. 2003, n° 00-12857, *Chavignier* : Bull. Civ. I 2003, n° 44, p. 35 ; Cass. Civ. 1ère, 7 juin 2006, n° 04-17797, *Vle Nice : BJCL* 7/06, p. 533, obs. Janicot ; CE, 5 déc. 2005, n° 259748, *Dépt. Dordogne,* Leb. p. 552, *AJDA* 2006, p. 656, note Brénet, *CJEG* 2006, p. 173, concl. Glaser.

[67] C.Com., art L 650-1.

juge administratif est seul compétent pour en connaître[68]. Si, en conséquence, une action civile exclusive devant le juge judiciaire paraît improbable, compte tenu des évolutions jurisprudentielles, toute responsabilité financière de la personne publique n'est pas tout à fait exclue, même si les chemins possibles n'ont pas encore été arpentés. Il en va ainsi des actions en responsabilité devant le juge administratif pour faute de service, au titre du service public local de l'action économique[69], ou pour les manquements, sur le terrain cette fois de la faute lourde, commis dans l'exercice des activités de contrôle par la personne publique dispensatrice. Dans ce dernier cas, il s'agit d'un contrôle externe effectué par la personne publique sur une activité privée, ce qui suppose que la première ne participe aucunement au capital ou à la prise de décisions de la seconde. Dans le cas inverse, le contrôle interne à l'entreprise assumé par la personne publique, en sa qualité de membre du conseil de surveillance par exemple, relève du droit commun de la responsabilité devant le juge judiciaire, compte tenu de ce qu'il met en cause des rapports de droit privé.

D'un risque isolé et mal maîtrisé, le recours aux aides locales aux entreprises en difficulté relève désormais d'un risque partagé et mieux cerné. Développant leurs propres capacités d'analyse financière et d'observation, les collectivités territoriales sont désormais mieux armées pour assurer le *monitoring* des difficultés rencontrées par les entreprises et, le cas échéant, pour intervenir plus efficacement. Seulement, la mise en œuvre des dispositifs d'aide doit relever d'une action collective et coordonnée, compte tenu du morcellement du régime juridique applicable, de la redistribution des compétences des personnes publiques et de la persistance de risques élevés pour elles. Ce sont autant de gages de l'efficience de l'intervention publique en faveur des entreprises en difficulté.

Au bénéfice de cette double évolution, l'action économique locale en faveur des entreprises en difficulté renvoie moins l'image d'une opération réalisée par un médecin militaire sur le champ de bataille que celle d'une opération chirurgicale de précision menée par une

---

[68] CE, 16 févr. 2005, n° 257253, *Blajman : BJCL* 6/05, p. 416, concl. Glaser. V. Colson (Jean-Philippe) et Idoux (Pascale), *loc. cit.*

[69] Sur cette idée, Terneyre (Philippe) et Llorens (François), *art. préc.*, p. 430 ; Groud (Hervé), *art. préc.*, n° 25 et 52 et s. Il en va ainsi également au titre des promesses non tenues en cas de retrait illégal de l'aide.

assemblée des médecins qui s'est, chemin faisant, élargie et à l'aide de connaissances scientifiques, en l'occurrence économiques et financières, qui ont été améliorées. Toutefois, une même question demeure : le patient peut-il être sauvé ? À l'aune de cette interrogation, le recours aux aides locales aux entreprises en difficulté demeure un pari risqué, le traitement thérapeutique administré étant susceptible de s'avérer parfois pire que le mal, tant pour le patient traité que pour le médecin traitant. C'est dire que ce n'est pas demain la veille du jour où le droit local des aides aux entreprises en difficulté sera tenu pour une science exacte.

« Les aides à l'immobilier d'entreprise »

Denis Jouve,
Professeur à l'Université Paris 8
Centre de Recherches Juridiques Paris 8

L'attractivité économique d'un territoire peut être liée à une situation géographique enviable, un bassin d'emplois hautement qualifiés, une excellente desserte, des débouchés nombreux ou encore des consommateurs à fort pouvoir d'achat. Que ce soit pour pallier l'absence de tels atouts, ou pour les compléter, les collectivités territoriales peuvent être tentées de jouer sur le prix de l'immobilier à l'achat ou à la location afin d'inciter les entreprises à s'implanter sur leur territoire. Cependant, les personnes publiques ne sont pas libres dans l'utilisation de leurs biens publics afin d'aider les entreprises à s'installer sur leur territoire[1]. En effet, une double logique vient enserrer les aides aux entreprises au moyen de son patrimoine immobilier : une logique concurrentielle et une logique domaniale.

Le régime des aides à l'immobilier d'entreprise a été fortement remanié depuis la loi du 13 août 2004[2], puis en 2015 à l'issue de la loi NOTRe[3]. Cette dernière procède à un resserrement des compétences d'octroi au profit des communes, de leurs groupements et de la métropole de Lyon. La région perd la compétence de définition de ces régimes d'aide mais conserve la possibilité de participer à leur octroi par convention avec les communes[4]. Le département dispose d'une compétence résiduelle puisqu'il ne peut accorder ces aides qu'en vertu d'une délégation des communes ou de leurs groupements. Les aides peuvent prendre une grande diversité de formes. Le type d'outil utilisé

---

[1] Bourrachot (François), « La liberté des personnes publiques de disposer de leurs biens », *RFDA* 2003, p. 1110.
[2] Loi n° 2004-809 relative aux libertés et responsabilité locales.
[3] Loi n° 2015-991 du 7 août 2015 portant nouvelle organisation du territoire de la République.
[4] CGCT, art. L 1511-3.

s'est enrichi au gré des modifications de l'article L 1511-3[5]. Il peut s'agir de subventions, de rabais sur le prix de vente, de location ou de location-vente, de prêts, d'avances remboursables ou de crédit-bail à des conditions plus favorables que les conditions du marché. Ces avantages peuvent porter sur des terrains nus, aménagés ou des bâtiments neufs ou rénovés. Les aides à l'immobilier d'entreprise doivent être conventionnées sous peine d'être irrégulières[6] et doivent porter sur la création ou l'extension d'activités économiques ; elles ne peuvent être une simple aide au fonctionnement de l'entreprise.

Le régime de l'article L 1511-3 du CGCT repose sur deux piliers que sont la logique concurrentielle et la logique domaniale. La protection des biens publics et du fonctionnement concurrentiel du marché vient limiter cet outil de développement économique local. Or, le développement économique et le maintien de l'emploi sont des objectifs d'intérêt général[7] et peuvent constituer une mission de service public[8]. La protection des biens publics interdit à une personne publique de vendre ou louer un bien à un prix inférieur à sa valeur. La protection de la concurrence sur le marché nécessite de restreindre les aides aux opérateurs économiques car elles avantagent certains opérateurs au détriment d'autres. Le droit des aides à l'immobilier d'entreprise est donc un droit carrefour, synthétisant un certain nombre de règles, d'intérêts et d'enjeux différents. Il est au croisement de la logique de valorisation domaniale consistant à tirer profit des biens publics, de la nécessaire protection de ces biens et de la logique de développement économique local impliquant d'attirer des entreprises en leur conférant un avantage avec un prix ou un loyer attractif. Ce droit est également traversé par la logique européenne contrôle des aides d'Etat. Cette multiplicité des objectifs, des contraintes, des dimensions à prendre en compte en fait un droit éminemment technique. Le régime des aides à l'immobilier d'entreprise est une auberge espagnole qui produit un régime

[5] Le texte issu de la loi de 1982 s'appliquait initialement seulement aux rabais sur les ventes et locations des bâtiments.
[6] CAA Bordeaux, 13 nov. 2014, n° 12BX01247, *Cne d'Andernos-les-Bains.*
[7] CE, 20 juill. 1971, n° 80804, *Ville de Sochaux.*
[8] CE, 26 juin 1974, n° 80940, *Sté « La maison des isolants de France » ;* CE, 22 juin 2001, n° 203340, *SARL « Constructions mécaniques du bas-Poitou ».*

complexe, « une règlementation touffue »[9], « un kaléidoscope »[10], une « luxuriance de textes » [11]. Il est le produit d'une double articulation du développement économique local à la fois avec l'incessibilité à vil prix des biens publics (I.) et le droit des aides d'Etat (II.).

I. Un régime au carrefour du développement économique local et de l'incessibilité à vil prix des biens publics

Le régime des aides à l'immobilier d'entreprise est directement lié aux règles de protection des biens publics. Une tension existe entre le développement économique qui conduit à accorder des facilités aux entreprises et la logique domaniale visant à protéger la valeur et l'affectation des biens publics. Cette tension nécessite une articulation avec le principe d'incessibilité à vil prix (A) et questionne la pérennité de la jurisprudence *Fougerolles* (B).

A) L'articulation avec le principe d'incessibilité à vil prix

Une partie du régime des aides à l'immobilier d'entreprise est orientée vers le respect de l'interdiction d'incessibilité à vil prix des biens publics, complémentaire de l'interdiction pour les personnes publiques d'accorder des libéralités. Le principe d'incessibilité à vil prix a été consacré par le Conseil constitutionnel dans sa célèbre décision des 25 et 26 juin 1986[12]. Il indique que « la Constitution s'oppose à ce que des biens ou des entreprises faisant partie des patrimoines publics soient cédés à des personnes poursuivant des fins d'intérêt privé pour des prix inférieurs à leur valeur ». Le Conseil constitutionnel a précisé ce considérant initial en jugeant que les principes d'égalité devant la loi et les charges publiques ainsi que celui de protection du droit de propriété publique font obstacle à l'aliénation de biens publics « sans contrepartie appropriée eu égard à

---

[9] Moreau (Jacques), « Les aides locales aux entreprises et le développement économique », *JCPA* 2006, 1106.

[10] Yolka (Philippe), Commentaire sous l'arrêt Fougerolles, *Grandes décisions du droit administratif des biens*, Dalloz, 2018, 3e éd., p. 794.

[11] Moreau (Jacques), « L'immobilier d'entreprise, forme d'aide indirecte des collectivités locales », *Mélanges Benoît Jeanneau*, 2002, Dalloz, p. 603.

[12] Cons. const. 26 juin 1986, n° 86-207 DC, *Loi autorisant le gouvernement à prendre diverses mesures d'ordre économique et social.*

la valeur réelle de ce patrimoine »[13]. Ces considérants posent une difficulté : l'aide qui est la différence entre la valeur réelle du bien et le prix vendu ou loué est donc intrinsèquement inconstitutionnelle. En effet, les aides se définissent par l'absence de contrepartie ou par l'existence d'une contrepartie forcément inférieure au montant de l'aide[14], sans quoi l'aide serait en réalité la rémunération d'un service.

L'essence de l'aide s'opposant au principe d'incessibilité à vil prix, le cadre mis en place par le CGCT pour évaluer le prix de vente, et donc le montant de l'aide, est très strict. Afin de pouvoir évaluer la différence entre le prix du marché et le prix de vente ou de location et donc de connaître, par la différence entre les deux, le montant de l'aide, l'article R. 1511-4 du CGCT prévoit que, dans les communes de plus de 2000 habitants, les EPCI, les départements et les régions, la valeur vénale des biens est fixée par le directeur département ou régional des finances publiques. Dans les communes de moins de 2000 habitants, la valeur vénale est fixée soit de la même manière, soit par un expert indépendant « présentant toutes les garanties d'indépendance, jouissant d'une parfaite honorabilité et possédant la compétence nécessaire en matière d'évaluation de terrains ou de bâtiments ». Ces dispositions permettent une procédure transparente d'évaluation. A cette fin, si le bien a été acquis dans le cadre d'une procédure d'adjudication avec publicité, aucune consultation n'est alors nécessaire ; la valeur du bien « est réputée celle du marché »[15]. Ces dispositions sont inspirées de la communication de la Commission européenne publiée en 1997 qui estime qu'il n'y a pas d'aide – et donc pas de cession à vil prix – quand la vente immobilière est réalisée soit au plus offrant dans une procédure d'offre ouverte avec publicité, soit au prix fixé par un expert indépendant[16]. Dans la mesure où l'obligation de publicité et de mise en concurrence à l'occasion de ventes immobilières ne pèse que sur l'Etat[17],

[13] Cons. const. 24 juill. 2008, n° 2008-567 DC, *Loi relative aux contrats de partenariat.*

[14] Sur la question des contreparties et de la notion de subvention, voir Blanchon (Clothilde), *Recherche sur la subvention. Contribution à l'étude du don en droit public*, LGDJ, 2019, 356 p.

[15] CGCT, art. R. 1511-4 II.

[16] *JOCE*, n° C 209, 10 juill. 1997, p. 3, pt 1. Pour une mise en œuvre : CJUE, 16 juill. 2015, aff. C-39/14, *BBVG* ; CJUE, 16 déc. 2010, aff. C-239/09, *Seydaland.*

[17] CGPPP, art. R. 3211-2.

l'évaluation par les services de l'Etat est la procédure la plus fréquente concernant les aides locales. L'avis rendu sur la valeur des biens lie les collectivités territoriales. C'est cette valeur qui sert de référence pour détecter la présence et évaluer le montant de l'aide. Les collectivités n'ont donc pas de liberté dans l'évaluation du prix de marché. L'encadrement se poursuit d'une autre manière en cas de revente d'un bien acquis il y a moins de trois ans[18]. Lorsque les biens immobiliers sont acquis puis revendus en l'état par la collectivité locale, la valeur du marché ne peut être fixée en dessous du prix d'acquisition pendant une période d'au moins trois ans après leur acquisition, à l'exception d'une situation de baisse générale du prix du marché.

Le juge administratif est régulièrement saisi de ventes immobilières publiques et doit vérifier que le prix de vente correspond au prix du marché fixé par les services de l'Etat ou un expert indépendant. Si le prix de vente est inférieur au prix du marché et que le régime des aides à l'immobilier d'entreprise n'a pas été respecté, alors l'acte de vente est illégal. Par exemple, dans l'arrêt *Cne de Courtenay* du 25 septembre 2019[19], la vente d'un immeuble à une société pour 533 571 euros, alors qu'il est estimé entre 710 et 770 000 euros, constitue une aide accordée à cette société en méconnaissance des règles énoncées à l'article L 1511-3 du CGCT. Si le contrôle du juge administratif s'arrêtait à ce stade, il serait assez simple à appréhender. Cependant, dans la plupart des contentieux, le juge administratif contrôle l'existence et l'importance de contreparties que le bénéficiaire du rabais sur le prix de vente ou de location a pu apporter, en application de la jurisprudence *Commune de Fougerolles*[20]. Or, l'articulation de cette jurisprudence avec le régime des aides économiques locales est loin d'être évidente.

---

[18] CGCT, art. R. 1511-4 al. 3.

[19] CE, 25 sept. 2009, n° 298918, *Cne Courtenay*, *DA* 2009, note Melleray, comm. 148 ; *CMP* 2009, note Eckert, comm. 366 ; *AJDA* 2009, note Ziani, p. 2179.

[20] Pour Salim Ziani, « cette focalisation du contentieux des cessions immobilières à prix favorable sur les contreparties est le résultat contestable de la survivance de la jurisprudence Fougerolles » (« Bien mal cédé profite parfois à un autre que soi : le Conseil d'Etat revient sur les aides à l'immobilier d'entreprise », *AJDA* 2009, p. 2179).

B) La pérennité de la jurisprudence *Fougerolles* en question

Avant la loi du 13 août 2004, l'article L 1511-3 du CGCT encadrait seulement la vente ou la location de bâtiments et laissait une grande liberté aux collectivités territoriales pour les terrains nus[21]. Le Conseil d'Etat est donc venu pallier ce manque avec l'arrêt *Commune de Fougerolles*, rendu le 3 novembre 1997[22]. Dans cet arrêt, le juge administratif estime qu'un terrain non bâti peut être cédé « à un prix inférieur à sa valeur à une personne poursuivant des fins d'intérêt privé lorsque la cession est justifiée par des motifs d'intérêt général, et comporte des contreparties suffisantes ». Cet « infléchissement de la jurisprudence constitutionnelle »[23] était une réponse à l'absence de cadre juridique pour les ventes à prix réduit de terrains nus. Le Conseil constitutionnel a fini par intégrer l'apport de cette jurisprudence en consacrant le principe d'incessibilité à vil prix « sans contrepartie appropriée eu égard à la valeur réelle de ce patrimoine »[24]. Depuis loi du 13 août 2004, tous les types d'aides à l'immobilier en faveur des entreprises relèvent de l'article L 1511-3 du CGCT. Même si la jurisprudence *Fougerolles* a prospéré et s'est étendue aux aides immobilières aux associations ou aux personnes individuelles[25], sa survie dans le champ des aides économiques interroge. La loi de 2004 aurait dû « sonner le glas de la jurisprudence Commune de Fougerolles »[26]. Pourtant, certaines juridictions administratives continuent d'appliquer les conditions dégagées dans cet arrêt laissant subsister un double régime applicable à ces aides. Plusieurs hypothèses peuvent être alors émises.

---

[21] Avant la loi du 13 août 2004, l'article L 1511-3 a prévoyait que « les autres aides indirectes sont libres ». Sur le régime antérieur à cette loi, voir : Caudal (Sylvie), « Les aides immobilières des collectivités locales aux entreprises », *in* Caudal (Sylvie) et Sestier (Jean-François), dir., *Les collectivités locales et l'entreprise*, LGDJ, 2002, p. 85-108.

[22] CE, 3 nov. 1997, n° 169473, *Cne de Fougerolles*, *AJDA* 1997, note Richer, p. 1010 ; *D.* 1998, note Davignon, jurisp. p. 131 ; *JCP E* 1998, note Chouvel, 270.

[23] Yolka (Philippe), « Vente d'immeubles des collectivités territoriales », *JCL propriétés publiques*, fasc. 88, n° 247. Caroline Braud parle d'interprétation « *remarquablement souple de la jurisprudence constitutionnelle* » (« Les ventes au rabais des immeubles des collectivités territoriales », *AJDA* 2013, p. 1726).

[24] Cons. const. 24 juill. 2008, n° 2008-567 DC.

[25] CE, 25 nov 2009, n° 310208, *Cne de Mer*, CE, 14 octobre 2015, *Cne de Chatillon sur Seine.*

[26] Boussard (Sabine) et Le Berre (Christophe), *Droit administratif des biens*, LGDJ, 2019, 2e éd., p. 97.

La première hypothèse soutient que l'application des conditions de l'arrêt *Fougerolles* est réalisée par les juridictions administratives en contradiction avec le CGCT et le droit de l'Union européenne, la loi de 2004 ayant mis fin à cette exception jurisprudentielle[27]. En somme, point de salut hors du strict cadre des aides à l'immobilier d'entreprise de l'article L 1511-3 pour accorder un rabais sur le prix de vente ou de location à une entreprise. La survivance de l'application des conditions dégagées dans l'arrêt *Fougerolles* reviendrait à faire coexister avec le régime légal et règlementaire un régime jurisprudentiel plus favorable et qui se soustrait à l'obligation de notification des aides d'Etat. Or, la jurisprudence *Fougerolles* qui justifie l'octroi par la finalité de l'opération est une appréciation qui *« reste, au regard du droit des aides d'Etat, suspicieuse »*[28], ce droit s'attachant avant tout aux effets de la mesure. La jurisprudence *Fougerolles* ne s'appliquerait donc qu'à la faveur d'une méprise des collectivités territoriales et de l'absence d'invocation devant le juge de l'article L 1511-3 du CGCT par les requérants. Les mesures ne seraient ainsi pas appréhendées comme des aides à la création ou à l'extension d'une activité économique. Lorsque le régime de l'article L 1511-3 est invoqué, et ce indépendamment de la volonté de la commune d'octroyer une aide, la mesure est jugée illégale si le cadre légal n'est pas respecté[29]. Cette hypothèse fait écho aux interrogations du professeur Yolka à propos de cette éventuelle coexistence de régime : « à quoi servirait en effet un encadrement détaillé des aides, si le Conseil d'Etat repasse derrière le pouvoir réglementaire en prévoyant des possibilités à la fois plus larges (compte tenu des termes employés) et moins précises ? »[30].

La seconde hypothèse revient à considérer que les conditions énoncées dans l'arrêt *Fougerolles* sont devenues « un standard

[27] Bosgiraud (Catherine), « Les ventes à l'euro symbolique consenties par les personnes publiques », *JCPA* 2011, 2359.
[28] Roux (Christophe), note sous CAA Nantes, 2 nov. 2016, n° 15NT00378, *Cne d'Amboise*, *JCPA* 2017, 2021. Dans le même sens, voir Cartier-Bresson (Anémone), « Valorisation du patrimoine des collectivités territoriales : la contrainte du droit des aides d'État », *RLCT* 2014, n° 2702 et Roux (Christophe), *Propriété publique et droit de l'Union européenne*, LGDJ, 2015, p. 468 et s.
[29] CE, 25 sept. 2009, n° 298918, *Cne de Courtenay*.
[30] Yolka (Philippe), « Sur un lazare contentieux, l'arrêt Commune de Fougerolles », *AJDA* 2010, p. 51.

prétorien »[31] qui s'ajoute aux dispositions du CGCT. C'est la thèse défendue notamment par Sophie Nicinski qui considère que la réforme des aides à l'immobilier d'entreprise en 2004 n'a pas complètement remis en cause la jurisprudence *Fougerolles*. Les conditions dégagées dans cet arrêt s'ajoutent au cadre existant dans le CGCT. Les « conditions *Fougerolles* » ne pourraient donc pas s'appliquer isolément en vertu de cette thèse, elles n'interviendraient qu'une fois le respect du cadre législatif et règlementaire assuré mais sans se substituer à lui[32]. Norbert Foulquier va plus loin en estimant que la jurisprudence *Fougerolles* autorise les collectivités territoriales à accorder des aides en dehors du cadre fixé par l'article L 1511-3[33]. Dans nombre d'affaires, l'article L 1511-3 n'est pas évoqué et ce sont les conditions de l'arrêt *Fougerolles* qui sont utilisées par les juges du fond pour apprécier la régularité des opérations, que ce soit pour des ventes[34] ou des locations[35] à prix favorable. Il peut arriver que le juge combine les deux approches laissant entendre que la réunion des conditions *Fougerolles* serait de nature à apporter une exception en cas de méconnaissance de l'article L 1511-3[36]. A notre connaissance cependant, en pareilles circonstances, il n'existe aucune application positive de cette possibilité ouverte par la jurisprudence où une aide ne réunit pas les conditions de l'article L 1511-3 mais est « sauvée » car elle répond à un intérêt général et qu'existent des contreparties suffisantes.

Une troisième hypothèse, certes plus atypique, permet de justifier la coexistence des deux régimes et de préserver la cohérence du système des aides à l'immobilier d'entreprise. Elle consiste à envisager que le rabais du prix de vente en échange de contreparties n'est pas une aide et donc n'est pas soumis à l'article L 1511-3. En

---

Yolka (Philippe), *op. cit.*, fasc. 88, pt. 261.

32 Nicinski (Sophie), *Droit public des affaires*, LGDJ, 2019, 7e éd. p. 293.

33 Foulquier (Norbert), *Droit administratif des biens*, Lexisnexis, 2018, 4e éd. p. 25. Voir également Markus (Jean-Paul), « Aides financières et aides à l'immobilier d'entreprise », *Jcl. Collectivités territoriales*, fascicule 728, n° 142.

34 CAA Douai, 25 oct. 2012, *Sté immobilière Carrefour, Sté d'études, développement et réalisation Loisinord II* ; CAA Douai, 29 décembre 2006, n° 06DA00459, Cne de Fécamp ; CAA Nantes, 2 nov. 2016, n° 15NT00378, *Cne d'Amboise*, *JCPA* 2017, note Ch,. Roux, 2021.

35 CAA Lyon, 23 juin 2016, N° 14LY01701, *Cne de Nuits-Saint-Georges* ; CAA Lyon, 31 janv. 2019, n° 16LY02163, *Sté Pim Participations*.

36 CAA Marseille, 15 oct. 2007, 04MA01640, *Cne d'Aubagne*.

effet, une vente à un prix favorable ne fournit pas un avantage si elle n'est que la contrepartie d'un engagement de l'entreprise bénéficiaire. Les conditions de l'arrêt *Fougerolles* permettraient donc de caractériser et de justifier un échange à somme nul, sans gagnant du point de vue économique, mais pas une aide, d'où l'absence de mise en œuvre de l'article L 1511-3. Cette interprétation aurait l'avantage de respecter le droit des aides d'Etat puisqu'une mesure qui ne fournit pas d'avantage n'est pas une aide dans la mesure où elle est strictement compensée par des contreparties équivalentes à l'aide. Pour que cette hypothèse garantisse à la fois la cohérence du régime des aides à l'immobilier d'entreprise, le respect des biens publics et du droit des aides d'Etat, il faudrait que les juridictions réalisent une évaluation plus rigoureuse de la réalité et du montant de la contrepartie. Il faudrait donc en finir avec l'évaluation sommaire et sans méthode rigoureuse de calcul appliquée actuellement[37]. Cette approche semble avoir été mise en œuvre par la cour administrative d'appel de Bordeaux[38]. En échange d'un rabais sur le prix de vente, le bénéficiaire devait prendre en charge la réalisation de réseaux routiers et les céder à la commune. Le coût des travaux est chiffré à un montant supérieur à celui du rabais ; la cour en déduit donc qu'il n'y a pas d'aide en l'espèce et que l'article L 1511-3 est inapplicable. Le raisonnement suivi dans une autre affaire, par la cour administrative d'appel de Nantes apporte également un appui à cette hypothèse[39]. En l'espèce, la baisse du montant d'une redevance – assimilée à un rabais sur le loyer – ne respecte pas les conditions de l'article L 1511-3 et est annulée. Tout en précisant qu'il s'agit du « seul cadre légal d'intervention économique des collectivités locales », le juge administratif soumet l'aide aux « conditions *Fougerolles* » mais faute de contrepartie, le rabais est contraire au principe d'incessibilité à vil prix. Il semble donc bien que les conditions de l'arrêt *Fougerolles* se dissocient de la notion d'aide et soient devenues autonomes de celle-ci. A cette complexité propre à l'articulation des aides au développement économique avec protection des biens publics,

---

[37] CAA Nantes, 2 nov. 2016, n° 15NT00378 ; CAA Lyon, 23 juin 2016, n° 14LY01701, *Cne de Nuits-Saint-Georges ;* CAA Douai, 29 déc. 2006, n° 06DA00459, *Cne de Fécamp.*

[38] CAA Bordeaux, 18 déc. 2014, n° 13BX02024, *SAS Codec.*

[39] CAA Nantes, 21 avr. 2018, n° 16NT03165, *Union des métiers et des industries de l'hôtellerie des Côtes-d'Armor*.

s'ajoutent celles liées à l'articulation du développement économique local avec le droit des aides d'Etat.

II. Un régime au carrefour du développement économique local et du droit des aides d'Etat

Le CGCT organise la conformité du régime des aides à l'immobilier d'entreprise avec le droit des aides d'Etat. Le décret du 2 juin 2016[40], par souci de simplification et de cohérence, modifie la partie règlementaire du CGCT afin d'intégrer directement le droit des aides d'Etat. Le régime contenu dans le code est donc européanisé à la source. Ainsi, l'article R. 1511-4-3 précise que les collectivités territoriales compétentes peuvent accorder des aides à l'investissement immobilier et à la location « dans le respect des articles 107 et 108 du Traité sur le fonctionnement de l'Union européenne et de la réglementation qui en découle ». Le régime s'inscrit dans la logique ambivalente des aides à finalité régionale (A), et la met en œuvre, ce qui explique sa grande complexité (B).

A) Un régime inscrit dans la logique ambivalente des aides à finalité régionale

Le droit des aides à l'immobilier d'entreprise s'inscrit dans le cadre européen des aides d'Etat, dans un souci de limitation des perturbations du marché par la puissance publique. La dimension concurrentielle du droit de l'Union européenne l'a conduit à être attentif à la fixation du prix de cession de biens publics. C'est la raison pour laquelle une communication de la Commission a été adoptée en 1996 sur les aides au moyen de vente de bâtiments et de terrains par les pouvoirs publics[41]. La Commission est vigilante en la matière et a rendu une décision de récupération pour une aide du département du Loiret en faveur de l'entreprise Kimberly Clark[42]. Cette affaire a eu un retentissement important en France puisqu'elle a convaincu le législateur français de modifier le droit des aides à l'immobilier

---

[40] Décret n° 2016-733 actualisant le régime des aides à l'investissement immobilier et à la location d'immeubles accordées aux entreprises par les collectivités territoriales et leurs groupements.

[41] *JOCE*, n° C 209, 10 juill. 1997, p. 3.

[42] Décision 2002/14 confirmée par le TPICE, 10 avr. 2003, aff. T-369/00, *Dpt du Loiret*.

d'entreprise et d'adopter la loi du 13 août 2004[43]. Le droit des aides d'Etat lui-même intègre d'autres enjeux comme le développement territorial, l'aménagement du territoire ou le dynamisme des PME[44]. Dans cette perspective, le droit des aides d'Etat permet d'orienter les interventions de l'Etat en faveur de l'objectif de développement régional énoncé à l'article 3 du TUE[45]. C'est dans ce cadre visant à rattraper les régions en retard que le régime des aides à l'immobilier d'entreprise est organisé. Le cadre national s'inscrit donc dans celui des aides à finalité régionale qui fait le lien entre le droit des aides d'Etat, à finalité principalement concurrentielle, et la politique de cohésion économique, sociale et territoriale de l'Union européenne.

Les aides à finalité régionale (AFR) font partie des aides pouvant être compatibles[46] et sont encadrées afin de garantir qu'elles soient le mieux ciblées possible sur les régions les plus en difficulté. Parmi les objectifs de ces aides précisées dans des lignes directrices[47], figurent l'implantation de nouvelles entreprises, et l'influence de la localisation des projets d'investissement, ou encore le fait de susciter des investissements supplémentaires. Les aides à l'immobilier d'entreprise sont ainsi pensées comme des moyens de remplir l'objectif de cohésion économique, sociale et territoriale en rattrapant les régions en retard. Ces aides répondent à un régime différent selon qu'elles sont octroyées dans des régions en « zone a » ou en « zone c ». La « zone a » correspond aux régions mentionnées à l'article 107, paragraphe 3, a) du TFUE qui sont dans une « situation extrêmement défavorable par rapport au reste de l'Union »[48] c'est-à-dire aux régions dont le PIB par habitant est inférieur à 75 % de la moyenne de l'Union et aux régions ultrapériphériques. De son côté, la « zone c » caractérise les régions de l'article 107, paragraphe 3, c) dont le développement économique peut être facilité, mais à des conditions

[43] Markus (Jean-Paul), « De l'incompatibilité d'une aide à la neutralisation de trois législations. Note sous CJUE, 20 mai 2010, *Scott SA et Kimberly Clark SAS c/ Ville d'Orléans* », *JCPA* 2010, comm. 2259

[44] Noureau (Aurélie), *L'Union européenne et les collectivités territoriales*, Thèse soutenue à l'Université de La Rochelle, 2011, p. 463.

[45] La politique de cohésion économique, sociale et territoriale est développée aux articles 174 et s. du TFUE.

[46] Art. 107 § 3 a) et c) du TFUE

[47] Lignes directrices concernant les aides d'État à finalité régionale pour la période 2014-2020, *JOUE*, n° C 209, 23 juillet 2013, p. 1.

[48] CJCE, 14 janvier 1997, aff., C-169/95, *Espagne c/ Commission.*

plus strictes[49]. Il s'agit des régions défavorisées, soit par rapport à la moyenne de l'Union, ou avec chômage supérieur à la moyenne nationale voire encore de zones à faible densité de population ou isolées. Afin de tenir compte de ces zones, une carte est établie dans chaque Etat en fonction de seuils définis par la Commission[50]. Si une partie des régions ultrapériphériques est placée en « zone a », pouvant ainsi recevoir une intensité d'aides plus importante, seule une partie des communes françaises de métropole est placée en « zone c ». Les communes qui ne sont pas situées dans une zone AFR ne bénéficient d'aucun zonage favorable permettant d'accorder plus d'aides. La grande complexité de la partie règlementaire du CGCT est donc en partie liée à l'inscription de ces aides dans la politique de cohésion économique, sociale et territoriale de l'Union européenne.

Même avec cette finalité de développement régional, ces aides n'en demeurent pas moins des aides d'Etat dont le contrôle est avant tout fondé sur la protection de la concurrence. Afin de valoriser et d'inciter au versement d'aides ayant un effet positif sur les autres objectifs de l'Union, tels que le rattrapage des régions en retard, le règlement général d'exemption par catégorie (RGEC) prévoit que, sous certaines conditions, ces aides peuvent être exonérées de notification[51]. Sont ainsi exonérées les aides individuelles dont le montant ne dépasse pas 7,5 millions d'euros dans la zone c. Pour les aides qui ne sont pas couvertes par ce règlement, des lignes directrices de la Commission permettent aux aides à finalité régionale d'être déclarées compatibles, sous réserve de respecter un certain nombre de conditions. Assez classiquement, elles sont compatibles si elles contribuent à un objectif d'intérêt commun de l'Union, si elles sont nécessaires en apportant une amélioration que le marché est incapable d'apporter lui-même, si elles ont un effet incitatif en étant déterminante dans le choix d'investir de l'entreprise, si elles génèrent des externalités négatives limitées et si elles sont proportionnelles. La combinaison des lignes directrices et du RGEC a pour conséquence d'alléger le poids de la procédure des aides d'Etat sur les collectivités territoriales

---

[49] CJCE, 14 octobre 1987, aff. C-248/84, *Allemagne c/ Commission*.

[50] Décret n° 2014-758 du 2 juillet 2014 relatif aux zones d'aide à finalité régionale.

[51] Art. 13 et s. du règlement n° 651/2014 du 17 juin 2014 déclarant certaines catégories d'aides compatibles avec le marché intérieur en application des articles 107 et 108 du traité.

puisqu'elles n'ont pas à notifier la plupart des aides à l'immobilier d'entreprise qu'elles octroient[52].

Cette interpénétration d'enjeux concurrentiels, de développement régional, de dynamisme des PME explique la grande complexité de la partie règlementaire du CGCT qui la met en œuvre.

B) Un régime complexe, produit de la mise en œuvre la logique ambivalente des aides à finalité régionale

Il découle de la prise en compte de divers objectifs de l'Union européenne un régime très complexe avec divers seuils et plafonds d'aides en fonction de critères et de paramètres découlant du droit des aides d'Etat. Il existe trois variables déterminant le montant de l'aide pouvant être octroyé[53] : la taille de l'entreprise bénéficiaire, la nature de l'aide et le lieu d'implantation de l'entreprise. Ces variables pouvant se croiser, il en résulte un régime d'une rare technicité. Bien que le contentieux soit assez rare, une aide ne respectant pas les conditions de plafond et de zonage applicables méconnaît le cadre légal et règlementaire attaché aux aides à l'immobilier d'entreprise[54]. La distinction selon la zone d'implantation de l'entreprise est primordiale car elle détermine les règles applicables aux autres variables. L'intensité des aides dépend du positionnement de la collectivité, et donc de l'entreprise aidée, en zone d'aide à finalité régionale ou en zone d'aide à l'investissement des PME. Cette dernière catégorie est dépendante de la première puisqu'elle correspond aux communes n'entrant pas dans celle-ci[55]. En dehors des

---

[52] L'Etat français a informé la Commission de l'adoption d'un régime cadre exempté de notification relatif aux aides à finalité régionale pour la période 2014-2020 (n° SA 39252).

[53] Le décret n° 2016-733 du 2 juin 2016 a abrogé le régime des aides à l'investissement immobilier et à la location d'immeubles en vue de réaliser des projets de recherche, de développement et d'innovation ou dans le secteur de la transformation et de la commercialisation des matières premières et des produits agricoles.

[54] CAA Nantes, 27 avr. 2018, n° 16NT03165, *Union des métiers et des industries de l'hôtellerie des côtes d'Armor.*

[55] Art. 3 du décret n° 2014-758 du 2 juillet 2014 relatif aux zones d'aides à finalité régionale et aux zones d'aides à l'investissement des PME pour la période 2014-2020. Cet article précise aussi qu'en Île-de-France, les zones d'aides à

zones AFR, les possibilités d'aides sont plus réduites. Ainsi, aux termes de l'article R. 1511-5, seules les PME peuvent bénéficier d'aides à l'immobilier pour la création ou l'extension d'activités économiques dans le cadre du RGEC, jusqu'à 7,5 millions d'euros sans notification à la Commission. En dehors des zones AFR, les entreprises n'entrant pas dans la catégorie des PME, définie à l'annexe 1 du RGEC, ne peuvent bénéficier d'aides exemptées de l'obligation de notification qu'à hauteur de 200 000 euros sur trois exercices fiscaux dans le cadre du règlement *de minimis*.

En zone AFR, le croisement des variables donne sa pleine mesure et aboutit à une multiplication des cas de figures, toujours dans le respect des conditions fixées par le RGEC[56]. Le code distingue les aides à la location des aides à l'investissement immobilier[57] et leur applique un régime différent. Ainsi, les aides à l'investissement sont exemptées de notification lorsque le montant d'aide pour un même projet ne dépassait pas 7,5 millions d'euros en France métropolitaine[58]. Dans les zones AFR, les aides aux grandes entreprises sont autorisées mais sont plus strictement encadrées que celles aux PME. Ainsi, aux termes de l'article R. 1511-14, l'aide doit avoir pour conséquence un accroissement notable soit de la taille du projet ou de l'activité, soit de la portée du projet ou de l'activité, soit du montant total consacré au projet par l'entreprise, soit influence la rapidité de réalisation du projet, soit enfin si l'aide est déterminante dans la réalisation de l'investissement sur le territoire. Ces critères reprennent les conditions de l'effet incitatif de l'aide développée dans les lignes directrices sur les aides à finalité régionale. En outre, cet écart des régimes entre les entreprises en fonction de leur taille résulte du fait que « les grandes entreprises tendent à être moins touchées que les petites et moyennes entreprises (PME) par les handicaps régionaux à l'investissement ou au maintien de l'activité économique dans une zone moins développée »[59]. De plus, les aides aux PME ont un impact

l'investissement des PME concernent les communes classées en zones urbaines sensibles et celles, plus rares, en zone de revitalisation rurale.

56 CGCT, art. R. 1511-10.

57 L'article R. 1511-4-1 du CGCT précise que les aides accordées dans le cadre d'un crédit-bail ou d'une location-vente sont des aides à l'investissement.

58 CCGT, art. R. 1511-13. Des seuils bien plus importants sont prévus pour l'Outre-Mer : 52,5 millions pour Mayotte et 41,25 millions pour la Guyane, par exemple.

59 Lignes directrices, pt 14.

moindre sur le marché intérieur. Enfin, deux limites sont posées aux aides à l'investissement immobilier des entreprises, quelle que soit leur taille[60]. D'une part, ces aides sont conditionnées à une participation de l'entreprise à ce type de dépense à hauteur de 25 % au moins. Dit autrement, 25 % des dépenses en investissement immobilier ne doivent provenir d'aucune aide publique. D'autre part, ces aides sont subordonnées à l'engagement de l'entreprise de maintenir pendant cinq ans au moins son activité sur le territoire qui l'a aidée. Ce délai est ramené à trois ans pour les PME. Si ce délai est méconnu, l'aide est récupérée par la collectivité dans les conditions précisées par la convention. Cette mesure est destinée à dissuader les entreprises « chasseurs de prime »[61] cherchant l'effet d'aubaine des aides sans projet de développement économique à moyen ou long terme. Elle est directement inspirée de l'article 14. 5 du RGEC. Concernant les aides à la location, distinctes des aides à l'investissement, l'article R. 1511-15 les limite à un pourcentage du montant des loyers selon la taille de l'entreprise[62]. Ces taux d'aide peuvent être majorés lorsque les aides sont attribuées dans la foulée d'une création ou d'une reprise d'une entreprise. Ces aides sont limitées à 200 000 sur trois exercices fiscaux, ce qui correspond au seuil *de minimis* et permet d'échapper à la notification.

En conclusion, le régime des aides à l'immobilier d'entreprise doit sa complexité à la diversité des enjeux et objectifs auxquels il doit répondre : protection des biens publics, développement régional, aménagement du territoire, limitation des inégalités territoriales ou protection de la concurrence sur le marché intérieur. La pluralité des objectifs interroge sur l'efficacité de ces aides pour les assumer tous, l'éparpillement risquant d'être contreproductif, voire même d'affecter leur vocation première : le développement économique local.

---

[60] CGCT, art. R. 1511-4.

[61] Markus (Jean-Paul), « Aides financières et aides à l'immobilier d'entreprise, *op. cit.*, pt. 128.

[62] 10% pour les grandes entreprises, 20 % pour les moyennes et 30 % pour les petites en zone c.

« Les aides locales au cinéma »

Marie-Odile Diemer,
Maître de conférences de droit public, Université Côte d'Azur, CERDACFF (EA7267)

Comment promouvoir la culture en pensant en termes économiques ? La rengaine est ancienne[1]. « Le cinéma est un art et par ailleurs aussi une industrie » répondait avec évidence André Malraux. *Créer* et *diffuser* sont des verbes qui ont pourtant tendance à être supplantés par *produire* et *exploiter* dans le champ culturel. La terminologie « d'aide économique » accolée au cinéma pourra interroger d'ailleurs tout cinéphile. Les éléments économiques emporteraient finalement tout : on parle de succès pour un film à travers le nombre de ses entrées. Cette exaltation des chiffres submerge les qualités intrinsèques d'une oeuvre et donc sa dimension culturelle. Le cinéma ne deviendrait qu'un produit. Pourtant, le système de financement des films est sous-tendu par l'objectif de promotion de la culture. Dans ce contexte, s'intéresser aux cadres juridiques des sources financières du cinéma ne peut donc pas se présenter comme un exercice superflu pour un juriste[2]. La technique juridique doit être un support fiable pour que les choix politiques adoptés en la matière soient clairs.

Le coût moyen d'un film de fiction est d'environ 5 millions d'euros[3]. À peu près 300 films français sont produits chaque année[4].

---

[1] C'est une loi du 23 septembre 1948 qui instaure un mécanisme de taxation des sorties qui permet l'attribution d'un soutien automatique à la production et à l'exploitation. Elle est complétée par la création en 1953 d'un Fonds de développement de l'industrie cinématographique. Voir notamment Creton (Laurent), « Retour sur les origines du système d'aide à la production cinématographique en France », *Quaderni*, 2004, pp. 109-118, Dossier : *Cinéma français et État, un modèle en question.*

[2] Pour un panorama très complet du système de financement du cinéma voir Le Roy (Marc), « Cinéma », *Jcl. Administratif*, Fasc. n° 267, octobre 2019.

[3] Rapport du CNC, *Les coûts de production des films en 2019, Films d'initiative française ayant reçu l'agrément de production en 2019*, mars 2020.

Les sources de financement sont diverses car elles peuvent être tout autant d'initiative privée, - on pense aux chaînes de télévision notamment[5]-, que d'initiative publique[6]. L'analyse du cinéma sous l'angle financier est d'ailleurs un usage devenu courant au sein de la doctrine ou dans les rapports des parlementaires. Les recherches concernent tant le financement d'origine privée[7] ou publique[8] en droit interne, que celui construit au niveau européen[9].

Dans cet univers, les collectivités territoriales ne semblent pas se présenter comme une source de financement évidente lorsqu'on évoque le cinéma. Pourtant, elles sont les premières actrices de l'épanouissement de ce domaine culturel puisque ce sont bien les territoires qui sont directement les terres d'accueil des tournages et des salles de cinéma[10]. En 2018 par exemple, ce sont 80 millions d'euros

---

[4] Rapport du CNC, *La production cinématographique en 2019, Bilan statistique des films agréés en 2019*, mars 2020.

[5] Voir le chapitre « Le soutien en faveur des œuvres cinématographiques et audiovisuelles » *in* Broyelle (Camille) et Franceschini (Laurence), *Droit de la régulation audiovisuelle*, LGDJ, coll. Systèmes, 2020, p. 117-140. Les aides des chaînes de télévision sont soumises à un cadre juridique très complet qui se présente comme un jeu entre obligations de financement et obligations ou avantages dans les modalités de diffusion : décret n° 90-66 du 17 janvier 1990, décret n° 2010-416 du 27 mars 2010. Un système fiscal s'est également mis en place par le biais de la taxe sur les éditeurs et distributeurs télévisuels et une taxe sur les éditeurs vidéos.

[6] Cabannes (Xavier), *Le financement public de la production cinématographique*, L'Harmattan, 2006. Il existe plusieurs structures au niveau national comme le centre national de la cinématographie (CNC) mais également l'IFCIC (Institut pour le financement du cinéma et des industries culturelles).

[7] Boutonnat (Dominique), *Rapport sur le financement privé de la production et de la distribution cinématographiques et audiovisuelles*, décembre 2018.

[8] Palluel (Christine), « Le financement public de l'industrie cinématographique », *Legicom*, n° 17, 1997, p. 63-89 ; Cluzel (Jean), *L'efficacité des aides publiques en faveur du cinéma français*, Rapport fait au nom de l'Office parlementaire d'évaluation des politiques publiques, n° 11, 8 octobre 1998 ; Gaillard (Yann) et Loridant (Paul), *Les aides publiques au cinéma en France*, Rapport d'information fait au nom de la commission des finances, n° 276, 6 mai 2003.

[9] Amiel (Olivier), *Le financement public du cinéma dans l'Union européenne*, LGDJ, 2007 ; Calin (Raluca), *Du financement du cinéma et de l'audiovisuel à la consolidation d'une politique culturelle européenne*, Thèse, Fondation Varenne, 2018 ; Observatoire européen de l'audiovisuel, rapport sur *Cartographie des règles nationales pour la promotion des œuvres européennes en Europe*, 2019.

[10] Thiollière (Michel) et Ralite (Jack), *L'évolution du secteur de l'exploitation cinématographique*, Rapport d'information n° 308 fait au nom de la commission des affaires culturelles, 21 mai 2003.

qui ont été engagés par les collectivités à la faveur de la création cinématographique[11].

Puisque l'hégémonie du 7ème art dans le domaine culturel n'est d'ailleurs plus à démontrer et que le rôle des collectivités est indéniable, et même s'il ne faut pas tout attendre des subventions publiques, il est nécessaire de se plonger dans ce système général d'aide publique au cinéma. À cet égard, un système perfectionné s'est mis en place. Il comprend schématiquement deux branches : d'un côté l'aide à la production et de l'autre l'aide à la diffusion des films[12]. Ces canaux de financement public ont été développés tant au niveau national[13] par le biais du Centre national de la cinématographie et de l'image animée (CNC)[14] qu'au niveau local avec le concours de l'ensemble des strates territoriales à savoir les régions, les départements ainsi que les communes.

Mais si la rentabilité et l'idée de marché imprègnent nécessairement le financement privé du cinéma, cette image ne doit pas laisser penser que seul le financement privé serait carnassier. Les aides économiques locales pour le cinéma sont aussi embarquées dans des considérations purement pécuniaires. C'est d'ailleurs justement cette tension entre économie et culture qui rend importante l'étude des aides économiques du cinéma. Cette particularité est soulignée au niveau européen puisque la question de l'adéquation des aides locales au système européen des aides d'État qui irrigue l'ensemble des interventions du colloque, est relativement vite balayée par l'objet culturel qu'est le cinéma et qui permet d'éviter de trop nombreux contentieux en la matière[15].

Dans cette perspective, l'évocation des aides économiques locales au cinéma ne peut pas nous conduire à les considérer comme des exemples purement anecdotiques mais au contraire comme s'insérant dans une matière plus large qu'est le droit public du cinéma, au sein

[11] Chappat (David), *Collectivités territoriales et cinéma, le droit public local du cinéma*, L'harmattan, 2019.

[12] Qui intègre l'aide à la distribution et à l'exploitation des films.

[13] Délibération 2014/CA/11 du 27 novembre 2014 relative au règlement général des aides financières du Centre national du cinéma et de l'image animée

[14] C'est la loi n°46-2360 du 25 octobre 1946 qui a crée cet établissement public.

[15] Communication (2013/C 332/01) de la Commission sur les aides d'État en faveur des œuvres cinématographiques et autres œuvres audiovisuelles ; Règlement (UE) N°651/2014 de la commission du 17 juin 2014 déclarant certaines catégories d'aides compatibles avec le marché intérieur en application des articles 107 et 108 du traité.

duquel se loge un droit public local du cinéma qui abrite en son sein l'écosystème complexe des aides locales.

Il est toutefois certain que le droit du cinéma n'est pas connecté qu'avec le droit des collectivités territoriales puisque toutes les branches du droit sont mobilisées lorsqu'on évoque le 7ème art : du droit administratif au droit de la concurrence, en passant par le droit du travail ou encore la propriété intellectuelle, la liste est infinie pour qui voudrait relier simplement cinéma et droit[16].

Concernant l'association du droit public et du cinéma cela convoque à nos mémoires mais aussi à celles des étudiants - et d'ailleurs plutôt agréablement- les règles de police administrative par le prisme du régime des visas cinématographiques[17]. Résonne aussi dans nos oreilles plus sporadiquement les règles concernant le service public[18] mais aussi dans un écho parfois plus douloureux la matière fiscale[19]. En effet, le système d'aides au cinéma ne peut se comprendre sans référence au domaine fiscale puisqu'il est relié à des régimes de crédits d'impôts ou de taxes spécifiques[20]. Enfin, son lien

---

[16] Flores-Lonjou (Magalie), *Le travail, entre droit et cinéma*, Presses universitaires de Rennes, 2012 ; Kamina (Pascal), *Droit du cinéma*, LexisNexis, 2014 ; Connil (Damien) et Duvignau (Jérôme), *Droit public et cinéma*, L'Harmattan, 2018. Et plus généralement voir : Debbasch (Charles), *Droit de l'audiovisuel*, Dalloz, 4e éd., 1999 ; Pontier (Jean-Marie), Bourdon (Jacques), Ricci (Jean-Claude), *Droit de la culture*, Dalloz, 2ème éd., 1996 ; Regourd (Serge), *Droit de la communication audiovisuelle*, PUF, 2001 ; Montels (Benjamin), *Contrats de l'audiovisuel*, LexisNexis, 2017 ; Le Roy (Marc), *Droit de l'audiovisuel : Le droit positif, ce qui va changer, ce qui pourrait changer*, 2020.

[17] CE Sect., 18 décembre 1959, *Société des Films « Lutétia »*, n° 36385 36428, *GAJA*, Dalloz, 21ème éd., n°72.

[18] Léger (Jacques), Pontier (Jean-Marie), dir., *Les services publics culturels*, PUAM, 2012.

[19] Barraud (Boris), « Le régime fiscal des médias – Étude critique d'une "foire aux niches" », *Revue Lamy Droit de l'Immatériel* 2012, n° 83, p. 87.

[20] Un pan important du Code général des impôts est dédié aux crédits d'impôts concernant le domaine cinématographique. Voir « Crédit d'impôt pour les dépenses de production cinématographique », Bofip, *Bulletin officiel des finances publiques*. À titre d'exemple l'article 220 sexies du Code général des impôts qui prévoit que « Les entreprises de production cinématographique et les entreprises de production audiovisuelle soumises à l'impôt sur les sociétés qui assument les fonctions d'entreprises de production déléguées peuvent bénéficier d'un crédit d'impôt au titre des dépenses de production mentionnées au III correspondant à des opérations effectuées en vue de la réalisation d'oeuvres cinématographiques de longue durée ou d'oeuvres audiovisuelles agréées ».

avec le contentieux administratif n'est pas à occulter, et l'on pense ainsi au récent avis du Conseil d'État *Royal cinéma* du 29 mai 2019 concernant le régime contentieux des subventions[21].

Plus généralement, voire même plus logiquement, le droit public du cinéma se dessine à travers l'ensemble des textes qui l'encadrent, notamment les lois de finances qui régissent les modalités fiscales et les budgets affectés au cinéma[22], ou encore les lois organiques et ordinaires sur l'audiovisuel dont l'une est actuellement en discussion au Parlement[23]. D'ailleurs, la première loi sur l'état d'urgence sanitaire consacrait quelques lignes au cinéma[24].

Un droit public du cinéma existe certainement et en son sein un droit public local se profile progressivement.

Le cinéma est en effet connecté avec toutes les problématiques du droit des collectivités territoriales notamment en termes de répartition de compétences entre les différents échelons.

Toutes les strates administratives sont en effet mobilisées et ce, à toutes les étapes de la création et de la diffusion d'un film. La politique culturelle nationale à l'égard du cinéma est vive et il est logique que cette politique se répercute sur les collectivités.

Elles se présentent comme un complément nécessaire et des relais utiles pour financer le cinéma français à côté du financement national public qui se fait principalement, comme nous l'avons dit plus haut

---

Également il existe une fiscalité particulière concernant les œuvres pornographiques : l'article 1605 *sexies* du CGI prévoit un prélèvement spécial de 33% perçu sur la fraction des bénéfices industriels et commerciaux imposables à l'impôt sur les sociétés.

Voir Décision n° 2017-669 QPC du 27 octobre 2017, *Société EDI-TV*.

[21] CE, 29 mai 2019 *Société par action simplifiée Royale Cinéma*, n° 428040. Dans cet avis, le Conseil d'État précise le régime de recours contentieux dont relèvent les actions engagées en matière de subvention : il s'agit du cadre de l'excès de pouvoir.

[22] Voir l'article 138 de la loi n° 2019-1479 du 28 décembre 2019.

[23] Les enjeux de transformation de l'audiovisuel sont actuellement énormes : voir le *Projet de loi relatif à la communication audiovisuelle et à la souveraineté culturelle à l'ère numérique* déposé au Parlement le 5 décembre 2019 et modifiant la loi du 30 septembre 1986 relative à la liberté de communication. Voir également La directive 2018/1808 du 14 novembre 2018 dite « Services des médias audiovisuels (SMA).

[24] Article 17 de la Loi n° 2020-290 du 23 mars 2020 d'urgence pour faire face à l'épidémie de covid-19.

par le biais du CNC[25], ou du financement privé particulièrement diversifié[26].

Ainsi, si le cinéma est un objet à la fois économique et culturel, et que les collectivités peuvent les aider, se dessine un véritable circuit économique local. Cette sorte d'écosystème économico-culturel permet de relier aides à la production et aides à la diffusion. Aboutirait-on en définitive à un cercle vertueux qui permettrait aux collectivités d'être des relais efficaces en application des politiques nationales ?

Si à première vue la cartographie générale des aides économiques au cinéma semble plutôt claire, la compréhension des systèmes de financements devient un vrai défi lorsque l'on découvre l'incroyable variété des aides et la multiplicité des critères propres à chaque collectivité pour accorder ces aides. Ce schéma aboutit au final à créer un second millefeuille territorial et structurel : celui du cinéma.

I. Un circuit économique des aides locales au cinéma apparemment vertueux

Le but qui sous-tend l'existence même de ces aides est l'accompagnement et l'encouragement de la création cinématographique. Il est vrai que notre pays est toujours présenté comme une exception dans son versant culturel. Promouvoir la diversité et aider les films plus confidentiels à exister et à être diffusé est ainsi un objectif particulièrement affiché concernant les politiques publiques de financement en la matière. La répartition des aides se déploie géographiquement de manière assez claire, et un simple aperçu de leur régime juridique semble leur conférer cette même qualité de limpidité.

---

[25] La TSA (taxe sur les entrées en salles de spectacles cinématographiques) est régie aux articles l. 115-1 à L 115-5 du Code du cinéma et de l'image animée. La taxe est assise sur le prix des entrées payées par le spectateur, elle est directement perçue directement par le CNC et son taux est 10,6 %. Voir notamment : article 104 de la loi 2006-1771 du 30 décembre 2006 de finances rectificative pour 2006.

[26] Voir notamment la particularité des SOFICA : Ces Sociétés de financement de l'industrie cinématographique et de l'audiovisuel ont été créées par la loi du 11 juillet 1985 constituent des sociétés d'investissement destinées à la collecte de fonds privés consacrés exclusivement au financement de la production cinématographique et audiovisuelle.

A) Une cartographie claire des aides locales au cinéma

Le circuit se présente comme cohérent puisqu'aux différents types d'aides semble correspondre une compétence propre aux différents échelons.

La catégorisation entre les différents types d'aide est aisée à appréhender : elle se scinde entre les aides à la production et les aides à la diffusion. L'aide à la production est principalement nationale (CNC). Le relais territorial se concrétise au niveau régional et notamment par les nombreux fonds d'investissement que les régions ont créés depuis le début des années 90 en la matière[27] ou par des établissements publics spécifiques[28].

L'aide à la diffusion, et plus particulièrement à l'exploitation, se déploie notamment au niveau communal et bénéficie même d'un écrin législatif clair puisque le code général des collectivités territoriales évoque les modalités des aides aux exploitants à chaque échelon territorial. Ces dispositions sont ainsi codifiées aux articles L 2251-4 du Code général des collectivités territoriales (CGCT) pour les communes, L 3232-4 pour les départements, et L 4211-1 pour les régions.

La cartographie transparente des aides locales se calque également concernant les critères d'attribution de ces aides, qui bénéficient de lignes claires. À titre d'exemples on rappellera que l'aide à la production ne doit pas dépasser 50% du budget du film car de nombreux compléments se réalisent avec le financement privé. Des conditions concernant la langue du film existent également puisque ces aides ne concernent que les films en langue française. De plus, un critère éthique existe puisque sont exclus des aides locales, les films pornographiques ou d'incitation à la violence. Enfin les subventions doivent être dépensées selon un pourcentage prédéfini selon le budget du film au cœur même du territoire. Ces aides locales ayant une visée économique, il est logique que les dépenses puissent se faire au sein même du territoire qui octroie la subvention. C'est notamment ce que

---

[27] La région Île-de-France et Auvergne-Rhône Alpes sont particulièrement actives et visibles en la matière. Leurs sites Internet permettent de comprendre les critères d'attribution des aides.

[28] Voir notamment CICLIC : agence régionale du Centre pour le livre, l'image et la culture numérique.

la commission européenne nomme « la territorialisation des dépenses ».

À une distribution purement technique entre les différents échelons territoriaux, peuvent ainsi se dégager les fonctions propres de l'aide locale qui révèlent ce perpétuel tiraillement entre économie et culture que produit le cinéma. En effet, une fonction « promotionnelle »[29] se dessine dans le cadre de l'aide à la production. Cette valorisation est purement économique lorsqu'une collectivité accueille une équipe de tournage pendant plusieurs semaines, et permettra d'avoir une répercussion touristique potentielle. Au niveau de la diffusion, c'est la fonction de promotion de la diversité culturelle qui prévaudra, puisque la collectivité pourra offrir à ses habitants des fictions diversifiées.

Au vu de cette présentation, chaque collectivité semble avoir son rôle assigné. Il naît même un circuit infra local pertinent qui se surajoute au national-local relié naturellement à la fonction promotionnelle des collectivités. Très concrètement, l'accueil d'un tournage favorise l'emploi et la dynamique économique du territoire. L'image de la collectivité n'est pas à négliger puisque figurant dès le début d'un générique de film, elle pourra ainsi promouvoir son patrimoine, sa culture locale et peut être encouragée par la suite à accueillir d'autres tournages[30].

Ce cercle vertueux de l'aide économique territoriale se double d'une lecture du régime juridique plutôt limpide.

B) La clarté apparente du régime juridique

Les bases juridiques concernant les aides locales au cinéma se retrouvent aussi bien dans le code du cinéma et de l'image animée que dans le code général des collectivités territoriales.

---

[29] « La fonction promotionnelle peut être définie comme celle consistant, pour la collectivité territoriale, à apporter son soutien à des actions qui ont pour effet d'assurer sa promotion et d'accroitre sa réputation et, par conséquent, son attractivité » *in* Duranthon (Arnaud), *Subsidiarités et collectivités territoriales, Étude sur la subsidiarisation des rapports entre l'État et les collectivités territoriales en droit public français*, Dalloz, 2017, p. 137.

[30] Duranthon (Arnaud), *thèse préc.* : « Derrière l'image de la collectivité se cache principalement le souci d'entretenir son potentiel économique », p. 138.

Le titre II *Aides des collectivités territoriales* situé au sein du Livre III : *financement et fiscalité* permet d'avoir un régime juridique précisé au niveau des articles L 321-1 à L 321-3 du CCIA. On pourrait penser que ces articles créent un éparpillement du régime juridique. Pourtant ils se contentent de renvoyer aux dispositions précitées du code général des collectivités territoriales. Les articles évoquent donc, pour chaque échelon territorial et concernant les subventions attribuées aux exploitants d'établissements de spectacles cinématographiques, l'article du CGCT correspondant. C'est en effet à la loi n°92-651 du 13 juillet 1992 relative à l'action des collectivités locales en faveur de la lecture et des salles de spectacle cinématographiques complétée par la loi n° 2002-276 du 27 février 2002 que l'on doit la construction de ce régime juridique du droit public local du cinéma. À cet égard, l'article R1511-41 du CGCT précise explicitement comment l'entreprise exploitante doit demander à la collectivité une aide et quels sont les critères. En effet, cette aide concerne les petites salles qui ne doivent pas dépasser 7500 entrées par semaine et qui doivent être classées en art et essai. Ces critères permettent ainsi de promouvoir la diversité des œuvres diffusées. Les aides peuvent ainsi prendre des formes diverses puisque la collectivité peut par exemple mettre à dispositions des locaux afin de permettre une diffusion d'œuvres cinématographiques.

Si nous nous transportons plus généralement dans le CGCT, il faut tout simplement rappeler l'article L 4222-1 redessiné par la loi dite « NOTRe » du 7 août 2015 portant nouvelle organisation territoriale de la République qui souligne la compétence régionale en matière économique et culturelle. C'est d'ailleurs dans cette perspective que la région définit un schéma régional de développement économique, d'innovation et d'internationalisation (SRDEII) dans lequel sont précisées les orientations en matière d'aides aux entreprises[31]. Cependant cette hégémonie régionale n'est qu'apparente puisque l'article L 1111-4 du CGCT souligne la compétence partagée en matière culturelle : « Les compétences en matière de promotion de l'égalité entre les femmes et les hommes, de culture, de sport, de tourisme, de promotion des langues régionales et d'éducation

[31] L'article L 1511-2 du CGCT précise toutefois que « le conseil régional est seul compétent pour définir les régimes d'aides et pour décider de l'octroi des aides aux entreprises dans la région ».

populaire sont partagées entre les communes, les départements, les régions et les collectivités à statut particulier ». Mais c'est surtout concernant les aides à la diffusion ou à l'exploitation que ce soit au niveau départemental et communal que le CGCT nous offre un cadre précis. Pour l'aide à la production, il faut se référer au cadre général des aides économiques.

Bien évidemment, la question de l'adéquation avec les aides d'État se pose et la question de l'adéquation des aides régionales a pu se poser particulièrement[32]. Plus généralement, la commission en 2013 dans sa dernière communication sur l'audiovisuel précise que les œuvres audiovisuelles sont des biens économiques. La commission s'inscrit ainsi clairement dans la perspective d'une activité concurrentielle et industrielle mais parallèlement, il existe une politique européenne particulièrement active pour promouvoir la culture. Dans cette perspective le cinéma bénéficie d'un régime d'exemption de notification préalable lorsque les aides sont en faveur d'œuvres audiovisuelles créant ainsi une exception à l'application de l'article L1511-1-1 du CGCT. Mais l'exemption n'est pas générale. La commission reconnaît en effet que l'ensemble des « aides sous forme de subventions, d'incitations fiscales ou d'autres types de soutien financier sont susceptibles d'affecter les échanges entre États membres ». La commission s'attache ensuite à catégoriser les aides en fonction de leur objet et de leur montant. Elle rappelle notamment qu'« en ce qui concerne les aides aux salles de cinéma, les sommes allouées étant généralement modestes, le règlement de *minimis* devrait être suffisant pour couvrir les aides accordées, par exemple, aux cinémas en milieu rural et aux salles d'art et d'essai » et qu'en tout état de cause « Pour être compatible avec l'article 107, paragraphe 3, point d), du TFUE, l'aide au secteur audiovisuel doit encourager la culture ».

Ce schéma présenté comme presque idéal s'effrite au fur et à mesure qu'il est scruté de façon plus approfondie. L'analyse technique laisse quelques questions en suspens : quid de la compétence des établissements publics de coopération intercommunale ? Quelles sont les règles lorsqu'il existe un service public d'exploitation

[32] M. Le Roy, note TA Lyon, 3 avr. 2014, n° 1103969, *Étienne Tête*, *RLDI*, juill. 2014.

cinématographique ? Si la question a été réglée pour les EPCI[33] et que le régime du service public du cinéma connaît d'un régime particulier[34], c'est concernant l'analyse financière que la confusion est renforcée. L'on se rend alors compte que les règles sont éparpillées, que les interventions peuvent être croisées mais surtout que les aides à la production et à la diffusion ne sont pas les seules formes d'aides. Le circuit économique vertueux présenté, se transforme alors en une quête en réalité insaisissable.

II. Un circuit des aides économiques locales au cinéma entravé

L'une des critiques récurrentes formulées à l'encontre du financement public du cinéma concerne l'objectif même des politiques publiques. La tension entre l'économie et l'art et ces messages contradictoires entre un cinéma-art et un cinéma-divertissement se répercutent sur les schémas de financement complexes. Le cinéma est un domaine considéré comme « surfinancé » et dont l'offre est souvent beaucoup trop standardisée[35]. Les films sont en effet financés par avance puisqu'il n'y a pas de logique du risque dans le financement public qui est au contraire imprégné de la logique du devis[36]. Même si ces débats sont concentrés surtout au niveau national, il est difficile ensuite de promouvoir une diversité dans la diffusion de films considérés comme formatés. Ce système qui n'est plus aidé mais totalement subventionné crée en effet des schémas juridiques de plus en plus complexes et dont les objectifs originels tendent à se perdent. La vigilance de la Cour des comptes en la matière a d'ailleurs conduit au constat d'une « *sédimentation*

[33] Cela n'est possible que dans le cas d'un transfert explicite de compétences : Réponse du Ministère de la décentralisation et de la fonction publique publiée dans le JO Sénat du 04/06/2015.

[34] Amiel (Olivier), « Conflit autour de la notion de service public culturel d'exploitation cinématographique », *AJDA* 2008, p. 23. Voir aussi : Conseil de la concurrence, avis n°08-A-13 du 10 juillet 2008 relatif à une saisine du syndicat professionnel UniCité portant sur l'intervention des collectivités locales dans le domaine des salles de cinéma.

[35] Un « avis de tempête » s'était d'ailleurs abattu sur le cinéma français en la matière à la suite de la tribune de V. Maraval, « Les acteurs français sont trop payés », *Le Monde*, 29 décembre 2012.

[36] Gaspard Noé avait d'ailleurs déclaré en septembre 2019 à la Mostra de Venise que « plus personne n'oserait financer un film comme Irréversible ».

croissante des dispositifs » qui ne correspond pas à une efficacité particulière concernant le fonctionnement du CNC mais dont les arguments restent tout à fait transposables à l'ensemble du système de financement public territorial[37].

A) L'enchevêtrement des flux de financement

Le circuit décrit précédemment se trouve empêché par plusieurs obstacles ou prolongé par diverses ramifications. Sa fluidité et sa lisibilité sont alors remises en cause.

On constate notamment une sorte de reprise en main au niveau national du financement des films. Dans cette perspective, le recours à la convention entre le CNC et les collectivités est ainsi particulièrement privilégié que ce soit pour l'aide à la création que l'aide à la diffusion. Ce recours à la contractualisation permet ainsi de mobiliser plus de moyens. Ces conventions font souvent intervenir CNC et régions, puisque ce sont elles qui sont sont les premières actrices de l'aide à la création au niveau territorial. Il existe pourtant des conventions faisant intervenir des métropoles ou des communes. C'est le cas par exemple d'une convention signée avec la ville de Bordeaux en 2019. Le site du CNC précise d'ailleurs quant à la signature de cette convention qu' « il s'agit de l'une des premières conventions signées entre le CNC et une collectivité territoriale autre que régionale, en matière de soutien à la création ».

L'accroissement des moyens pour le cinéma et la diversité des conventions conclues font cependant perdre la lisibilité des différents régimes juridiques en la matière

Le schéma d'aides ainsi redessiné et contractualisé ne doit cependant pas éclipser le constat d'une fragmentation des aides elles-mêmes. La catégorisation binaire entre l'aide à la production et celle à la diffusion est remise en cause lorsqu'on se penche sur les aides allouées. Il existe en effet de multiples possibilités d'intervention. L'aide peut en effet intervenir à tous les moments de la vie d'un film. L'aide au montage ou l'aide à la mise en valeur des œuvres, ou à la numérisation des oeuvres par exemple, soulignent cette diversité. Des structures se surajoutent également aux fonds régionaux d'aide à la

[37] Rapport de la Cour des comptes, *La gestion et le financement du Centre national du cinéma et de l'image animée* (CNC), Exercices 2007 à 2011 (pp. 56-72).

création ou aux salles subventionnées par les collectivités. Par exemple, il existe des bureaux d'accueil des tournages, d'autres fonds d'aide ou encore des commissions dédiées à la production. Cette diversité doit être louée. Cependant, cette fragmentation des aides et cette superposition des structures ne sont pas homogènes. L'offre d'aides est en effet profondément bancale et inégale selon la situation géographique du tournage. Par exemple la commission du Film d'île de France dispose d'un manuel d'accueil des tournages mais ce qui n'est pas le cas de toutes les régions. Les chambres régionales des comptes jouent un rôle capital dans l'observation du fonctionnement de ces structures. La commission du film d'Île-de-France a d'ailleurs été rappelée à l'ordre récemment au regard de son fonctionnement interne et « des éléments de « train de vie » de l'établissement public de coopération culturelle (EPCC) parfois exagérément coûteux »[38].

Le circuit local est ainsi émietté. Il est alors compliqué de s'y retrouver pour un réalisateur ou un producteur pour connaître les attributions précises et les critères propres à chaque fois avancés par chaque zone territoriale.

Un millefeuille territorial cinématographique creuse sa place au sein du millefeuille général.

À cet éparpillement, correspond une cloison : le circuit entre la production et la diffusion est souvent inexistant ce qui fait perdre l'objectif initial à savoir promouvoir la culture.

B) Un circuit entre production et diffusion souvent inexistant

Il existe une déconnexion paradoxale entre la production et la diffusion : les relais territoriaux sont en effet manquants. Il existe ainsi de vraies lacunes dans la diversité des films proposés, des salles de diffusion d'un territoire à l'autre. Par exemple, un documentaire, même financé par une collectivité ne trouvera pas de diffuseur sur ce territoire.

La commission européenne, dans sa communication de 2013 reconnaissait pourtant que « L'aide apportée à la seule production risque d'encourager la fourniture de contenu audiovisuel sans garantir la distribution et la promotion correctes de l'œuvre audiovisuelle

---

[38] Chambre régionale des comptes d'Île-de-France, *La commission du film d'Île-de-France*, Observations définitives délibérées le 20 mars 2018.

financée. Il est donc judicieux que l'aide puisse couvrir tous les aspects de la création cinématographique, depuis l'élaboration du scénario jusqu'à la présentation de l'œuvre au public ».

Certaines collectivités font cependant des efforts. Par exemple, le département des Alpes Maritimes, gère un cinéma (nommé Mercury) qui diffuse des œuvres de toutes catégories quelques semaines après leur sortie officielle permettant ainsi aux films de trouver leur public sur le long terme. Les initiatives locales ne manquent pas, et parfois pas d'ailleurs d'originalité[39]. Toutefois, le millefeuille territorial cinématographique reste à trous.

La solution est sans doute à rechercher du côté du numérique. Celui-ci permet en effet de dépasser les contraintes territoriales au niveau de la diffusion. Insister sur l'aide à la fréquentation des salles paraît anachronique, ou du moins insuffisant.

L'émergence de plateformes locales, réservées à un public départemental par exemple ou diffusées sur le territoire national pourrait permettre de promouvoir des œuvres plus confidentielles et de rester dans le cadre de la valorisation de la collectivité comme fonction de promotion de son territoire[40].

En définitive, il n'est pas nouveau de critiquer le système de financement du cinéma, puisque l'histoire du cinéma est avant tout une histoire économique. Le champ lexical du commerce grignote peut à peu celui de l'art. Il est sans doute nouveau de se tourner vers le financement local et de dénoncer son manque profond de structuration à l'instar de son aîné, le CNC. La politique du financement du cinéma est ainsi morcelée car toutes les collectivités ne sont pas impliquées de la même manière.

Ce régime juridique bancal de l'aide au cinéma est révélateur d'une distorsion entre une économie trop développée au niveau de la production et totalement négligée concernant la diffusion. L'inflation des dispositifs d'aide à la création est régulièrement dénoncée par la

---

39 Voir notamment le dispositif « Cinémobiles » qui sont des salles de cinéma itinérantes dans la Région centre Val-de-Loire.

40 C'est notamment ce qui a été proposé par la cinémathèque de Nice pendant la crise sanitaire au printemps 2020 en proposant la diffusion de films en ligne chaque semaine et en maintenant l'accès à des films propres à la ville pendant toute la période du confinement et notamment le documentaire de Jean Vigo « *À propos de Nice* » (France, 1930) par le biais du programme « La culture s'invite chez vous ».

Cour des comptes qui a d'ailleurs pu préciser qu'il fallait « réduire les redondances entre dispositifs d'aides » et que « la filière de production est insuffisamment structurée »[41].

Les aides économiques locales sont parfois aussi déconnectées d'autres politiques publiques. La valorisation des œuvres cinématographiques dépend également des politiques éducatives combinées aux choix politiques en matière numérique. Cette réunion des différents impératifs sont pourtant parfois la substance des nouvelles conventions conclues entre l'État et les régions[42].

La contractualisation serait-elle alors la réponse à ces nouvelles connexions entre économie, éducation, culture et numérique ? À cette nouvelle physionomie de l'aide économique cinématographique devra se surajouter un circuit économique virtuel dont la fiction – et les spectateurs – ne peuvent raisonnablement plus se passer.

---

[41] Cour des comptes, Rapport public thématique, *Les soutiens à la production cinématographique et audiovisuel : des changements nécessaires*, 2014.

[42] Par exemple lors d'une convention réalisée entre le CNC et la Région Centre Val de Loire était rappelé que « Cette convention qui a pour objectifs d'accompagner la création indépendante, de renforcer l'attractivité du territoire, de structurer la filière professionnelle, de favoriser la rencontre des œuvres et des publics et de développer l'éducation à l'image et les pratiques artistiques ».

« Rapport de synthèse »

Anémone Cartier-Bresson,
Professeur à l'Université de Paris, Centre Maurice Hauriou (EA1515)

Le titre interrogatif, voire dubitatif, du colloque organisé par Olivier Renaudie invitait à questionner la cohérence du droit des aides publiques locales. Réflexion d'autant plus utile qu'elle est rarement menée. Les aides locales restent un pan délaissé du droit public, beaucoup moins étudié que d'autres formes d'interventions économiques[1] et resté dans l'ombre d'un droit des aides d'Etat en plein essor. Le contraste entre l'importance pratique et économique de ce levier d'intervention et la rareté de son appréhension juridique n'est pas nouveau[2]. Jean-Marie Pontier l'a souligné dans une belle fresque historique : en matière d'interventions économiques locales, le service public sous ses différentes facettes a toujours volé la vedette aux aides économiques. Les grands arrêts relatifs aux services publics locaux ou au socialisme municipal ont naturellement suscité plus d'engouement que l'analyse d'une réglementation très technique. La difficulté à appréhender les aides publiques locales a été accrue par une superposition toujours plus dense de règles sectorielles, transversales, nationales et européennes, aux logiques distinctes, parfois contradictoires. Cette situation au « carrefour » de multiples normes (L. Janicot, D. Jouve), fait aussi l'intérêt du droit des aides locales. La richesse des interventions à ce colloque en atteste, rendant particulièrement délicate la mission du rapporteur de synthèse. La transversalité est certes un constat banal lorsqu'il s'agit de droit public économique. Mais en matière d'aides locales, le carrefour reste

[1] Le constat est purement quantitatif. Parmi de récentes études consacrées à la question, l'on peut notamment mentionner le fascicule très complet de Devès (Claude) sur « Les interventions économiques des collectivités territoriales », *Encyclopédie Dalloz des collectivités locales*, Chapitre 8.

2 Il se vérifie plus largement en droit interne. « L'importance des subventions semble inversement proportionnelle à la précision de la notion » (Hertzog (Robert), « Linéaments d'une théorie des subventions », *RFFP*, n°32, 1988, p. 6).

particulièrement mal agencé, affecté par un manque de visibilité. Et ce malgré une succession de réformes, qui n'empêchent pas d'ailleurs un certain immobilisme. La constance des critiques émises par la Cour des comptes est à cet égard frappante. « Le cadre juridique d'intervention des collectivités, complexe et imprécis, est fréquemment transgressé, sans que l'Etat réagisse lorsque c'est nécessaire, ne serait-ce qu'en raison même des incertitudes affectant les règles communautaires et nationales », pouvait-on lire dans son rapport public en 1999. En 2007, le constat avait peu évolué. Un rapport de la Cour des comptes sur les aides au développement économique local déplorait la complexité et le manque de coordination des dispositifs existants, et suggérait une vaste refonte. En 2013, le rapport « Queyranne »[3] allait dans le même sens. Qu'en est-il aujourd'hui ? Dans un environnement normatif étoffé et complexifié, plusieurs tendances sont mises en relief par les différentes interventions. La plus évidente est que l'étau s'est resserré sur les aides des collectivités locales. Pour autant cela n'affaiblit pas cet outil d'intervention et contribue paradoxalement à le conforter. Les incohérences du droit des aides économiques locales résident davantage dans des flottements persistants, qui contribuent à en faire un cadre bancal.

I. Un étau resserré

Les acteurs locaux sont aux prises avec des contraintes démultipliées. La complexité accrue du droit des aides publiques décuple les risques juridiques pesant sur collectivités territoriales.

A) L'encadrement renforcé des interventions économiques locales

La diversification des compétences des collectivités locales en matière d'aides s'est logiquement accompagnée d'un encadrement renforcé. Au fil des réformes, des dispositions du CGCT relatives aux aides ont été modifiées pour remédier à des « errements » constatés (J.-M. Pontier). Des règles prudentielles ont été fixées en matière de garanties. Certains déboires en matière d'aides locales aux entreprises en difficulté ont été pris en compte, avec notamment leur recentrage

[3] *Pour des aides simples et efficaces au service de la compétitivité*, Mission « modernisation de l'action publique », La Documentation française, 2013.

sur les régions (S. Ferrari). Le recentrage des aides à l'immobilier d'entreprise a permis de limiter les surenchères entre collectivités territoriales pour attirer des entreprises sur leur territoire. En outre, et malgré les transferts de compétences, la centralisation persiste en matière d'aides locales. En atteste la formule révélatrice rappelée par plusieurs intervenants, selon laquelle « l'Etat a la responsabilité de la politique économique et sociale ainsi que de la défense et de l'emploi ». (art. L 2251-1 et L 3231-1 du CGCT). En matière d'aides locales, l'Etat reste très présent. C'est notamment le cas en matière d'aides aux entreprises en difficulté, (S. Ferrari). A divers égards, l'on peut même observer une recentralisation en matière d'aides économiques, parfois insidieuse, comme pour le financement du cinéma (M.-O. Diemer). C'est en matière d'aides fiscales que la centralisation est la plus nette. Déjà marginales à la base, les possibilités d'aides à l'initiative des collectivités territoriales n'ont cessé de décliner. Le contraste frappant avec d'autres Etats européens, où les collectivités régionales ont la possibilité de mener une politique fiscale (Alexandre Maitrot de la Motte). Pour autant il ne semble pas opportun de s'inspirer de ces exemples, les risques et inconvénients de l'outil fiscal local l'emportant probablement sur des avantages plus qu'incertains (*ibid.*).

B) Les contraintes décuplées du droit des aides d'Etat

La plupart des intervenants l'ont souligné : le droit des aides d'Etat a été principal facteur d'évolution des aides locales depuis une vingtaine d'années. Son emprise est multiforme. Sous son influence, la structure du droit des aides locales a été refondue. C'est pour mieux s'y conformer qu'a été abandonnée l'obscure distinction entre aides directes et aides indirectes dont le faible encadrement induisait de nombreux risques. Certaines implications procédurales du droit des aides d'Etat ont été intégrées dans le GCGT en 2004. Il est précisé que seul l'Etat notifie les aides d'Etat, que les collectivités territoriales doivent l'assister dans ses obligations d'information de la Commission en lui fournissant un rapport annuel, et qu'elles sont financièrement responsables des conséquences de leurs aides illégales. Sur le fond, le GCCT renvoie de plus en plus directement au droit des aides d'Etat dans sa partie réglementaire (pour les seuils d'aides, les zones éligibles...). Ce renvoi direct constitue une simplification par rapport à la transposition laborieuse d'une réglementation européenne mouvante qui se pratiquait auparavant[4]. Mais cette réglementation européenne est fort technique, ce qui ne facilite pas la tâche des acteurs locaux (D. Jouve). De plus, le droit des aides d'Etat constitue à certains égards un facteur de centralisation. L'approche « englobante » de la Cour de justice tend à banaliser les aides locales. El les collectivités locales ne sont que des requérantes « ordinaires », y compris contre les décisions de la Commission relatives aux aides qu'elles accordent (L. Clement-Wilz). Le passage obligé par le gouvernement pour notifier des aides nouvelles limite la marge de manoeuvre des régions pour créer des régimes d'aides. D'une manière générale, les collectivités territoriales sont fortement incitées par à s'inscrire dans le cadre des régimes d'aides déjà notifiés ou transmis par L'Etat à la Commission[5]. Au-delà de l'impact du droit des aides d'Etat sur certaines dispositions du CGCT, les collectivités territoriales y sont quotidiennement confrontées dans leurs interventions économiques. La Cour a tendance à présumer la condition d'affectation des échanges, y compris pour les avantages que des collectivités locales accordent à de petits services locaux (L. Clément-Wilz). Les risques juridiques liés à la qualification d'aide d'Etat ont été décuplés, notamment dans les contrats publics (P. Bourdon). Le poids de cette contrainte se vérifie aussi à travers ses multiples traductions contentieuses, et la rigueur du traitement que le droit des aides d'Etat impose aux bénéficiaires d'aides devant les juridictions administratives, tenues en outre d'écarter les règles procédurales nationales qui pourraient freiner la récupération (L. Janicot). Et les règles conditionnant la compatibilité des aides d'Etat sont souvent beaucoup plus contraignantes que les conditions plutôt vagues issues du CGCT. C'est notamment le cas en matière d'aides au sauvetage et à la restructuration (S. Ferrari) et d'aides à l'immobilier (D. Jouve). Dans d'autres domaines, la partie réglementaire peut fixer des conditions assez précises, comme en matière d'aides au cinéma (M.-O. Diemer).

---

[4] V. Cartier-Bresson (Anémone) et Fromont (Michel), « Aides économiques. Aides des collectivités territoriales », *Jcl. Adm.*, Fasc. 258, n°36.

[5] Les circulaires sur les aides locales sont très explicites à cet égard. V. Cartier-Bresson (Anémone) et Fromont (Michel), *ibid.*, n°41.

C) L'essor de la transparence

Le renforcement de la transparence des aides est une tendance générale, commune au droit de l'Union européenne et au droit interne. La transparence tend à devenir une condition de compatibilité des aides d'Etat. Dans le cadre de son plan de modernisation du droit, la Commission a renforcé les exigences de transparence en même temps qu'elle a élargi le champ des aides exemptées. Depuis 2016, les Etats sont tenus de publier certaines informations sur leurs aides en vigueur sur un site Internet exhaustif relatif aux aides d'Etat. La transparence peut également conditionner la non-qualification d'aide, comme dans le cadre de la jurisprudence Altmark. D'une manière générale la Commission incite fortement les Etats à utiliser des procédures transparentes pour écarter le soupçon d'aide (par exemple pour la vente d'immeubles), ainsi que pour chiffrer avec précision le montant des aides. Les conséquences en ont été tirées en matière d'aides à l'immobilier, pour lesquelles la partie règlementaire du GCCT a instauré une procédure transparente d'évaluation (D. Jouve). Toutes les implications du droit de l'Union européenne n'ont cependant pas été tirées. L'attribution d'aides ne s'insérant pas dans des contrats de commande publique n'est pas toujours précédée d'une publicité et d'une procédure d'attribution. Elle devrait être soumise aux principes de la jurisprudence *Télaustria* lorsqu'une aide conditionne l'exercice d'une activité économique pouvant intéresser les entreprises d'autres Etats membres (v. aussi en ce sens P. Bourdon). La transparence des aides a également progressé en droit interne. L'obligation croissante de recourir au contrat pour accorder des aides est un gage de transparence, même si celle-ci est loin d'être satisfaisante à tous égards (P. Bourdon).

II. Un outil d'intervention conforté

Plusieurs facteurs ont contribué à assoir la légitimité des aides publiques locales. Bien sûr, ils sont avant tout politiques et économiques (J.-M. Pontier). Outre des évolutions idéologiques, le contexte actuel illustre à quel point les temps de crise sont propices au développement des aides publiques. La crise économique de l'après-choc pétrolier avait favorisé un développement des aides publiques locales. Leur essor a également été facilité par le désengagement de l'Etat, dont les collectivités territoriales doivent de plus en plus prendre le relais sans disposer pour autant des outils adéquats. Sur un terrain plus juridique, les contraintes accrues pesant sur les aides locales, loin d'affaiblir ce levier d'action, peuvent le conforter.

A) Un contexte européen favorable aux aides locales

Le droit des aides d'Etat ne se traduit pas seulement par des contraintes pour les collectivités territoriales. Il en résulte aussi des possibilités d'aides décuplées. Dans le cadre de ses plans de modernisation du droit des aides d'Etat, la Commission cherche à recentrer son contrôle sur les affaires ayant la plus forte incidence sur le marché (Laure Clément-Wilz). Les aides publiques locales bénéficient largement des règlements *de minimis* et de nombreuses exemptions du REGC, ainsi que d'encadrements favorables, par exemple pour les aides à la culture auxquelles peuvent se rattacher les aides locales au cinéma (M.-O. Diemer). Pour écarter la qualification d'aide d'Etat, la Commission a admis plus facilement ces dernières années la dimension purement locale de certaines aides. En revanche, l'assouplissement (relatif) du critère de sélectivité géographique issu de la jurisprudence *Açores* ne pourrait bénéficier aux collectivités territoriales françaises, dont l'autonomie reste très limitée en matière fiscale (Alexandre Maitrot de la Motte ; L Clément Wilz). Par ailleurs, la décentralisation croissante de la gestion des fonds structurels confère de nouveaux leviers d'interventions aux régions. La loi *MAPTAM* du 27 janvier 2004 a permis un transfert quasi total de la gestion des financements du FEDER. Cela n'est pas allé sans difficultés, les régions ayant dû faire face à d'importants coûts de gestion pour la mise en œuvre de réglementations complexes, assortie d'un risque de corrections financières mises à leur charge.

B) Des facteurs de rationalisation

Longtemps critiquées pour leur inefficacité, les aides économiques sont de plus en plus soumises à une logique de valorisation et de performance. C'est très net en droit des aides d'Etat (à travers par exemple le critère de l'investisseur privé en économie de marché, les critères de la jurisprudence Altmark, les incitations à la performance des SIEG prévues par le paquet financement...). Cette logique s'impose aussi aux régions lorsqu'elles sont autorités de gestion des financements FEDER (la réglementation pour 2014-2020 prévoyant une « réserve de performance »). Elle découle aussi de règles internes, telles que l'incessibilité à vil prix, qui s'opposent à ce que des collectivités territoriales accordent des aides à l'immobilier d'entreprise si elles ne sont pas assorties de contreparties concrètes et proportionnées (D. Jouve). Bien que discutables à certains égards, ces évolutions tendent à renforcer l'efficacité des aides économiques locales. La contractualisation des aides locales peut aussi y contribuer, si elle permet de clarifier les devoirs respectifs des collectivités locales et des bénéficiaires d'aides. Alors que la dispersion des compétences était régulièrement critiquée, la loi NOTRe a promu une forme de spécialisation en recentrant les principales aides économiques sur les régions, ou bien sur les communes, ainsi que sur les métropoles qui ont aussi été les grandes gagnantes de la réforme (A. Braun). Elle a renforcé le rôle des régions dans la planification des aides attribuées sur leur territoire. Si l'impact des SREEII reste encore à observer (A. Braun), des effets positifs ont déjà pu être constatés dans la définition de stratégies locales en matière d'aides aux entreprises en difficulté (S. Ferrari).

III. Un cadre bancal

Alors que les collectivités locales sont de plus en plus sollicitées pour le relayer l'Etat en matière d'aides économiques, le cadre juridique de leurs interventions reste insuffisamment propice à leur efficacité. A mesure que le droit des aides d'Etat s'étoffe, il tend à éclipser le volet interne du droit des aides locales (L. Clément-Wilz, J.M. Pontier). Celui-ci reste imprécis et fragmenté, comme tous les intervenants l'ont montré.

A) Des flottements persistants

Les contours de l'aide locale restent fuyants, comme plus généralement ceux de l'aide économique, qui n'est pas vraiment définie en droit interne[6]. Ce flou est d'autant plus frappant en matière d'aides locales que le législateur en a décuplé les possibilités. La seule définition posée en 2014 dans la loi sur l'économie solidaire (qui ne concerne pas spécialement les aides locales) est loin de remédier au

---

[6] Cartier-Bresson (Anémone) et Fromont (Michel), « Aides économiques. Notion.Typologie », *Jcl. Adm*, fasc. 256, janv. 2015.

flou de l'aide économique (J.-M. Pontier). Outre qu'elle ne concerne qu'une forme d'aide parmi bien d'autres, cette définition législative avait un objectif assez limité. Il s'agissait de sécuriser les subventions (qu'elles soient nationales ou locales) au regard du droit de la commande publique. La loi définit ainsi les subventions en codifiant des critères jurisprudentiels de distinction entre subvention et contrat de commande publique (sans d'ailleurs mettre fin aux difficultés en la matière, en particulier au regard du critère de l'initiative du projet). La faiblesse de la définition de l'aide en droit interne contraste avec l'abondance de la jurisprudence et de la doctrine sur la notion d'aide d'Etat. Elle contribue au fait que la notion d'aide d'Etat ait tendance à éclipser celle d'aide locale au sens du droit interne (L. Clément-Wilz). Certes expansive, du fait d'une lecture large par la Cour et la Commission, la notion d'aide d'Etat conditionne uniquement l'application des articles 107 à 109 du TFUE. Pour des enjeux de droit interne, les Etats restent libres de définir les aides économiques comme ils l'entendent. Les critères de l'aide d'Etat obéissent à des enjeux juridiques et politiques qui leur sont propres. Ils ne se vérifient pas nécessairement pour les aides locales (dont un bon nombre reste notamment en dessous des seuils *de minimis*). Un alignement des définitions n'aurait pas de sens. Mais il serait opportun de s'inspirer du droit des aides d'Etat pour mieux délimiter la notion d'aide en droit interne. Une approche plus explicite en termes d'avantage permettrait de mieux distinguer en droit interne les aides économiques de l'utilisation « ordinaire » d'instruments financiers par les collectivités territoriales (prises de participations, prêts, garanties, capital-investissement…). Pour autant, la clarification des catégories juridiques ne suffit pas à mettre fin à des amalgames solidement enracinés dans les esprits. Alors même que la distinction entre aides et contrats de commande publique a été affirmée, et que les candidats sont sélectionnés à l'issue de procédures exigeantes, il est fréquent de voir présenter les marchés publics comme une forme d'aide aux entreprises, comme si le fait d'avoir été sélectionné constituait un privilège. De plus, la tendance persistante à assimiler l'utilisation normale d'instruments du marché à des aides économiques locale reflète une réticence (toujours sous-jacente dans la jurisprudence du Conseil d'Etat) à admettre que les collectivités territoriales concurrencent des opérateurs privés.

B) Quelles contreparties aux aides ?

Le flou de l'encadrement des aides locales se vérifie aussi à propos des obligations des bénéficiaires. Les aides publiques sont parfois présentées comme une forme de « don »[7], dans la mesure où elles ne sont pas destinées à rémunérer une prestation. Pour autant elles ne sont pas désintéressées. Il s'agit de mesures incitatives, que les acteurs publics utilisent pour orienter ou soutenir le comportement des bénéficiaires, en vue de finalités d'intérêt général variées (dont le développement économique local). Là encore, la « conditionnalité » des aides d'Etat fait l'objet d'un corpus juridique développé et d'études approfondies en droit de l'Union européenne[8], alors que son appréhension reste très partielle en droit interne. La question est ponctuellement abordée à travers certaines qualifications juridiques, qui reposent sur des appréciations plutôt subjectives. Les conditions attendues des bénéficiaires à l'octroi de certaines aides vont-elles trop loin ? On risque alors de basculer sur une qualification de contrat de commande publique. Les « contreparties » d'aides liées aux immeubles publics sont-elles « suffisantes » au sens de la jurisprudence *commune de Fougerolles* ? La pérennité et la portée de cette jurisprudence ont soulevé de nombreuses interrogations, alors que l'encadrement réglementaire et européen des aides à l'immobilier s'est resserré (D. Jouve). Finalement, c'est surtout à travers son volet répressif que la conditionnalité des aides est abordée, lorsqu'il s'agit de récupérer des aides indûment perçues. Le juge administratif est tenu de veiller à la récupération des aides d'Etat (L. Janicot). Au regard du droit interne, une aide ne crée de droits pour son bénéficiaire que s'il en respecte les conditions. Mais il n'est toujours facile de déterminer la portée précise de ces conditions. L'essor des contrats en matière d'aides (P. Bourdon) est certes un facteur de clarification. Mais beaucoup d'aides sont encore attribuées par des actes unilatéraux. Et le juge peut très bien sanctionner la méconnaissance de conditions qui n'étaient qu'implicites. Il en résulte une insécurité juridique, tant pour les collectivités locales que pour les bénéficiaires[9]. Alors qu'elle conditionne largement l'efficacité des

---

[7] Blanchon (Clothilde), *Recherche sur la subvention. Contribution à l'étude du don en droit public*, LGDJ 2019.

[8] Péjout (Olivier), *La conditionnalité en droit des aides d'Etat*, Dalloz 2019.

[9] Groud (Hervé), « La sécurisation des aides publiques locales aux entreprises », *AJDA* 2003, p. 1584.

aides locales, la teneur précise de leurs contreparties, leur bonne exécution et leur contrôle sont insuffisamment envisagés en amont.

C) Les ambiguïtés de la répartition des compétences

L'ambiguïté la plus visible tient à l'affirmation par la loi NOTRe du rôle prééminent de la région en matière d'aides au développement économique, sans que le législateur n'aille jusqu'au bout de cette logique[10]. Le choix entre logique de spécialisation et logique de subsidiarité n'a pas été clairement tranché (J. Martin). Les autres collectivités conservent un rôle important en matière d'aides économiques, voire parfois exclusif pour les aides des communes à l'immobilier d'entreprises ou au maintien de services de proximité (F. Poulet, A. Braun). Quant aux conséquences de la suppression de la clause de compétence générale des départements, l'adoption en 2015 de deux instructions insistant sur une stricte interprétation révèle qu'elles ne sont pas des plus limpides. El les précisions qu'elles apportent ne le sont pas davantage (J. Martin). L'idée de compétence exclusive est en outre tempérée par la possibilité d'accorder des aides en complément de la collectivité compétente, dans le cadre de conventions qui peuvent être source de complexité (F. Poulet, J. Martin). Moins manifeste, la porosité de la frontière entre les différentes catégories d'aides locales rend la distribution des rôles assez factice (ou formelle, la distinction entre certaines catégories d'aides passant plus par leurs formes autorisées que par leurs finalités). Comment en effet distinguer les aides à la « création et à l'extension d'entreprise » des autres aides économiques, qui ont souvent pour effet de conforter des activités économiques ? Comment délimiter les aides aux entreprises en difficulté alors que le GCGT ne définit pas l'entreprise en difficulté, et que la jurisprudence est d'un faible secours si l'on reste en dessous des seuils *de minimis* (qui permettent d'échapper à l'application de règles communautaires beaucoup plus strictes). De plus, rien n'interdit de recourir à d'autres catégories d'aides locales (par exemple les aides à l'immobilier d'entreprise) pour soutenir des entreprises en difficulté. Cette imprécision vise sans doute à préserver une marche de manœuvre pour les collectivités locales (S. Ferrari). Mais elle engendre une insécurité

---

[10] Renaudie (Olivier), « Les aides locales aux entreprises : quelle répartition des rôles ? », *Pouvoirs locaux*, n°114, III/2019, p. 46.

juridique. Le droit des aides d'Etat est à cet égard plus clair : chaque base juridique pour l'octroi d'une aide suppose le respect de critères qui lui sont propres, et les coûts éligibles pour chaque catégorie d'aide sont définis avec précision.

Face à ces déséquilibres, la tentation pourrait être de laisser les dispositions du CGCT devenir une coquille vide, en reportant l'encadrement des aides locales sur le droit des aides d'Etat. Ou bien de leur redonner du sens, pour que le droit des entreprises publiques locales prenne la place qui lui revient dans le rapport de systèmes, qui enserre les interventions économiques locales.

TABLE DES MATIERES

« **Introduction** » 7

Prolegomènes : « Qu'est-ce qu'une aide économique locale ? » 21
I. Une forme d'intervention locale légitimée 23
A) L'importance croissante de l'économie dans les interventions publiques locales 23
B) La validation sans définition de l'aide économique locale 28
II. Une notion fragmentée 35
A) Une notion brouillée dans les dispositifs nationaux 36
B) Une notion occultée par les dispositions du droit de l'Union 43

Première partie : Les acteurs
« Le conseil régional est-il titulaire d'une compétence de principe en matière d'aides économiques locales ? » 49
I. La recherche de la primauté régionale initiale 51
A) L'interprétation juridictionnelle initiale de textes ambigus 51
B) L'évolution textuelle limitée des dispositions initiales 55
II. La consécration récente de la primauté régionale 57
A) La consécration relative de la primauté régionale 57
B) La poursuite de l'édiction de régimes particuliers 60

« Que reste-t-il de la compétence communale en matière d'aides économiques locales ? » 65
I. Un titre juridique pour accompagner les régions à l'intérieur du bloc de compétence régionale 68
A) La participation au financement des aides décidées par les régions 68
B) L'octroi de tout ou partie des aides au nom et pour le compte des régions 69
II. Un titre juridique pour décider seules en dehors du bloc de compétence régionale 71
A) Le domaine des aides aux entreprises de spectacle cinématographique 71
B) Le domaine des aides à l'installation ou au maintien de professionnels de santé 72
C) Le domaine des aides à l'immobilier d'entreprise 73

« Aides économiques locales et métropoles » 77
I. Les aides économiques attribuables par la métropole : un second rôle conforté 79
A) Le bénéfice des compétences du « bloc communal » en matière d'aides économiques 79
B) Des compétences métropolitaines élargies en matière d'aides économiques 83

II. L'articulation des compétences de la métropole et de la région en matière d'aides économiques : un partenariat incertain 84

Deuxième partie : Les outils

« Aides économiques locales et contrat : quelle transparence ? » 95
I. Les aides locales dans les contrats de commande publique révèlent les limites actuelles de la transparence 98
A) L'encadrement des aides dans les contrats de commande publique, facteur de transparence en théorie 98
B) La stipulation des aides dans les contrats de commande publique, facteur d'opacité en pratique 99
II. Les aides locales dans les autres contrats (hors commande publique) confirment le manque de transparence 102
A) L'obligation de conclure un contrat pour verser une aide, facteur de transparence en théorie 102
B) Le cadre souple des contrats ayant pour objet une aide, facteur d'opacité en pratique 105

« Les aides économiques locales et la fiscalité » 109
I. Une réalité : la fiscalité locale comme outil de l'Etat en matière d'aides économiques locales 115
A) Un outil confronté au droit européen des aides d'Etat 116
B) Un outil confronté au principe de libre administration des collectivités locales 119
II. Des perspectives : la fiscalité comme outil des collectivités locales en matière d'aides économiques locales 121
A) Un outil intrinsèquement limité 122
B) Un outil finalement inutile ? 123

Troisième partie : Le contrôle juridictionnel

« La Cour de justice de l'Union européenne et les aides publiques locales » 129
I. L'approche englobante de la Cour de justice en matière d'aides locales 133
A) Côté Cour : les aides locales, des aides d'Etat comme les autres 133
B) Côté institutions : aides locales échappant au droit des aides d'Etat 136
II. La reconnaissance exceptionnelle d'une spécificité locale en matière d'aides d'Etat 138
A) La sélectivité de l'aide et l'identité locale 138
B) Les collectivités locales dispensatrices de l'aide et l'accès au juge 139

« Le contrôle des aides économiques locales par le juge administratif » 143
I. L'appréciation de la légalité de l'aide 146
A) Le contrôle du juge limité à la seule illégalité d'une aide d'Etat au sens du droit de l'Union européenne 146
B) La régularisation, une faculté exclue en cas d'illégalité d'une aide d'Etat au sens du droit de l'Union 148
II. Les conséquences de l'illégalité de l'aide 149
A) La récupération de l'aide d'Etat, une obligation au détriment des règles du contentieux administratif 149

B) La voie indemnitaire, une action à la portée très limitée pour les bénéficiaires d'une aide d'Etat illégale 152

« Le contrôle des aides économiques locales par les juridictions financières » 157
I. Un contrôle *résiduel* des aides économiques locales dans le cadre de l'activité juridictionnelle du juge financier 160
A) Le contrôle juridictionnel des comptes des comptables publics en termes d'aides économiques locales par les CRC et la Cour des comptes 161
B) Le contrôle juridictionnel des ordonnateurs en termes d'aides économiques locales par la Cour de discipline budgétaire et financière 167
II – Un contrôle *indirect* des aides économiques locales dans le cadre de l'activité administrative du juge financier 169
A) Le contrôle par les CRC de la gestion des politiques régionales de développement économique 171
B) Le contrôle par les CRC de la gestion de structures ad hoc attributaires ou bénéficiaires de l'argent public 172

Quatrième partie : Les régimes spécifiques

« Les aides locales aux entreprises en difficulté » 181
I. Un cadre juridique fuyant 186
A) La contingence des notions 186
B) La diversité des régimes 188
II. Le traitement des risques amélioré 191
A) Des stratégies mieux définies 192
B) Des responsabilités circonscrites 194

« Les aides à l'immobilier d'entreprise » 199
I. Un régime au carrefour du développement économique local et de l'incessibilité à vil prix des biens publics 201
A) L'articulation avec le principe d'incessibilité à vil prix 201
B) La pérennité de la jurisprudence *Fougerolles* en question 204
II. Un régime au carrefour du développement économique local et du droit des aides d'Etat 208
A) Un régime inscrit dans la logique ambivalente des aides à finalité régionale 208
B) Un régime complexe, produit de la mise en œuvre la logique ambivalente des aides à finalité régionale 211

« Les aides locales au cinéma » 215
I. Un circuit économique des aides locales au cinéma apparemment vertueux . 220
A) Une cartographie claire des aides locales au cinéma 221
B) La clarté apparente du régime juridique 222
II. Un circuit des aides économiques locales au cinéma entravé 225
A) L'enchevêtrement des flux de financement 226
B) Un circuit entre production et diffusion souvent inexistant 227

« **Rapport de synthèse** » 231
I. Un étau resserré 232
A) L'encadrement renforcé des interventions économiques locales 232
B) Les contraintes décuplées du droit des aides d'Etat 233
C) L'essor de la transparence 235
II. Un outil d'intervention conforté 235
A) Un contexte européen favorable aux aides locales 236
B) Des facteurs de rationalisation 236
III. Un cadre bancal 237
A) Des flottements persistants 237
B) Quelles contreparties aux aides ? 239
C) Les ambiguïtés de la répartition des compétences 240

Structures éditoriales du groupe L'Harmattan

L'Harmattan Italie
Via degli Artisti, 15
10124 Torino
harmattan.italia@gmail.com

L'Harmattan Hongrie
Kossuth l. u. 14-16.
1053 Budapest
harmattan@harmattan.hu

L'Harmattan Sénégal
10 VDN en face Mermoz
BP 45034 Dakar-Fann
senharmattan@gmail.com

L'Harmattan Congo
67, boulevard Denis-Sassou-N'Guesso
BP 2874 Brazzaville
harmattan.congo@yahoo.fr

L'Harmattan Cameroun
TSINGA/FECAFOOT
BP 11486 Yaoundé
inkoukam@gmail.com

L'Harmattan Mali
ACI 2000 - Immeuble Mgr Jean Marie Cisse
Bureau 10
BP 145 Bamako-Mali
mali@harmattan.fr

L'Harmattan Burkina Faso
Achille Somé – tengnule@hotmail.fr

L'Harmattan Togo
Djidjole – Lomé
Maison Amela
face EPP BATOME
ddamela@aol.com

L'Harmattan Guinée
Almamya, rue KA 028 OKB Agency
BP 3470 Conakry
harmattanguinee@yahoo.fr

L'Harmattan Côte d'Ivoire
Résidence Karl – Cité des Arts
Abidjan-Cocody
03 BP 1588 Abidjan
espace_harmattan.ci@hotmail.fr

L'Harmattan RDC
185, avenue Nyangwe
Commune de Lingwala – Kinshasa
matangilamusadila@yahoo.fr

Nos librairies en France

Librairie internationale
16, rue des Écoles
75005 Paris
librairie.internationale@harmattan.fr
01 40 46 79 11
www.librairieharmattan.com

Librairie des savoirs
21, rue des Écoles
75005 Paris
librairie.sh@harmattan.fr
01 46 34 13 71
www.librairieharmattansh.com

Librairie Le Lucernaire
53, rue Notre-Dame-des-Champs
75006 Paris
librairie@lucernaire.fr
01 42 22 67 13

www.ingramcontent.com/pod-product-compliance
Lightning Source LLC
LaVergne TN
LVHW011009061026
849535LV00006B/1792
9782343209586